就職 一流内定 完全版

ワンキャリア編集部 著

プレジデント社

一流企業の内定を獲るために

　2018年春卒業予定の大学生・大学院生対象の求人倍率は1.78倍となっている（リクルートワークス研究所）。学生が優位の売り手市場だ。
　ところが現状は難関大学の学生の志望が集中する一流企業の内定を獲得するのは年々狭き門になっている。
　まずは、下の表をご覧ください。

大学別・卒業学生数と内定者数

2016年		東京大学	慶應義塾大学	早稲田大学
卒業学生数		3157名	5319名	8670名
内定者数	マッキンゼー BCG ベイン	約26名	約4名	約1名
	三井物産 三井商事 伊藤忠商事	約80名	約90名	約90名

（ONE CAREER 調べ）

　たとえば、東京大学の入試倍率は約3倍です。一方、就職活動で毎年学生から人気の高い某大手食品会社は新卒採用の人数が200人であったのに対し、応募者数は約1万人。つまり、倍率は50倍だったということです。
　人気の集中に加えて、優秀な学生は一人で複数の企業の内定をもらう。一流企業への就職は、非常に限られた、ごく一部の層だけでの戦いになっているのが実態なのです。

　東京大学をはじめとする超難関大学以外の学生から見ても、一流企業の内定を獲得することは「狭き門」であることは間違いありません。しかし、早いタイミングから志望先を決め、最適な対策をすることによって、内定までの道は確実に開けます。
　はじめに、一流企業の内定を獲得するポイントを3つにわけて解説していきます。

Point 1　超早期から対策を始めること

　なぜ「就職活動は早期の対策が重要」なのか。ひとつは、大学3年生の夏・秋に行われるインターンに採用の枠を設けている人気企業があるからです。たとえば外資系企業と日系企業とでは選考のピークとなる時期が異なります。就職活動を始める時期が遅いと、そもそも選考のチャンスを逃してしまうことも。その代表例が外資系企業とベンチャーです。

　外資系企業・ベンチャーは、一般的に年内の9月～12月頃に選考のピークを迎えますが、日系企業は翌年の4～8月頃がピーク。外資系企業・ベンチャーにおいても冬以降に採用の枠がまったくないわけではありませんが、12月までにすでに多数の学生を採用しているため、残された数は微々たるものです。多くの学生は大学3年生の冬から就職活動を始めますが、その時点ですでに一部の学生は内定を持っています。

　夏・秋のインターンがキモとなる理由は、採用の枠があるからだけではありません。大学3年生の夏・秋は活動をしている学生が少ないわけですから、その時期はいわば就職活動市場における「ブルーオーシャン」。早期のインターンに参加すると、冬以降よりも圧倒的に低い倍率のなかで楽に戦えるのです。

　つまり、一流企業を目指す学生は「大学三年の夏・秋に行われるインターンに賭けろ」、と言い切っても間違いではないほど、早期のスタートダッシュが重要になってきます。

　志望企業から内定を獲るためには、いつ、どの段階で、自己分析・業界分析・面接練習をやるべきかを逆算して就活を進めなければいけないのです。

Point 2　信頼できる情報源を持つこと

　就職活動は、情報を知っているかどうかが成功の分かれ目となります。上位校の学生の場合、大学別のセミナーに参加し、そこに出席している社員に声をかけて、連絡先を聞くなどして情報源とするのも手です。また、自分の学校で大学別セミナーが行われていない場合は、就活イベントや選考で一緒のチームになった上位校の学生と親しくなり、彼らが社員から得た情報を聞き出すのも一つ。

　就活サイトやアプリ、SNSなどは、そこに流れている情報が正しいかを見極めてから使うようにしましょう。企業やサイトの運営者が情報を精査することなく、学生の口コミだけで作られている場合、デマが交じっている可能性があることも念頭に置いておきましょう。

| Point 3 | 就活へのモチベーションを維持すること |

　就活は地道な活動が多く、モチベーションの有無で明暗が大きくわかれます。特に気をつけたいのは、志望度の高い企業の選考で落ちてしまったときです。不採用となれば、誰でも一度は落ち込み、諦めかけてしまいます。しかし、一流企業に内定している学生は、そこでめげずに立ち直り、自分のこれまでの選考を振り返っています。そして、直すべきところを改善して他の企業の選考に臨んで内定を獲っているのです。
　同時に、他の就活生のスペックに萎縮しない自信を持つことも重要。そもそも自信がないため大手を受けない学生もたくさんいますが、能力的な差は、実際には想像より大きくない場合が多いです。それよりも、自分の過去の経験がどのようなものであっても、自分なりのストーリーを構成し、面白く語ることが重要なのです。

　Point 2で触れた「信頼できる情報源」のひとつとして本書を利用していただくために、全業界で使える就職活動のノウハウと、企業別のポイントをまとめました。
　本書を手に取り、一人でも多くの学生が志望する一流企業へと入社していくことを心より願っています。

2017年12月
ワンキャリア編集部

就職一流内定　完全版

目次

はじめに ——————————————————————— 3

第1章　最新の就活情報 ——————— 9

大学別人気企業ランキング ————————————————— 11
就活スケジュール＆内定者の実例 ————————————— 19
最新インターン情報 ————————————————————— 29

第2章　最強の就活ノウハウ ——————— 37

《事前準備編》

自己分析ってなにをすればいいですか？ ————————— 38
自分の性格がよくわかりません ————————————— 40
自分はどの業界に向いているのでしょうか？ ——————— 42
OB・OG訪問ではなにを聞けばいいですか？ ——————— 44
リクルーターとの接し方に悩んでいます ————————— 46
就活イベントはできる限り行かないとだめですか？ ———— 48
「服装自由」といわれたらなにを着て行ったらいいですか？ —— 50
体育会系、理系、留学組で就活に違いはありますか？ ——— 52

《試験突破編》

何社エントリーするのがいいですか？ ——————————— 56
筆記試験はなにを勉強すれば突破できますか？ —————— 58
エントリーシートってどう書いたらいいですか？ ————— 62

どのようなエピソードが評価されますか? ——————————— 64
志望動機はなにを参考にすればいいですか? ——————————— 66
面接官はなにを見ていますか? ——————————————— 68
挫折経験を聞く意図はなんですか? ——————————————— 70
グループディスカッションはどう振る舞えばいいですか? ————— 72
面接の逆質問でなにを聞いたらいいか迷います ——————————— 74
ケース面接ではどこを見られていますか? ————————————— 76
フェルミ推定の対策はなにをすればいいですか? —————————— 78
いつも最終面接で落ちてしまいます。なにがいけないのでしょうか? —— 80

《内定獲得後編》
内定後に気をつけなければいけないことはなんですか? ——————— 84
内定辞退はメールでも大丈夫ですか? ——————————————— 86
就活に口を出してくる親が鬱陶しいです ——————————————— 88
親を説得するいい方法を教えてください ——————————————— 90

第3章 《企業別》関門突破の秘訣 ——— 94

商社 ——————————————————————————— 95
三菱商事/三井物産/伊藤忠商事/住友商事/丸紅

金融(銀行・証券・保険・カード) ——————————————— 113
三菱東京UFJ銀行/みずほフィナンシャルグループ/三井住友銀行/野村證券/大和証券/みずほ証券/SMBC日興証券/三菱UFJモルガン・スタンレー証券/ゴールドマン・サックス/バンクオブアメリカ・メリルリンチ/モルガン・スタンレー/J.P.モルガン/日本銀行/国際協力銀行/三菱UFJ信託銀行/三井住友信託銀行/日本生命保険/第一生命保険/東京海上日動火災保険/損保ジャパン日本興亜/三井住友海上火災保険/三井住友カード/横浜銀行/京都銀行

コンサル・シンクタンク ——————————————————— 175
マッキンゼー・アンド・カンパニー/ボストン コンサルティング グループ/A.T.カーニー/ベイン・アンド・カンパニー/PwCコンサルティング・PwCアドバイザリー/アクセンチュア/野村

総合研究所/デロイト トーマツ コンサルティング/ドリームインキュベータ

広告・マスコミ —————————————————————— 199

電通/博報堂DYグループ/NHK/日本テレビ/フジテレビ/テレビ朝日/TBS/テレビ東京/朝日新聞社/日本経済新聞社/集英社/プレジデント社

インフラ(航空・鉄道・海運・電気・ガス・デベロッパー) ——————— 243

ANA/JAL/JR東日本/JR東海/JR西日本/JR九州/東京地下鉄/阪急電鉄/日本郵船/東北電力/関西電力/東京ガス/大阪ガス/三菱地所/三井不動産

メーカー(自動車・消費財・素材・重工・食品・電機) ——————————— 283

トヨタ自動車/日産自動車/サントリーホールディングス/キリンホールディングス/P&Gジャパン/ジョンソン・エンド・ジョンソン/日本ロレアル/ネスレ日本/ユニリーバ・ジャパン/JT/AGC/武田薬品工業/花王/資生堂/味の素/三菱重工業/川崎重工業/キーエンス/富士フイルム/明治ホールディングス/富士通

IT・通信 ————————————————————————— 351

Google/DeNA/サイバーエージェント/NTTドコモ/NTTデータ/ソフトバンク/リクルートホールディングス/リクルート住まいカンパニー/ワークスアプリケーションズ

旅行・エンターテイメント ——————————————————— 373

JTB/オリエンタルランド

政府系・公務員 ———————————————————————— 379

外務省/東京都庁/JICA

〈人気企業〉通過エントリーシート全公開 ——————————————— 387

おわりに ——————————————————————————— 394

第 1 章

一流企業の内定を獲るための
最新の就活情報

第 1 章

最新の就活情報

大学別
人気企業
ランキング

19卒　大学別人気企業ランキング

大学別の傾向

GMARCHでも東大・京大生と同じ企業を目指す学生が増加

　東大・京大をはじめとする超難関校では、依然、一流企業のなかでも特にハイクラスの外資系コンサル（外コン）や商社に人気が集まっています。一方、GMARCHや関関同立では「ネームバリューのある会社」がまんべんなく上位に名を連ねています。GMARCHなどでも、過去に比べてトップ企業を目指す学生が増えてきました。背景には、就職活動が画一化され、ノウハウを身につければ誰でも一流を目指せる風潮が出てきたことが一因かもしれません。あるいは、大学受験で失敗してしまった「地頭のいい」学生が、逆転を狙って一流企業を志望し、内定を獲得するケースも増えています。

19卒の傾向

「ファーストキャリアは大手企業」という思考の学生が増えている

　ひと昔前ならば「大手企業に入れば終身雇用が保証され、給与や福利厚生の面でも安泰」という考えから、大手を目指す学生がたくさんいました。しかし、大手といえども将来への保証がなくなってきている昨今、学生は、転職を踏まえたうえで大手企業を志望する傾向が高まっているようです。商社やコンサルのように、そこで仕事をすれば複数の業界、業種との関わりが増え、多様な知識やスキルが身につく企業への人気が集中しているのも、その一つのあらわれでしょう。

　また、ファーストキャリアがビッグネームであればあるほど、転職が有利になります。そうした「将来の自分の看板となること」も期待している気持ちもあるようです。

　政府による「働き方改革」が進められるなかで、学生のなかにも、いわゆる「ホワイト企業」であるか否かを意識する人も出てきています。電通の過労死事件によりその傾向が高まったのか、広告業界の人気は昨年に比べて下降。味の素など「ワークライフバランスがとれている」ことをウリにしている企業への注目度が高まりつつあります。

調査対象:2019年度卒予定のONE CAREER会員16,000名のうち、該当の大学学生
集計時期:2017年11月1日時点
調査主体:株式会社ワンキャリア
順位作成方法:お気に入り登録企業数（複数選択可）をもとに作成

全大学総合

	企業名	Rank (去年)	Gap		企業名	Rank (去年)	Gap
1	三菱商事	1	−	16	ボストン コンサルティング グループ	25	+9
2	伊藤忠商事	3	+1	17	ユニリーバ・ジャパン	11	−6
3	アクセンチュア	9	+6	18	三菱地所	24	+6
4	野村総合研究所	8	+4	19	ネスレ日本	21	+2
5	全日本空輸（ANA）	13	−2	20	キリンホールディングス	32	+12
6	三井物産	4	−2	21	三井不動産	31	+10
7	P&G Japan	5	−2	22	PwC コンサルティング・PwC アドバイザリー	44	+22
8	住友商事	6	−2	23	ベイン・アンド・カンパニー	12	−21
9	丸紅	7	−2	24	資生堂	18	−6
10	日本航空（JAL）	20	+10	25	ゴールドマン・サックス	30	+5
11	サントリーホールディングス	14	+3	26	電通	2	−20
12	デロイト トーマツ コンサルティング	15	+3	27	三菱東京 UFJ 銀行	19	−8
13	東京海上日動火災保険	23	+10	28	野村證券	41	+13
14	マッキンゼー・アンド・カンパニー	15	+1	29	味の素	26	−3
15	博報堂 DY グループ	10	−5	30	三井住友銀行	22	−8

※ワンキャリアに2017年11月時点で登録している全学生が対象

商社、外コンが圧倒的人気

　就活市場でも特に難関の商社、外コンに人気が集中。就活市場は日系企業が9割、外資系企業が1割であるのに対し、ランキングには日系・外資がほぼ半々で入っているのも特徴的。学生のなかには、具体的な目標はないが何かしらのスキルアップを目指して一流企業を志望する人も多い。

東京大学・京都大学

	企業名	Rank (去年)	Gap		企業名	Rank (去年)	Gap
1	マッキンゼー・アンド・カンパニー	7	+6	16	伊藤忠商事	9	-7
2	野村総合研究所	4	+2	17	三菱地所	27	10
3	ボストン コンサルティング グループ	6	+3	18	住友商事	10	-8
4	アクセンチュア	8	+4	19	アーサー・ディ・リトル	16	-3
5	ベイン・アンド・カンパニー	2	-3	20	ローランド・ベルガー	20	-
6	三菱商事	1	-5	21	ドリームインキュベータ	27	+7
7	A.T. カーニー	11	+4	22	三井不動産	34	+12
8	デロイト トーマツ コンサルティング	12	+4	23	丸紅	18	-5
9	P&G Japan	3	-6	24	野村證券	46	+22
10	ゴールドマン・サックス	13	+3	25	JR東海（東海旅客鉄道）	20	-5
11	PwC コンサルティング・PwC アドバイザリー	30	+19	26	経営共創基盤（IGPI）	49	+24
12	三井物産	5	-7	27	ユニリーバ・ジャパン	17	-10
13	J.P. モルガン	23	+11	28	フリークアウト・ホールディングス	107	+79
14	Strategy&	18	+4	29	サントリーホールディングス	27	-2
15	モルガン・スタンレー	14	-1	30	ネスレ日本	25	-4

※対象は東京大・京都大の登録会員

コンサルティング会社が圧倒的人気

　上位20社のうち12社がコンサルティング会社と圧倒的人気。知的好奇心を満たしてくれて、かつ働きながら幅広い業界を見られることが人気の理由。ほかの大学に比べて先輩に外資コンサルで働く人が多いため、実際に働き内定をもらうイメージがわきやすいことも要因に。

早慶上理

	企業名	Rank(去年)	Gap		企業名	Rank(去年)	Gap
1	三菱商事	1	—	16	ボストン コンサルティング グループ	25	+9
2	伊藤忠商事	4	+2	17	ゴールドマン・サックス	28	+11
3	三井物産	3	—	18	マッキンゼー・アンド・カンパニー	28	+10
4	アクセンチュア	9	+5	19	電通	2	−17
5	住友商事	5	—	20	サントリーホールディングス	23	+3
6	野村総合研究所	10	+4	21	ベイン・アンド・カンパニー	13	−8
7	丸紅	6	−1	22	三菱東京UFJ銀行	11	−11
8	全日本空輸（ANA）	16	+8	23	PwC コンサルティング・PwC アドバイザリー	43	+20
9	三菱地所	12	+3	24	野村證券	34	+10
10	三井不動産	18	+8	25	ユニリーバ・ジャパン	15	−10
11	東京海上日動火災保険	19	+8	26	モルガン・スタンレー	24	−2
12	日本航空（JAL）	20	+9	27	J.P. モルガン	30	+3
13	デロイト トーマツ コンサルティング	14	+1	28	キリンホールディングス	31	+3
14	P&G Japan	7	−7	29	日本テレビ	32	+3
15	博報堂DYグループ	8	−7	30	三井住友銀行	17	−13

※対象は早稲田大・慶應大・上智大・東京理科大の登録会員

電通過労死事件でマスコミの人気がダウン

総合商社とデベロッパーが人気を集める。三菱商事は近年1位をキープし続けている。電通若手社員の過労死事件までは電通・博報堂は上位だったが、今年はマスコミ全体で人気が低下。外資系戦略コンサルは内定数が少ないため、志望はやや少なめ。

難関国立大

	企業名	Rank (去年)	Gap		企業名	Rank (去年)	Gap
1	野村総合研究所	3	+2	16	ユニリーバ・ジャパン	16	-
2	アクセンチュア	7	+5	17	ワークスアプリケーションズ	53	+36
3	三菱商事	2	-1	18	ベイン・アンド・カンパニー	10	-8
4	伊藤忠商事	6	+2	19	資生堂	18	-1
5	三井物産	5	-	20	三菱地所	30	+10
6	住友商事	8	+2	21	ネスレ日本	22	+2
7	P&G Japan	4	-3	22	A.T. カーニー	23	+1
8	丸紅	12	+4	23	キリンホールディングス	27	+4
9	全日本空輸（ANA）	23	+14	24	JT（日本たばこ産業）	45	+22
10	マッキンゼー・アンド・カンパニー	1	-9	25	東京海上日動火災保険	20	-5
11	デロイト トーマツ コンサルティング	13	+2	26	双日	40	+14
12	ボストン コンサルティング グループ	14	+2	27	JR東海（東海旅客鉄道）	33	+7
13	サントリーホールディングス	11	-2	28	花王	35	+9
14	PwC コンサルティング・PwC アドバイザリー	49	+35	29	トヨタ自動車	15	-11
15	日本航空（JAL）	28	+13	30	三井不動産	35	+5

※対象は北海道大・東北大・東京工業大・一橋大・名古屋大・大阪大・九州大の登録会員

採用数の多いコンサル・商社が人気

　全体的に外資系企業よりも日系企業に人気が高い。特に先輩が少ない外資系の投資銀行は働くイメージがわかないのか、上位にはこない。コンサルでも採用数が多いアクセンチュアやNRIの人気が高い。商社は、どこの企業が特別に人気というより「総合商社」という括りで捉えている模様。

GMARCH

	企業名	Rank (去年)	Gap		企業名	Rank (去年)	Gap
1	伊藤忠商事	3	+2	16	資生堂	21	+5
2	全日本空輸（ANA）	9	+7	17	ネスレ日本	33	+16
3	三菱商事	1	-2	18	東京海上日動火災保険	14	-4
4	丸紅	4	-	19	味の素	21	+2
5	日本航空（JAL）	9	+4	20	デロイト トーマツ コンサルティング	25	+5
6	住友商事	5	-1	21	双日	17	-4
7	アクセンチュア	13	+6	22	三菱東京UFJ銀行	8	-14
8	三井物産	7	-1	23	三菱地所	28	+5
9	サントリーホールディングス	15	+6	24	野村證券	47	+23
10	P&G Japan	6	-4	25	三井不動産	37	+22
11	博報堂DYグループ	11	-	26	ソフトバンク	27	+1
12	キリンホールディングス	23	+11	27	アマゾンジャパン	31	+4
13	野村総合研究所	20	+7	28	電通	2	-26
14	ユニリーバ・ジャパン	11	-3	29	ジョンソン&ジョンソン	65	+36
15	三井住友銀行	18	+3	30	みずほフィナンシャルグループ	15	-15

※対象は学習院大・明治大・青山学院大・立教大・中央大・法政大の登録会員

明確な「大手企業」狙い

　全体的にBtoCで身近な大手企業が上位にランクイン。特に採用数が多く内定の可能性も高いANA、JALやサントリーやキリンなどのメーカーが人気。商社では非財閥系の伊藤忠商事が三菱商事と入れ替わり1位になった。

関関同立

	企業名	Rank (去年)	Gap		企業名	Rank (去年)	Gap
1	伊藤忠商事	4	+3	16	野村総合研究所	23	+7
2	全日本空輸（ANA）	14	+12	17	ユニリーバ・ジャパン	7	-10
3	サントリーホールディングス	11	+8	18	三井住友銀行	25	+8
4	三菱商事	3	-1	19	ワークスアプリケーションズ	45	+26
5	日本航空（JAL）	20	+15	20	三菱東京UFJ銀行	17	-3
6	P&G Japan	1	-5	21	味の素	16	-5
7	ネスレ日本	8	+1	22	花王	19	-3
8	丸紅	5	-3	23	電通	2	-21
9	博報堂DYグループ	13	+5	24	双日	12	-12
10	住友商事	6	-4	25	フリークアウト・ホールディングス	141	+116
11	アクセンチュア	32	+21	26	ジョンソン・アンド・ジョンソン	54	+28
12	キリンホールディングス	23	+11	27	パナソニック	32	+5
13	三井物産	10	-3	28	キーエンス	58	+30
14	資生堂	8	-5	29	日本ロレアル	15	-14
15	東京海上日動火災保険	17	+2	30	豊田通商	25	-5

※対象は関西大・関西学院大・同志社大・立命館大の登録会員

関西系メーカーが人気

関西に本社（拠点）を持つサントリーやP&G、ネスレなどメーカーの人気が高い。住友商事や三井物産の存在感が低く、丸紅が上位にランクインしている。パイロット、CA（キャビンアテンダント）などのイメージがあるANA、JALも人気。年々、トップ企業を志望する傾向が強くなっている。

第 1 章

最新の就活情報

就活スケジュール & 内定の実例

19卒　就活スケジュール

――― 就活の進め方のポイント ―――

1 早めの対策が一流企業内定のカギ

2 外資系、日系は就活時期のピークが別

一流企業から複数の内定が出る学生は、早期に対策を始めている

　就職活動においては、早めの対策がキモとなることは、P.3～P.5で詳しくお話ししましたので、そちらをご参照ください。
　1つだけ内容を補足しておくと、早期からOB・OG訪問やインターンを積極的に行うことにより、「就活の特殊なルール」に慣れることができます。企業、業界に関係なく就職活動全体に共通して「就活の特殊なルールにのっとった戦いができる人が内定を獲得していく」ということがいえます。
　そのテクニックのひとつが、エントリーシート(ES)や面接で「結論を先に出す」こと。なぜこれが大事なのかというと、ESなら書き出しで、面接ならばはじめの数分、場合によっては数十秒という短い時間のなかでパーソナリティーを判断されます。そのため、一番言いたいこと(=結論)を最初に伝えないと、あなたの魅力が伝わらずに選考で落ちてしまうことになるのです。

外資系企業と日系企業は選考のピークが別

　右の表が示しているように、外資系企業・ベンチャーは、一般的に年内の9月～12月頃に選考のピークを迎えますが、日系企業は翌年の4～8月頃にピークを迎えます。

　本命企業が外コンの人は年明けの春選考を、日系企業の人は3年生・M1(修士課程1年)の夏・冬選考を受験することをおすすめします。
　外コン本命の学生が春選考を狙うべき理由は、現在の外コンの選考では、夏選考と冬選考に応募が集中しているから。春選考は、「応募しそびれた人のリカバリー用」、「夏選考・冬選考で採用人数に達しなかった場合のリスクヘッジ」という認識で設定されていて、選考が実施される頃には、「就活

就活時期グラフ

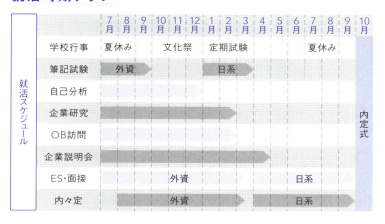

ガチ勢」と呼ばれるライバルは既に舞台から去っています。このため、採用人数こそ少ないものの春選考は意外にも「穴場」となっているのです。

また、春選考を狙うべきもう一つの理由は、他のインターンで経験を積む時間が生まれるからです。多くの外コンのジョブ（インターン）では課題解決型グループワークが課されます。初めてだと戸惑うことの多い課題解決型グループワークですが、冬からの選考の間に何回か「場慣れ」しておくと、第一志望である春選考のジョブでハイパフォーマンスを出すことができます。

一方、日系志願者は夏選考または冬選考に応募すべきです。なぜなら外コンジョブの参加経験や内定実績が、「武器」として日系企業の就活に利用できるからです。その一例として、外コン内定は日系就活の「ファストパス」になることがあります。商社のようにいわゆる「外コン枠」というものを用意し、外コン内定者を特別な選考ルートで採用する企業が存在するので、よくリサーチしておきましょう。

18卒内定者の就活スケジュール1

東京大学／文系／男性
内定先：**三菱商事、三井物産
　　　　丸紅、電通**

	7月	8月	9月	10月	11月	12月
インターン・本選考						
その他	留学	留学	留学	留学	留学	留学

3年生までの過ごし方

南極以外の5大陸を制覇

　1年間の留学経験に加え、20ヵ国以上を訪問。南極以外の全体陸に1ヵ月以上滞在する（この経験から、面接では「アフリカでどう身を守ったか」「テロ対策や金銭面でのリスクヘッジにどう気を遣っていたか」を話し、面接官の注目を集めることに成功。たくましさの逆境アピールにつながった）。

最新情報

	1月	2月	3月	4月	5月	6月	7月
	【本選考】マッキンゼー		【本選考】電通(3月に内定)			【本選考】三菱商事 三井物産 丸紅(3社とも6月に内定)	

4年生の過ごし方

内定者課題を見据えて簿記の勉強を開始

　就活の終盤ともいえる4年生の4月に簿記2級の勉強を開始。総合商社の内定者課題である簿記の勉強を早めに済ませ、秋以降は再び海外を旅しようとしていた。これは、「就活中に受かった先のことが見えている人は少ない。そうした姿勢は面接しながらでもわかるのではないか」と考えていたため。面接などで、この考えをアピールした。

18卒内定者の就活スケジュール2

大阪大学大学院／理系／男性
内定先：丸紅、電通、双日、みずほ銀行（IBコース）
　　　　SMBC日興証券投資銀行部門

	7月	8月	9月	10月	11月	12月
インターン・本選考		【インターン】トヨタ自動車 SMBC日興証券 アクセンチュア 【本選考】フリークアウトHD(9月内定) Fringe81	【インターン】日本生命 NTTドコモ		【インターン】住友商事 伊藤忠商事 三菱地所	
その他	就職活動開始					

大学院修士1年までの過ごし方

文武両道。勉強も部活も真剣に取り組む

　学生時代には勉学と部活を両立。部活は4年の5月で引退を迎えるまで続けた。大学院入試を首席で突破し、優秀な成績を収めている。また、インターンシップの募集が始まったM1（修士課程1年）の7月から就活を開始。理系は武器にもネックにもなり、「体力の無さ・対人能力の低さ」などのマイナスイメージを覆すことができるか否かが合否を分けると分析。マイナスイメージを克服するため、体育会の部活に励んだことをアピールする練習をした。

最新情報

1月	2月	3月	4月	5月	6月	7月
【インターン】野村アセットマネジメント		【インターン】大和証券(投資銀行部門、3月内定) 【本選考】キーエンス(5月内定) みずほ銀行(IBコース)	【本選考】双日 日揮(両社5月内定)	【本選考】丸紅(6月内定)	【本選考】電通(6月内定)	
				第一志望商社落ち、戦略変更		

大学院修士2年生の過ごし方

第一志望の商社の選考で落ち、ESや面接について自己採点し直す

　第一志望の1つである某総合商社の終盤の面接で落ちてしまう。自己PRや志望動機などを人に見てもらい、わかりにくい部分を指摘してもらった。平易な言葉で簡潔に伝えることが重要だと気づき、さらに、ESを音読して文章のリズムを確認するようにした。音読が話す訓練にもなり、面接でスムーズに受け答えができるように。選考で落ちた後の自分の欠点の見直しと改善がポイントとなり、志望企業の内定を果たした。

18卒内定者の就活スケジュール3

立教大学／文系／女性
内定先：電通、楽天、ソフトバンク、
　　　　大塚製薬

	7月	8月	9月	10月	11月	12月
インターン・本選考					【インターン】楽天（11月内定）大塚製薬12月内定）日清食品 チームラボ フジテレビ ソニーエンタテインメント	【インターン】ソフトバンク（3月内定）サイバーエージェント
その他						

3年生までの過ごし方

ほかの学生が行かないマイナーな国へ留学

　3年時にインターンに参加し、その後留学。また、MARCHから大手広告企業へ内定した先輩を見て内定のポイントを分析。「MARCH生の必勝法」＝「人と違った経験」×「主体性」と自分なりの解を出す。（人と違った経験：中東に留学、沖縄の基地問題に関するゼミに入る、など「意外性」のある経験をした／主体性：自分からさまざまなコミュニティに入って周囲と共に何かを成し遂げるといった行動をとった）

最新情報

	1月	2月	3月	4月	5月	6月	7月
				【本選考】 WOWOW JT		【本選考】 電通(6月内定) JR東日本企画	
			【対策】 筆記試験対策を開始 OB訪問(通算10社程度)				

4年生の過ごし方

第一志望で落ちた後、対策を変更

　第一志望の企業には最終選考で落ちてしまい、数日悲しみに暮れる。憧れの企業へと進んだ先輩達とコンタクトをとってモチベーションを上げ直し、その後、通算10回程のOB訪問を重ねてESの添削から面接練習までお願いした。特に自分の1学年上の先輩の「一番新しい」＆「成功した先輩達の独自のポイントが含まれている」アドバイスは何にも勝る、信頼できる情報だと気づいたという。

第 1 章

最新の
就活情報

最新
インターン
情報

最新インターン情報

―― インターン成功のポイント ――

1 業界別インターンの位置付けを知る

2 「業界×種類」で対策をする

インターンを実施している主要企業

1	外資系 金融・コンサル	マッキンゼー・アンド・カンパニー／ボストン コンサルティング グループ／ゴールドマン・サックス／J.P.モルガン　など
2	総合商社	三菱商事／三井物産 伊藤忠商事／住友商事／丸紅　など
3	消費財メーカー	資生堂／ユニチャーム P&G Japan／ユニリーバ・ジャパン　など
4	広告代理店	電通 博報堂DYグループ　など
5	日系金融	三菱東京UFJ銀行／みずほフィナンシャルグループ 三井住友銀行　など

知らないと大惨事!? 業界別インターンと内定の関係

　最近は多くの企業でインターンを実施していますが、業界によってその立ち位置や重要度は大きく違います。「就業体験」「自社PR活動」から「最終選考」まで大きな差があるため、志望する企業がどのような意味合いでインターンを設定しているのか事前に把握しておかないと、選考のチャンスすら得られない可能性もあります。

1. 外資系企業「実は本選考の山場」

　外資系金融・外資系コンサル・外資系メーカーなど、外資系企業でのインターンは、通称「ジョブ」とも呼ばれ、最終選考に限りなく近い「本選考の山場」を指します。

　外資系企業では数日間学生を実際に就業させることで、面接でアピールしていた強みが実際に発揮できるのかを査定します。従って、外資系企業のインターンに招かれた場合はこれですべてが決まると考えて、準備を綿密にしていきましょう。

　たとえば、外資系投資銀行のIBD（投資銀行）部門であればM&Aの勉強をしたり、コンサルティングファームであれば知っている大企業の売上向上の戦略を考えてみる。外資系メーカーのマーケティング部門であれば、あるブランドのマーケティング戦略を過去のケースから考えてみるなど、できることはあります。また、体力的にハードなインターンも一部あるため、健康状態も整えてください。

　なお、日系企業でも、コンサルティングファームや投資銀行、ITベンチャーなどは、一部「最終選考」の意味合いが強いインターンを実施する企業も存在します。

2. 総合商社は志望度チェッカー＆優秀者引き抜き

　総合商社では、インターンへ参加しているかどうかで「志望度の強さ」をチェックするためにインターンを利用しています。インターン自体は企業説明会のようなやさしい内容も含まれていますが、参加の有無は後ほどの選考に大きく関わってきます。たとえば、2016年卒から三菱商事や三井物産のインターンが復活しました。

　その選考では、ESが特に重要視されていたのが特徴です。たとえば、2017年卒インターンでは三菱商事は試験的にではありますが、ESと友人からの性格フィードバックのみで選抜を実施。三井物産はESとGDの2段階で選抜する選考フローであったため、どちらもESで相当数が絞られたことが予想されます。ESから気合を入れて臨みましょう。

　また、これらの選考を通過して優秀だと判断された学生はこの時点で引き抜かれるケースがあります。最速内定への切符は、インターンといえそうです。実際の社員にも聞いたところ「優秀な学生はインターンで名前をメモし、人事へ報告する（総合商社・30代男性）」とのこと。某総合商社のインターンには、そもそも参加者が、外資系企業のインターン参加者ばかりだったという話もあり、露骨に優秀な学生を引き抜きにかかっています。気を抜かずに取り組みましょう。

3.大手消費財メーカーは会社の業務理解・PR

　日系の大手消費財メーカーでは、製品の魅力やその製品が生まれるまでの複雑なプロセス、そのプロセスにまつわる業務を理解してもらうためにインターンを実施する企業が多々あります。魅力を伝えるとはいうものの、企業側は、製品が好きなだけのただのファンではなく、企業や製品の課題を考えられる学生を欲していると考えられます。そのため、事前に製品や企業の情報を調べ「この学生はよくこの会社のことを考えているな」と思わせられる質問などを通じて、他の学生と差別化を図りましょう。
　たとえば、そのメーカーの製品販売戦略や競合とどう差別化しているかなど、製品情報のインプットしてからインターンに臨むといいでしょう。

4.広告は「優秀層の囲い込み」

　広告業界は「優秀者を確保する」目的でインターンを用意しています。採用人数が多いこともあり「協調性抜群」タイプだけでなく「クリエイティブ」「頭脳派」などさまざまなタイプの学生を採用したいと考えています。グループワークなど外資系コンサルティングファームを志望するような左脳系学生をターゲットにすることも多いようです。現に大手広告代理店では、毎年インターン参加者から内定を出しています。
　選考通過に向けて、自分のタイプやキャラクターを印象づけられるネタと受け答えの準備をしておくとよいでしょう。

5.日系金融・BtoB企業「業界への興味を喚起」

　メガバンクや保険など日系金融や、BtoB（Business to Business:取引先も企業で、一般的消費者に触れない）企業は、「就活生が業界知識を持たないばかりに受けてくれなかったら困る」という共通の課題を抱えています。そこでインターン経験を通じて広く業界へ興味を持ってもらい、本選考を受ける学生の人数を増やしたいと考えています。
　また、リクルーター制度（学生に専属で社員がつき、内定までの重要な審査・ガイドを務める制度）を採用している企業は、インターンをきっかけに、リクルーターをつける対象となる学生を探し始めることがあります。このリクルーター面談は、若手社員の研修の一環になっている例も多いです。

6.IT・ベンチャーは「試用期間」

　IT・ベンチャーでは短期・長期複数のインターンを用意していることがあります。短期インターンには本命としてはベンチャーを受けに来ない層へ興味を持ってもらい、知名度を高め、優秀層を確保する目的があります。
　長期インターンは、正社員として採用する前の「試用期間」としての意味合いが強いものが多いです。長期でアルバイトのような形で働いてもらい、

優秀な人材をそのまま採用したいと考えています。また、大手ベンチャー企業であればインターンまでに倍率が高い選考を経ていることも多く、正社員雇用への期待値はかなり高いといえるでしょう。
　短期インターンの場合には入念な企業研究、長期インターンの場合には予定調整をしつつ、できれば近い業界での実務経験があるとよりよいでしょう。

インターンでの目標は「優秀な学生として名前を覚えてもらう」こと

　インターンであからさまに学生を落とす企業は少数派ですが、インターンで優秀だった学生が面接で有利に進むケースは多々あります。「インターンだから気軽に」「とりあえず話を聞こう」と予定を入れる前に、どうしたら他の学生と違う鋭い質問ができるか、どうすれば結果を残せるかを考えてインターンに取り組みましょう。

第 2 章

一流企業の内定を獲るための
**最強の
就活ノウハウ**

第 2 章

最強の
就活
ノウハウ

事前準備編

自己分析／性格分析
業界分析／OB・OG訪問
リクルーター／就職イベント
服装／タイプ別就活法

自己分析

Q 自己分析って何をすればいいですか?

A 自分のセールスポイントを見つけましょう

必要なのは言語化

就職活動は「自分という人材を企業に売る」営業活動です。自分のセールスポイントを探して売り込むためには、まず自分がどんな特徴を持っているか知る必要があります。そのために必要となるのが「自己分析」なのです。自己分析をする目的は、以下の2点。

- 「私は企業が求める人物像に沿った人材である」と言葉にできること
- 「性格を他人に伝える根拠となるエピソード」を用意すること

自己分析のコツ1:
自分の短所を長所に言い換えてみる

自己分析で学生が陥りがちなのが、自分の欠点ばかり思い浮かび「長所なんてない」と否定的になってしまうこと。もちろん自分の短所を認められる素直さも重要ですが、短所を長所として伝えることも可能です。「考えてばかりで行動できない」のは「慎重」、「他を顧みず突っ走る」のは「迅速な行動力」、「人見知り」なのは「人間関係に真摯」だから。学生のなかには、思い浮かぶかぎりの自分のマイナス要素をノートにびっしりと書き出し、それをプラスに言い換える訓練をして複数の内定を勝ち取った人もいます。

自己分析のコツ2:
つらかった経験をどう乗り越えたかを具体的に考える。

　「長所を伝えるうえで根拠となるエピソード」を振り返るうちに、過去のトラブルを思い返して落ち込む学生もいます。しかし、こういった「つらかった経験」はチャンスと捉えるべきです。つらい体験から自分が「何を感じたのか」「どうしたいと考えたのか」「その結果自分はどんな行動をとったのか」を考えてみましょう。

　あるいは、自分はたいした経験をしてこなかったと卑屈になる学生もいます。一見、レベルの低い出来事でも、そのときに自分が「何を感じて」「どうしたいと考え」「実際にどう行動したか」という要素を肉付けしていくことで、壮大なストーリーとして面接官に語ることもできるのです。

強みを見つける3ステップ

　自己分析の具体的な方法について、ステップごとに紹介します。簡単な方法の1つとして参考にしてみてください。

STEP1. 紙いっぱいに、3つの円で重なるベン図を描きます。ベン図とは、円を重なり合わせて作る図のことです。それぞれの円には「好きなこと」「得意なこと」「需要があること」と記していきましょう。

STEP2. 図ができたら、それぞれの円に当てはまる自分の特徴を書いていきましょう。例えば絵が得意で、文化祭でポスターデザインを担当した経験があるなら「得意なこと」「需要があること」に加えます。本を読むのが好きなら「好きなこと」だけに書きましょう。

　一見難しく思える「需要があること」は、それほど難しく考える必要はありません。誰かに何度かお願いされたことや、「○○さんは得意そうだからお願いしたい」と言われたことを考えて、書き出してみます

STEP3. ベン図が埋まったら、円が3つとも重なり合う部分に書いた特徴をピックアップ。この「好きなこと」「得意なこと」「需要があること」の全てに合致する部分が「就活の自己紹介で使える、あなたの強み」です。

　もし3つ重なる特徴がなければ「需要がある」×「好き」か「需要がある」×「得意」の組み合わせを自分の強みとして考えましょう。需要は、（自分の実際の能力）≧（人があなたに期待する能力）となることで生まれます。仕事は他者との関わりの中で進むものだと考えると、「好き」や「得意」以上に、「需要がある」ことは重要な項目なのです。

自己分析

Q 自分の性格が よくわかりません

A 実際に企業が使用する心理テストで 自己分析をしてみましょう

自己分析の「3種の神器」を伝授

　自己分析のポイントは、社会的に求められている自己PRのポイントを選ぶこと。企業は「自社に対する熱意」「将来へのポテンシャル」、そして「人柄」であなたを採用します。あなたがどんなことを人生で考え、決断してきたかがわかる資料を提示することが企業側の求めていることであり、正しい自己PRの方法なのです。具体的な自己分析では、右のページで紹介する実際に企業が採用している心理テストを使うようにしましょう。

　最後に、自己分析ができたらエピソードで肉づけしましょう。診断結果で出てくるのは抽象的なフレーズが出てくるのみです。たとえばストレングス・ファインダーで「慎重さ」が強みと出てきたら「自分が慎重だと信じてもらえそうなエピソードってあるかな……」と思いを巡らせるのです。

　正しい自己分析とは、あくまで企業へ「あなたが社会人になったらどんな働き方をするか」を示す資料を提出すればいいのです。自分ひとりで思い悩むのはやめて、「3種の神器」を利用して機械的にこなしていってください。

POINT

自己分析「3種の神器」

1

強みを見つける
ことができる
**「ストレングス・
ファインダー」**

外資系企業で広く採用されている自己分析ツール。心理テストを受けることで34種類ある特徴のなかから、あなたに当てはまるトップ5を教えてくれます。ストレングス・ファインダーを使う最大のメリットは、あなたが弱みと感じていることも実は強みであることを教えてくれる点です。
受験方法：書籍『さあ、才能（じぶん）に目覚めよう─あなたの5つの強みを見出し、活かす』を購入し、本のカバー裏側にあるIDを記入して受験します。
『さあ、才能（じぶん）に目覚めよう─あなたの5つの強みを見出し、活かす』
マーカス バッキンガム、ドナルド・O・クリフトン著、日本経済新聞出版社

2

あなたの本当の
性格がわかる
**「ビッグ・
ファイブ尺度」**

筆記試験の一部として組み込まれている適性検査で、広く採用されている方法です。あなたの性格を「外向性・好奇心の強さ・協調性・情緒安定性・勤勉性」の5要素でスコア化し、点数のバランスでふるい分けます。シンプルな基準であなたの社会性を査定してもらえるので、PRすべきポイントが明確になるはずです。またこの尺度を知っておくと、企業分析でも「この会社は協調性が優先で、外向性はなくてもいいな」と簡単に合う会社を分析できるようになります。実際のテストツールを購入してもいいですが、無料で簡易版を受けることができます。
受験方法：実際のテストツールを購入。もしくは無料で簡易版を受けることもできます（無料版はこちらhttp://www.sinritest.com/bigfive.html）。

3

友達から見た
本当の自分がわかる
「お願い！ 他己分析」

自己分析はどうしても「自分が考えている自分」の像しかあぶりだせないデメリットがあります。そこで仲の良い友達に自分を分析してもらうのがアプリ「お願い！ 他己分析」です。LINEを経由して友達に他己分析してもらえるツールですが、誰があなたをどう分析したかは頼んだ側から見られないため友情にヒビが入ることもありません。

業界分析

Q 自分はどの業界に向いているのでしょうか？

A 「仕事の重要度」と「時間を費やすなら何がいいか？」に分けて考える

業界選びは社会人でも難しい

　自分に合う企業の見つけ方が、わからない。この悩みは学生だけではなく、社会人になっても同じです。30代前半になっても、「自分に合った企業」を見つけるのは容易なことではありません。大事なのは、2つの問いを明確に分けて考えることです。
・自分の人生にとって「仕事」はどれぐらい重要なのか？
・貴重な時間を投下するなら、どんな仕事がいいのか？

人生における仕事の重要度は「成長」「お金」「一緒に頑張れる仲間」をどの割合で求めるか

　では、どうやって「自分の人生にとってどれぐらい仕事が重要なのか？」を判断するべきか。結論からいうと「成長」「お金」「一緒に頑張れる仲間」のそれぞれを、どれだけ求めるのかの「最大値」で決まります。このうちのどれかひとつでも「強烈に求めているもの」があるなら、「あなたにとって仕事はとても重要だ」ということ。仮にここでは「バリキャリ志向」と呼びましょう。

　「バリキャリ」を目指す人は、「理不尽なことがあったときに、なんのためなら我慢できるのか？」で考えるべきです。そのうえで、一例としてオススメなのが、次の業界です。

- 自己成長と将来やりたいことなら踏ん張れる人：コンサル・外資メーカー・ベンチャーなど
- お金や社会的ステータスのためなら踏ん張れる人：投資銀行・商社・マスコミ・コンサルなど
- 仲間と一緒なら踏ん張れる人：商社・ベンチャー・マスコミなど

「成長」「お金」「一緒に頑張れる仲間」に強い執着がない人は「堅実キャリア」へ

　前述の3つのどれにも強い執着がないのであれば、きっとあなたは「プライベートが優先で、仕事はほどほどであればいい」というタイプの方です。ここでは「堅実キャリア志向」と呼びましょう。

　「堅実キャリア」を求める人は、どうやって自分に合った企業を選べばいいでしょうか。あえて極端なことをいうと、結論は「人だけで選べ」です。事業内容や福利厚生は二の次です。とにかく人です。仕事の悩みのうち、ほとんどは「人間関係の悩み」。どんな人なら一緒にいて苦がないかを見るべきです。

　具体的には、以下の2つの点で自分のキャリアを考えるべきです。

- その会社の「普通の」30代、40代が、人として尊敬できる人が多いか？
- その企業を志望している同期や近い先輩と、一緒にいて苦ではないか？

　堅実キャリアを目指す人にとって一番苦痛になるのは「社内にいる人が尊敬できない」ことです。したがって、「尊敬できる人が先輩に多いか？」と「一緒に働く同期との相性がいいか？」の2点で企業を選んだ方が無難です。

OB・OG訪問

Q OB・OG訪問では なにを聞けばいいですか？

A 社会人1年目レベルの準備をせよ

**事前準備で
筋の良い質問をひねり出せ**

社会人1年目レベルの事前準備とは

　OB・OG訪問は、社内の雰囲気や実際の仕事内容を実際の社員に直接聞ける場です。ここで聞いた内容をもとに面接で志望動機などを語れると、志望度の高さをアピールできるのが大きなメリット。また、企業への関心の高さを示す、一歩踏み込んだ筋の良い質問を行うことでOB訪問の段階から社員に好印象を与えることもできるのです。

　では、どうすれば「筋の良い質問」をすることができるのか。それは、社会人1年目レベルの事前準備が必要になります。

　就活生向けの情報源である、企業の採用HPや説明会で得た情報だけでなく、他の公開情報もふまえて多角的に分析することがポイント。具体的には、以下を参考にすると良いでしょう。

・アニュアルレポート（ステークホルダー向け）
　例）三菱商事　統合報告書2016
・決算説明資料（ステークホルダー向け）
　例）伊藤忠商事　決算公表資料2016
・アナリストレポート（投資家向け）

反対の『筋の悪い質問とは何か』も念のため、押さえておきましょう。

1. 公開されている情報を聞く質問
2. 意図が読めない質問
3. 担当外のことへの質問

また、**質問リストを事前に送付する**となお良いです。仕事は段取りが大事なので、事前に質問リストを送付してくるような段取りの良い学生は「期待できるな」という印象を与えることができます。

ノウハウ

DETAIL

筋の良い質問例

1 **意図と内容を セットに**	例:「住友商事で20代前半までに海外の顧客と接点を持てるような仕事をするためには、どの部署を希望するべきですか? 同じ年次の社員さんを比較しながら教えていただきたいです」 質問の背景やなぜ聞きたいのかをセットで話すことで、仮に質問の内容が悪くてもOB・OGは理解をして補足して話すことができます。
2 **自分なりの 企業研究を 確認してみる**	例:「朝日新聞社は個人プレーであるのに対し、御社(読売新聞社)はチームプレーで記事を作成すると聞いています。私は、チームプレーの方が、個人よりも短期間で多く情報収集ができるという印象を受けました。○○さん(担当社員)に、チームプレーのメリットとデメリットにはどのようなものがあるとお考えですか?」 「自分なりの企業研究を検証すること」がOB・OG訪問の神髄といえるでしょう。ニュースなどの情報から研究した内容や、自分なりに立てた仮説を検証するために質問をし、志望企業についての考えを自分の言葉で伝えられるようになりましょう。 仮に誤った仮説でも、OBの方から核心を捉えたフィードバックをもらうことで正しい知識を得るきっかけになります。この内容は、間違いなく面接に生かすことができます。

リクルーター

Q リクルーターとの接し方に悩んでいます

A 一次面接・二次面接の「代わり」であることを意識せよ

リクルーター面談とは何か

　金融・インフラなど一部の業種ではリクルーター面談が実施されます。エントリーや説明会の後に「懇親会」など、選考よりもフランクな名目で開催される。直接電話で連絡がきて、リクルーター面談が始まるのが一般的なパターン。ESやインターンで優秀だと見込んだ一部の学生だけに、リクルーター面談を設定する企業もあります。また、リクルーター面談で出てくる社員は、学生と歳が近い若手層である場合が多いのも特徴です。

　カフェでお茶をしながら、あるいはランチを食べながら、カジュアルな場面で行われることが多いため誤解を招きやすいですが、多くは「一次面接・二次面接の代わり」。本選考の面接同様、入念な対策が必要です。

リクルーター面談・4つの基礎知識

1. OB・OG訪問や懇親会といった体裁で呼び出される
2. リクルーターを割り当てる人数が、学校単位で決まっていることが多い
3. リクルーター面談で見られるポイントは、普通の面接と同じ
4. リクルーター制度を経験せず内定することもある

POINT

リクルーター面談の突破方法

1	早期の対策	極めて早期（プレエントリーの時期）からリクルーター面談が始まる場合もあり、早めの対策が欠かせません。実際の面接と同様に事前に志望理由を固めるためにOB・OG訪問をしておきましょう。社員から「OB・OG訪問した？」と質問されたときは「実はOB・OGを探しているんですが、まだ出会えてなくて……ご紹介いただくことは可能でしょうか」と思い切って相談してみるのもよいでしょう。
2	服装やマナーに気を配る	懇親会といわれても、スーツをきちんと着こなして臨み、飲食ばかりに気を取られないようにしましょう。リクルーターには若手社員がつくことも多いため、つい気安く、くだけた調子で話しかけてしまう学生もいると聞きます。いくら若手でも相手は面接官であることを心に留め、失礼のない態度で話し掛けてください。
3	逆質問への対策	リクルーター面談の特徴として「何か質問ありますか？」と面接官から聞かれる逆質問が多くなる点が挙げられます。逆質問では「どれくらい会社を調べてきたか」「志望度はどのくらいか」などがあらわれやすいからです。事前に質問リストを用意するなどして、鋭い質問ができるよう心掛けてください。

ノウハウ

**会社説明会
イベント**

Q 就活イベントはできる限り行かないとだめですか?

A ESや面接の選考に直結することもある重要な場です

大学別セミナーは早期選考、優遇措置になることも

　会社説明会や就活イベントでは、HPの企業概要や新卒採用向けのサイトよりもさらに深く企業理念や業務内容、求める人物像を紹介されることがあります。そこで聞いた内容をもとにESや面接で志望動機を語れば、志望度の強さをアピールするチャンスになります。

　さらに、志望する企業の社員と直接話すことができる場として活用することもできます。個別に話せば、全体向けの話では知りえなかった有益な情報を入手することもできるかもしれません。

　また、大学のキャリアセンターを使った志望企業へのOB・OG訪問が難しい場合や、志望企業にすぐに連絡をとれるOB・OGがいない場合にもイベントは有効的。イベントで積極的に社員とコネクションを作れば、後日改めてOB・OG訪問をすることもできるからです。そういった場で名刺をもらう学生は少ないので、快諾してくれるでしょう。1人OB・OG訪問ができれば、その後はその社員から他の社員を芋づる式に紹介してもらえることもあります。

　各大学で行われる特別イベントは、そこで評価されれば早期選考などの優遇措置が取られることもあるようです。

説明会にも学歴フィルターが存在する!?

　人気企業の説明会などでは「学歴フィルター」がかかり、超難関大学の学生しか参加できないこともあるようです。該当しない大学の学生が、メールが来てすぐにマイページにアクセスしても、すべて満席になってしまっているケースも。実際に、2015年には金融業界の某社が学歴フィルターをかけていたことが判明したニュースもありました。

　学歴フィルターがかかって自分がはじかれてしまったのかもしれないと感じたときの解決策は、参加可能か説明会直前に企業へ打診してみること。前日に電話で空きがないか確認したり、セミナー当日に会場へ行って参加できないか聞いてみたりと、直前に問い合わせをしてみましょう。直前にキャンセルする学生は必ず発生し、席に余裕があることが多いため、急遽参加できることもあるからです。

大規模な就活イベントの活用法

　人気企業数十社が集まる大規模な就活イベントでは、志望度の低い企業や、志望していない業界のブースに行ってみましょう。志望度の高い企業については、いずれ説明会やセミナーに参加することになります。大規模なイベントでは、企業ごとの説明会やセミナー以上に詳細な情報が出ることはほとんどありません。そのため、同じ話を重複して聞くことになる可能性も高いです。

　一方、説明会には参加せずにいきなりESを送ることになるであろう志望度の低い企業については、多くの企業が集まる就活イベントで一気に情報収集をしておくと後でESや面接の準備がラクになります。また、思わぬ発見があり、急に志望度が高くなることもあります。

　自分の視野を広げるためにも、大きなイベントは志望度の低い企業を一斉にチェックする機会と捉えるべきです。

ノウハウ

服装

Q 「服装自由」といわれたら なにを着て行ったらいいですか?

A 社員の服装を見て カジュアルの度合いをチェック

1. スーツの色は黒・紺・グレーなどの濃い色の無地を選ぼう

　スーツは、値段よりも自分の体にフィットしているかがポイントです。特に肩幅は気をつけましょう。スーツはシャツ・ブラウスも含め上下、3万円前後で抑えましょう。

　女性の場合、パンツかスカートかで悩む人も多いと思いますが、スカートはおすすめです。業界・職種を問わず、女性らしさを演出できます。シャツはどの業界でも好印象を与える"襟付きの白シャツ"を揃えておくのがベター。ヒールは5cm程度が最適。百貨店で3万円くらいのものを購入すれば長く持ちます。ストッキングは、肌よりも1トーン暗めの色を選ぶと足が細くきれいに見える効果があります。メイクに関しては、資生堂の就活メイクセミナーが参加費にコスメ代も含まれているのでオススメです。

2. 「私服でお越しください」は社員の系統を調査

　説明会や面接に「私服でお越しください」という指定があった場合は、その企業で働く社員の服装の系統をチェックしましょう。社員よりもカジュアルな格好や、社員よりもいいものを着ると悪い印象を与えかねないので注意が必要です。露出しすぎず、清潔感のあるオフィスカジュアルの格好で行くのがいいでしょう。

MALE 男性向けアイテム別オススメのブランド

1 スーツ・カバン
青山
AOKI
スーツカンパニー
セオリー
パーフェクトスーツファクトリー

2 シャツ
青山
AOKI
スーツカンパニー
ユニクロ

3 ネクタイ
コムサ
イヴ・サンローラン
ゼニア

4 靴・靴下・ベルトなど
スーツ同様、ダサいと思うくらい無難なデザインがいいでしょう。靴下はスーツの色に合わせるのが良いです。

FEMALE 女性向けアイテム別オススメのブランド

1 スーツ・カバン
青山
AOKI
スーツカンパニー
セオリー
パーフェクトスーツファクトリー

2 シャツ
青山
AOKI
スーツカンパニー
ユニクロ

3 靴
ケンフォード
コムサ
CALVIN KLEIN

タイプ別

Q 体育会系、理系、留学組で就活に違いはありますか?

A それぞれの成功パターンがあります!

体育系学生は1Dayインターン、OB・OG訪問を活用せよ

　一般的に体育会出身学生は、「先輩との縦の繋がり」と「タフさ、誠実さ、チームワーク力」を持ち合わせているため、就職活動に強いイメージがあります。一方、弱みは部活に費やす時間が多く、数日間にわたるインターンシップに参加できないこと。部活と就活を両立するのが難しいため、希望の就職先に行けない人も少なくありません。そこで、体育会学生の皆さんにオススメなのが夏から秋にかけて1DayインターンとOB訪問を行い、業界を研究すること。秋から冬にかけては自己分析をし、志望業種を絞りこみましょう。就活が解禁する年明けに再びOB訪問をし、志望企業の明確化したうえで選考に臨むみましょう。

理系学生ならではの強みと弱みを生かせ

　理系の学生や院生が就活でアピールすると有効なポイントは次の3つ。

　まずは「特定分野に対する専門性」があること。選考の段階からやりたいことや専門性が明確な理系大学院生は、その分自分の強みに関連する部署に配属される可能性が高くなります。

　次は「論理的思考力」と「数値処理能力」です。論文を読み、仮説を立て、実験を行い、仮説を検証するサイクルを何度も繰り返して身についた「論理的思考力」と、そこから得た膨大なデータを扱うなかで身についた数字の見方や扱い方、つまり「数値処理能力」は、社会人の必須能力。大きな強みです。

最後は、「高いストレス耐性」。学会発表や論文提出締め切り付近で何度も徹夜する……という苦しい状況を乗り越えた経験を持つのが理系大学院生。さらに、教授からの激しいプレッシャーにさらされることも珍しくありません。しかし、それらの経験はストレス耐性のアピールになります。
　一方、理系大学院生が就活で留意する点は次の2つ。「なぜ、研究者を目指さないのか」と聞かれることが多いはずです。この問いに対しては、前向きで意欲的な回答を用意しておきましょう。
　次に、「研究内容を教えてください」と聞かれることも。これは、内容ではなく「伝え方」を見られています。「カタカナ系の専門用語を極力使わない」「研究の目的・最終的なゴールを分かりやすく伝える」「何が困難で、どう乗り越えたのかについて、個人の工夫を伝える」の3つに注意して話しましょう。

留学経験者の就活成功の3大ポイント

　今や留学はレアな経験ではありません。ほかの留学経験者と差別化し面接官の印象に残るためにも、留学中に具体的にどのような経験をし、どう成長したかを具体的に面接官に伝えましょう。
　アピール方法のポイントは、次の3つです。まず、文化の壁を乗り越え良好な人間関係を築いた経験は、コミュニケーション能力の高さを伝えられます。留学中の困難を自ら解決した経験を課題を発見して解決する力として説明する。さらに、努力による成長の目に見える結果は、目標を設定して達成する力として面接官に語りましょう。

第 2 章

最強の就活ノウハウ

試験突破編

筆記試験・WEBテスト／
エントリーシート／
グループディスカッション／
面接／ケース面接／
フェルミ推定／最終面接

エントリー

Q 何社エントリーするのがいいですか?

A 常に20社をキープするべし

負のスパイラルに陥らない勝者の就活

仮に、A社の内定を取りたいと思っても、内定までに「何社受ければいいか」を事前に予測することは不可能に近いです。そのため、「できるだけ多く」受けようとしがちですが、結果、1社あたりに十分に時間をかけられず、不採用になる確率が上がってしまいます。不採用の回数が増えると、さらに不安になるため、エントリー数を増やし、さらに1社あたりに時間を掛けられず、落ちる確率が上がる。悪いスパイラルに入るという構造です。

では、どうすればいいのか。結論からいうと「常に何社、手持ちのカードを持っておくべきか?」というプロセスだけで管理するべきです。これはつまり「自分のキャパシティを考えると、A社までなら十分に時間をかけられる」ということを明確にすることです。

合計社数ではなく、常に何社カードがあるかが重要

そもそも1社にエントリーし、準備したうえで、受けると、ざっくり計算しただけで約10時間／月（※1）を消費することになります。これを20社同時進行させると、月に約200時間を就活に使うことに。これは1日ベースで考えると、約6時間です。つまり、20社同時に就活を進めるということは「毎日6時間、就活のために使わないと回らない」ということを示しています。よって、普通の人は約20社が限界になるわけです。

▼1社あたりの面接までにかかる時間（目安）▼
WEB上での情報収集:2h
エントリー:0.5h
説明会参加（移動含む）:3〜4h
ES／志望動機作成:3h
リクルーター面談（移動含む）:2h
OB・OG訪問（移動含む）:3h
面談／OB訪問下準備:2h
面接下準備:1h
面接（移動含む）:3〜4h
（※1）学習効果などを考慮し上記会社の半分の時間で計算

20社の内訳

手持ちの20社は以下の内訳にするのがおすすめです。
　　10社:興味のある業種
　　5社:全く興味がない業種
　　5社:苦手だと思う業種

　全く興味がない業種を受ける理由は、「自分の選択肢の幅を広げる」ためです。大半の学生さんは「自分が憧れている企業」をなんとなく持っていますが、「自分に向いている企業」はわかっていないことが多い。興味がない企業を受ける理由は、「思い込みを捨て、自分に向いている企業」に出合う確率を高めるのが目的です。

　嫌い、苦手である企業を受ける理由は簡単です。それは「内定が出そろった後に、どの企業に入社するか」を決める判断材料をそろえるため。内定が出そろい、実際に入社する企業を決める場合には、「自分が絶対に譲れないこと」を明確にする必要があります。自分が苦手な企業を受けると「自分が絶対に譲れないこと」が明確になってきます。もちろん「自分が嫌いだと思っていた企業」が実際に採用担当者に会ってみると、いい企業だったということも多々ありますが。

1社内定をもらったら、残りの19社も最後まで受けきる

　20社のリストを組んで、1社落ちたら1社追加していき、常に手元には20社を持っておきましょう。そして、1社内定を取ったら、後はその時点で残っている19社のカードを受けきり、就活は終了です。部活と同様に、就活も最後は「納得感」です。やるべきことは全てやりきったと断言できることが大切です。上記の方法を取れば、少なくとも「自分がその時期に充てられる全ての時間を使って、できる限りのことはやった」と言いきれるはずです。

筆記試験 WEBテスト

Q 筆記試験はなにを勉強すれば突破できますか?

A 9パターンの試験の特徴を知り、志望企業ごとに対策せよ!

試験ごとの形式や対策方法を理解しよう

　WEBテストはSPI、玉手箱、CAB、GABなど種類がさまざま。企業によって出題形式も異なります。主要なWEBテスト9種類について、形式やポイントをご紹介します。

〈1. SPI〉
ⅰ. SPIとは?
　SPI:Synthetic Personality Inventory(総合適性検査)の略。性格と能力の2領域を測定します。
ⅱ. テスト形式
【1】テストセンター:専用会場のパソコンで受検
　受検者のレベルや解答状況によって出題問題が変化。正解すればするほど難易度が上がり、高評価になっていくと言われています。
【2】WEBテスティングサービス:自宅のパソコンで受検
　全体の制限時間に加え、問題ごとに制限時間があり、時間が過ぎると次の問題に進んでしまう仕組み。なお、テストセンターとの違いは以下の3つが挙げられます。電卓使用が前提／出題範囲が異なる／入力形式の問題が多い。
ⅲ. 出題科目
　言語(国語)・非言語(数学や計数、倫理)約35分、性格検査　約30分
　※一部企業(総合商社など難関企業)では、構造的把握力検査を実施。

〈2. ENG (イング)〉
ⅰ. ENGとは?
　SPIを作成、販売しているリクルートマネジメントソリューションズの英語専

門のテストです。SPIの英語科目と考えて問題ありません。
ⅱ．**テスト形式**
　主に筆記試験での出題ですが、最近はテストセンター形式のオプション試験として実施されることも。筆記のENGは実施時間30分40問のテストで、語彙力・文法・長文読解などが出題されます。リスニングはなし。
ⅲ．**出題科目**
　同意語／反意語／空欄補充／英英辞典／誤文訂正／長文読解を中心とした問題。※企業によっては、和文英訳の問題も出題。

〈**3．玉手箱**〉
ⅰ．**玉手箱とは？**
　能力テストと性格テストで構成されているWEBテスト。
ⅱ．**テスト形式**
【1】WEBテスト（自宅受験）形式
　スピードを保ちながら、正確な解答をすることが求められます。例えば、計数の図表読み取りでは、29問を15分で解くため、1問あたり30秒で解く必要があります。電卓を用意して、スピードを維持した解答を心がけましょう。満点狙いに固執せず、解ける問題を確実に解いて、捨て問題を見極めることがキーになります。
【2】テストセンター形式（C-GAB）
　C-GABと呼ばれ、会場では電卓が使えないため、筆算が必須。概算などを使い、スピードを落とさないための工夫が求められます。
ⅲ．**出題科目**
　言語や英語では、部分的にGAB形式やIMAGES形式の問題が用いられます。

・計数理解
　四則演算　9分／図表の読み取り　15分／表の空欄推測　20分
・言語理解
　GAB形式の言語　15分／IMAGES形式の言語　10分／趣旨把握　12分
・英語理解
　GAB形式の英語　10分／IMAGES形式の英語　10分

〈**4．GAB**〉
ⅰ．**GABとは？**
　総合的能力を測るテスト。
ⅱ．**テスト形式**
　筆記とWEBの両方あり。玉手箱などで部分的に同形式のテストが出題される。

ⅲ．**出題科目**
　筆記GAB　　計数（複数の図表に関する計算問題）　35分／言語（論理的読解）　25分／性格テスト　30分
　WEB GAB　　計数35分／言語25分／性格20分

〈5．CAB〉
ⅰ．**CABとは？**
　SEやプログラマーといったコンピュータ職向けの適性テスト。
ⅱ．**テスト形式**
　筆記テストであるCABに加え、Web-CABと呼ばれるWEBテスト版もある。
ⅲ．**出題科目**
・CAB
　法則性　15分／命令表　20分／暗号　20分／暗算　10分／性格　30分　※暗算はIMAGES形式と同様／
・Web-CAB
　四則演算　9分／法則性　12分／命令表　15分／暗号　16分／性格　約20分

〈6．IMAGES（イメジス）〉
ⅰ．**IMAGESとは？**
　簡易版の総合適性テスト。GABに比べて能力テストの実施時間が短く、英語の能力テストがあるのが特徴です。
ⅱ．**テスト形式**
　筆記テスト
ⅲ．**出題科目**
計数（暗算）　10分／言語（趣旨判定）　10分／英語　10分／性格テスト　30分

〈7．TG-WEB〉
ⅰ．**TG-WEBとは？**
　難易度が高く、馴染みのない問題が出題されることが大きな特徴。定められたルールや決まりごとの中で、いかにパフォーマンスを発揮できるかを見極めることができると言われています。
ⅱ．**テスト形式**
　WEBテスト、テストセンター形式、I9（アイナイン）と呼ばれる筆記テスト形式の3種類がある。WEBテスト形式では、電卓の準備もしておきましょう。
ⅲ．**出題科目**
　非言語（計数）　18分／言語　12分／英語　15分（高難易度の長文読解）／性格テスト
※言語と計数には「従来型」と「新型」があり、それぞれ出題内容が異なる。

上記は従来型の出題例

〈8. 内田クレペリン検査〉
ⅰ. 内田クレペリン検査とは?
　主に作業能力と、行動面での特徴を調べるテスト。各行の最後を線で結び、浮かび上がった曲線の形から作業量と性格を分析します。
ⅱ. テスト形式
　筆記テスト。マークシートにびっしりと数字が記載してある。

〈9. SCOA〉
ⅰ. SCOAとは?
　SPIの亜流のひとつで、国数理社英の5教科からまんべんなく出るテスト。
ⅱ. テスト形式
　筆記とテストセンターがある。
ⅲ. 出題科目
　能力テストは5教科／120問で、以下のような問題が出題。

言語：熟語・慣用句、故事成語などの意味、長文読解
数理：四則計算、方程式、不等式、数列、数的推理
論理：空間把握、推論、判断推理
英語：単語、文法、発音記号、前置詞・関係代名詞の空欄補充
常識：理科、社会

ノウハウ

ES

Q エントリーシートってどう書いたらいいですか?

A 結論ファーストで書くのが鉄則!

エントリーシートの文法を守りながら書く

エントリーシートは「結論→背景事情→結論、の繰り返し」の順番で記すのが黄金ルール。社員は、短期間で数えきれないほどのエントリーシートをさばきます。そのため、冒頭に社員を惹きつける内容が書かれていないと、最後まで読まずに落とされてしまう可能性も高い。また、「結論ファースト」は、エントリーシートのみならず、面接など就職活動の採用全般において心がけるべき鉄則です。

以下は、電通に「あなたがチームに貢献した結果、成功した事例を具体的に書いてください」と求められたことを想定した例文です。

〈例文〉
(結論) アルバイト先で月例歓迎会を企画し、チームを強化することで売上10%アップに成功しました。(背景事情) アルバイト先は大きな居酒屋で人材の回転が速く、お互いに名前を知らず働くこともよくありました。そのため苦情が発生しても周知されず、売上のロスが減らないことに本社の社員は頭を悩ませていました。そこで私は飲み会を毎月開く習慣をつくり、毎月1度はバイトスタッフ同士が顔を合わせ、お互い受けた苦情や改善点を共有する機会を作りました。(結論) 結果として苦情の件数が半減し、苦情対応の時間を売上アップに使えた結果、1年間で売上を10%向上させることに貢献しました。

OB・OGや先輩に添削してもらう

エントリーシートは、頭で学ぶより実際に書いてみるのが一番です。実際

にエントリーシートを一度書いたら、OB・OGや先輩に添削してもらうといいでしょう。適切なエピソードを選び、適切な文法で書く。要約すれば技法はこれだけです。

目立つよりも落ちないようにするべし

　ESを書く上で重要なのは、通過しようとするのではなく、落ちないようにすること。これこそが、トップ企業から内定を得る極意です。

　ESの設問を読むより先に済ませておくべきなのが、企業の求める人材像を洗い出すこと。説明会やOB・OG訪問、ウェブサイトの情報を見ながら『この企業はどんな人材だったら欲しいと思うか』を分析します。

　企業が求める人材像を洗い出せたら、次に自分の経験から求める人材像にマッチングしそうなエピソードをまとめます。
　たとえば、電通であればこんなキーワードが出てきます。

1. 協調性が高くて社交的
2. チームワークが大好き
3. ちょっとユニークな個性がある

　すると、ESや面接では、これらをアピールできるエピソードを語ればいいことが導き出せるのです。下準備をして、落とす要素のない文章を書く。これが選考通過の近道になるのです。

ES

Q どのようなエピソードが評価されますか？

A エピソードが「定量的」で「行動特性」を示せているか

企業は過去の経験を自社のビジネスで生かせるかを見ている

就職活動のエントリーシートで最もよく聞かれるのが「学生時代に頑張ったことはなんですか」という問いです。その質問で企業や面接官が見ているのは「経験の内容」ではなく「入社後の将来性」です。エピソード作りのためだけに海外でバックパッカーになったり、学生団体を立ち上げたりする必要はありません。今取り組んでいることを、「定量的」に「行動特性」を感じさせるように就活内で表現できるよう意識してみてください。

企業側は「自社のビジネスで活躍できる人材」を採用したいと考えています。そのため、中途採用では「営業で〇〇の成果を残した」「〇〇の専門資格を持っている」など、実績やスキルを中心に合否を判断します。

一方で新卒採用の場合、学生はビジネス経験がないことがほとんどで、そのスキルや経歴で活躍の可能性を見極めるのは非常に難しいです。そこで企業は「学生の過去の経験」から、自社のビジネスで活躍できる人材を見極めようとするのです。

ここでカギを握るのが、エピソードの内容に**「再現性」と「反復性」があるかどうか**です。社員は学生の思考や行動パターンからその人が入社後に活躍するか（＝再現性）、活躍は長期間継続するか（＝反復性）を見極めようとしています。ESや面接の回答で、あなたの取り組みの再現性と反復性をアピールし、「将来性がある」と社員に判断させましょう。

成果を定量的に表現し、
成功につながる行動特性をアピールしよう

　定量的な表現の2つのポイントは「周りとの比較」と「経年での評価」です。「すごく苦労した」「大きな成果が出た」という言葉は、抽象的すぎて具体的なイメージがわきません。悩んだ時は、以下の2つのポイントを意識してみましょう。

1. 周りと比較した評価
　「〇〇人中▲▲位を取った」などのように現在の競合相手と比較する

2. 経年での評価
　「これまで〇〇位だったが、今年は▲▲位になれた」など、過去の先輩や自チームと比較する

行動特性をアピールする5つのポイント

　行動を通して「再現性」と「反復性」を感じさせるためには、次の5つの要素を盛り込むとよいでしょう。

1. どんな課題に取り組んだか
2. 取り組んだ動機は何か
3. 何を目標に設定したか
4. 課題をどう解決したか
5. 取り組みの成果とその評価

　これらの要素を定量的に伝えると、評価をする社員が推したくなる可能性が高まります。

ノウハウ

ES

Q 志望動機はなにを参考にすればいいですか?

A IR情報と転職サイトの情報を活用する

まずは企業が採用したい人材かを見抜く

　志望動機を書くには、企業研究が必須です。就活の第一歩ともいえます。ホームページをくまなく調べたり、OB訪問をしたりすることも大切。しかし、ある攻略法を用いると、企業研究は10分で終わらせることができます。そのとっておきの方法が、「IR情報」や「転職サイト」を活用することなのです。

企業のIR情報から「強み」「弱み」「これから伸ばす分野」を整理する

　IR情報とは、Investors Relationsの略で「投資家向け情報」を指します。多くの企業は株式会社であり、投資家から出資を受けることで経営をしています。出資してもらうのですから、企業は定期的に投資家に向けて現状を報告しなくてはなりません。そのために、「誰にでもわかりやすく」書かれたものがIR情報です。学生にとっては、企業研究のまとめとして活用することができます。

　IR情報からは、次の3つを読み取ることができます。

1. 企業が強みとしてウリにしている分野
2. 企業が弱みとしてとらえている分野
3. 企業が「これから投資したい」と思っている分野

　上記3点をふまえて、自分がどう強みを発揮できるかを考えて志望動機を作ってみるのがコツです。例えば三菱商事の2015年四半期決算を見てい

ると、1の企業が強みとしてウリにしている分野は「機械事業の純利益が263億円でぶっちぎり」であり、2の企業が弱みとしてとらえている分野は「エネルギー事業の純利益が134億円も減少して230億円。(前は機械事業より大きかった) キャッシュフローのページにも同分野への投資で利益が減少したと記載あり」、3の企業が「これから投資したい」と思っている分野は「豪州石炭事業への投資をしたとあるが、決算では赤字だった鉱業にも興味がある」と分析できます。

　IR情報を3つに分け、それぞれに志望動機を作ったうえで、面接でアピールする志望動機を1つに絞ります。採用担当は膨大な数の面接をこなしますので、覚えてもらえるのはせいぜいひとつ。その他2点は「面接官に突っ込まれたときの奥の手」として用意しておきます。

転職者向け情報サイトを活用しよう

　転職者向け情報サイトとは、企業を辞めた人のレビューが載っているサイトのことです。志望動機を作る際には、転職サイトでは「なぜこの会社を辞めたのか」を調べるのが有効的。社員が離職した理由は企業の人事部も把握しており「以前辞める人が出た条件でも耐えられる人材が欲しい」と思っている可能性が高いからです。

　例えば某商社では「入社5年以内に海外勤務が必ずあり、体力的に厳しい」ことを記載していた口コミがあったとします。この口コミを参考にして用意できるのが「言語が通じない厳しい環境でもやりぬけます」「体力があるので、数年に1度海外に行くようなタフな環境でも頑張れます」といった、事業分野にこだわらない志望動機です。事業に基づいた志望動機を作り、最後に大きな志望動機を作ることで内容に深みを与えることができます。

面接

Q 面接官はなにを見ていますか?

A 相手の発言を理解し、自分の伝えたいことを表現できるコミュニケーション能力

面接で求められる能力は2つ

　一般的にコミュニケーション能力というと、「誰とでも分け隔てなくコミュニケーションをとることができる（距離を縮めることができる）力」と解釈されがちです。しかし、面接官は学生に求めるコミュニケーション能力とは、「相手の言うことを正しく理解する能力」と「伝えたいことを適切に表現し、相手に理解してもらう能力」の2つをさします。

相手の言うことを丁寧に聞いて、正確に理解できる訓練をしよう

　相手の言うことを正しく理解する能力は、質問の意図を汲み取れているかどうかで見極められます。これは、全業界で必要な能力。例えば同じ質問でも、志望企業や業界、選考の段階によって変わってくる可能性があります。
　「あなたをモノにたとえると何ですか?」と質問されたとします。これが一次面接の場合、質問の意図は能力の見極めにあると考えられます。したがって、自己PRに関する質問と捉え、自分の強みを述べるのが正解でしょう。
　一方で、意思確認の意味合いが強い最終面接でこの質問が出された場合、能力というよりはむしろ人柄を見られていると予想できます。そのため、自分の人柄や性格をモノで表すと何になるか、を答えるという思考に至ります。

抽象的な質問は答えを自分で絞り込む

　面接で、相手の質問が抽象的で1回では理解できない場合もあります。そのとき、自分から質問して答えの条件を絞り込みましょう。すると、面接官

の意図からはずれない回答ができるうえ、正しく理解しようとする姿勢をアピールすることもできます。

例えば、「自分を成長させてくれた経験は何ですか?」と質問された場合、「成長させてくれた経験は大学時代の経験ですか? それとも人生を通じての経験ですか?」と尋ねて、答えるべき内容を確認します。

面接では常に構造的に話す癖をつけよう

面接で伝えたいことを適切に表現し、相手に理解してもらうというのはつまるところ「構造的に話す」ということです。「構造的」というと難しく感じるかもしれませんが、いたってシンプルで「結論→理由」の流れで簡潔に話せばいいのです。

例えば、「あなたをモノに例えると何ですか」と質問され、自分が伝えたい強みが「粘り強さ」であるとします。その時は「私はモノで例えると剝がし忘れたガムテープです。どんなに掻かれても剝がれないような粘り強さがあります。(結論)なぜなら～だからです。(理由)したがって、私は剝がし忘れたガムテープだと思います」という具合で回答すると内容がすんなり頭に入ってきます。

面接でもグループディスカッションでも
求めらるのは同一の能力

ここに挙げた2つのポイントは、グループディスカッションでも重要です。他の学生が話した内容をキチンと理解したうえで、自分の意見を分かりやすく述べて議論を積み上げていくことができる学生は、コミュニケーション能力を高く評価されます。

面接

Q 挫折経験を聞く意図はなんですか？

A 何かに熱中した経験と思考のプロセスを見るため

回答で見ている2つのポイント

面接やESで多くの企業が「挫折経験」を尋ねてきます。企業はなぜ「挫折経験」を知りたがるのか。それは、次の2つのメリットがあるからです。

①何かに熱中し必死に努力をした経験があることを確かめる

挫折経験は「あることに熱中し必死に努力をしたが報われなかった」経験です。すなわち挫折経験を語るためには何かに熱中し、努力をした経験が必要です。こうした経験があり努力できる学生を高確率で見つけ出すのが、挫折経験に関する質問です。

②困難からの立ち直り方に人間性や思考プロセスを見る

挫折から立ち直ろうと努力する際に、学生の素の人間性や思考プロセスが表れます。問題から目を背け意識しないよう努める、問題克服のために必死でもがく、周囲から協力を得るなど、どんな方法で解決を図るかが見えてきます。そこから入社後の働き方をイメージできるため企業はこの質問をするのです。

では、どのように挫折経験を語るのが効果的なのか。右の表で具体的に解説していきます。

POINT

挫折経験の例とアピールポイント3選

1	（外部環境系） **対応力と メンタルの 強さをアピール**	自分ではどうすることもできない問題に対して克服しようと努めたパターン。例えば「部活で大会の前に怪我をしてしまった」などが、このパターンに当たります。このテーマからアピールできる要素は理不尽な状況に対応する能力やメンタルの強さです。困難な状況に対して、どうくじけずに努力したかがわかるように伝えましょう。
2	（人間関係系） **対人能力と リーダーシップを アピール**	「留学で未知の環境に飛び込み友達作りに悪戦苦闘した」ように、人間関係のなかで挫折を経験するパターンです。こうした経験からアピールできるポイントは、対人能力やリーダーシップです。総合商社やデベロッパー・外資メーカー（マーケティング職）が好む能力なので、このような業種への就職を考える方は人間関係パターンのエピソードを準備しましょう。
3	（自己完結系） **ひたむきさと 努力家な面を アピール**	自分のスキルや能力が足りないことで味わう挫折が該当します。具体的には「部活で周囲の技術が高く、追いつくために練習に打ち込んだ」などです。この挫折経験からはひたむきさや努力家な要素をアピールできますが、チームワークなどの要素に触れることは難しくなります。他のエピソードでチームワークに関する素質を説明できるように、準備をしておきましょう。

ノウハウ

GD

Q グループディスカッションではどう振る舞えばいいですか?

A アイデアを出して客観的事実を示せるかが重要

1、グループディスカッションとは

グループディスカッション(以下、GD)とは就職活動で一般的に行われている選考です。少ない場合は3人、多い場合は10人程度の学生が1つのテーマについて集団でディスカッションを行い、30分程度で結論を導き出します。時間あたりに選考できる学生の人数が多いため、短時間で多くの学生を選考できるメリットがあります。このため、GDは選考の序盤で採用されることが多いです。

2、協調性などチームでのやりとりが見られる

選考は基本的に1対1の面接が主であり、協調性をはじめとするチームワークに関わる要素は測りにくいものです。こうした面接の欠点を補い、学生のチームワークをチェックできるのがGDです。

3、大まかな進め方

GDには次の3つのフローが存在します。
〈1〉課題・目的の設定:グループワークの目的を設定し、話すべきテーマを決めます。課題に対して適切な目的を決めましょう。
〈2〉問題の解決策の検証:設定した目的を達成するためにはどうすれば良いか検討します。アイデアを出した後は、アイデアが正しい理由を説明しましょう。なるべく数字や事実を並べ、独りよがりな意見ではないことを伝えます。
〈3〉結論を出す:自分の意見や他の人の意見をまとめ、最終的にグループとしての結論を出します。

POINT

タイプ別GD対策

1 抽象的テーマ型
抽象的なテーマを議題に学生が1つの答えを出す

「意見からではなく、条件から議論する」
このGDで見られているのは「結果」ではなく「過程」です。「定義付け→ひとつの結論」という流れを常に意識しましょう。このタイプのGDは人柄面を見ているケースが多く、他のGDより「円滑なコミュニケーションが取れているか」に注目されます。ジョンソン・アンド・ジョンソンなどで頻出。

2 課題解決型
課題に対して解決策を提示する

「必要とされているのは、実現可能なアイデア」
与えられた課題について、解決策を提示することを目的としたタイプ。簡単な資料がある場合とない場合があります。よく出題されるのは、「企業に関連するテーマ」「時事に関するテーマ」「馴染みのないテーマ」の3つです。大切なのは「定義付け→現状分析」という流れを意識して進めること。定義しないと、議論が錯綜することは必至です。漠然とでもいいので、「話題になる」を定義して現状を分析し、その現状を生じさせている原因を考えましょう。電通などでよく出される形式です。

3 資料分析型
資料を読み解き、最善の解決策を提示する

構造的に物事を捉え、数字ベースで話す
人柄以上に、能力が見られています。「前提確認→現状分析→原因特定→アイデア出し→アイデア吟味→結論」というフローで進めましょう。数字を使って発言できると高評価。この6つのプロセスのうち、どれか1つでも抜けがあるとマイナス評価につながる可能性があります。三井物産などで使われるパターンです。

4 ディベート型
反対／賛成の立場または自分に明確な役割が与えられたうえでテーマについて議論する形式

自分の立場に優位な基準設定を勝ち取る
大切なのは、「初めに判断の基準を作る」こと。自分の立場が決められた状態で始まるため、「自己主張の押し付け合い」になりやすい形式です。議論を成り立たせるため、判断の基準を設定しましょう。入社後、ジョブローテーションが頻繁に行われる企業でこの形式のGDが実施された場合、いきなり与えられた立場に、柔軟に対応できるかどうか見定められている可能性大。NHKなどでよく出ます。

ノウハウ

面接

Q 面接の逆質問でなにを聞いたらいいか迷います

A 「志望度」と「空気を読めるか」をチェックされています

1. 間接的な志望度チェッカーの役割をしている

　企業が逆質問を課す最大の理由は、志望度を測りたいから。企業や業界への知識の豊富さや筋の良い質問ができるかで、入社熱意を評価するのです。志望度を示すためには、仮説を立てた具体的な質問をすることによってアピールすることができます。

2.「人として空気が読めるか」をチェックしている

　2点目として、「空気が読めるか」のチェックにも用いられます。某日系素材メーカーで最終面接を経験した学生によると、「逆質問は変な質問をする学生を落とすための最終チェックだった」とコメントしています。変な質問とは、「有給休暇はどのくらい取得できますか?」「離職率はどのくらいですか?」などです。最終面接に至るまでの過程で学生の優秀さは既に判断されている場合が多いため、逆質問の場では「細やかな空気を読むスキル」も確認していると考えられます。

3. 社員の年次ごとに質問内容を変えるのがポイント

　具体的にはどのような質問が面接官に「刺さる」のでしょうか。どのような業界でもウケのいい逆質問の具体例を右ページでご紹介します。なお、ここに挙げる質問例はOB・OG訪問、リクルーター面接の際にも有効です。その時の回答内容をもとに、本選考の面接での回答を用意しておくと、面接官に好印象を与えられます。

POINT

全業界で使える質問例3選

1	**【質問例1】「本当に大変だったとき、それを乗り切るモチベーションの源泉は何でしたか？」**	具体的に仕事の何が大変なのか、逆境時に社員が何をモチベーションにしたかを知ることにより、リアルな仕事内容や社員の性格などの傾向がわかります。オススメは、この質問を同一業界の複数の会社ですること。逆質問を比較の材料に使うと、社風の差の理解が進みます。
2	**【質問例2】「～年在籍されて、いろいろと見てこられたと思うのですが、御社で働くうえで重要な資質とはなんですか？」**（中堅社員対象）	中堅以上の社員は、先輩も後輩もいる立場。どのような社員が活躍しているか、目の当たりにしてきていると考えられます。この質問をすることで、精度の高い「会社で活躍できる人材の要素」がわかるでしょう。
3	**【質問例3】「御社のリソースを自由に使えるなら何をしますか？」**（中堅社員対象）	社員個人がビジョンを持っているか、社員が聡明かの2点を判断できます。ただし、面接官によっては「生意気な学生だ」と判断されてしまう可能性があるので、聞き方などは気を使うなどすべきでしょう。

ノウハウ

ケース面接

Q ケース面接では どこを見られていますか?

A 難易度別に 求められているものを理解しよう

ケース面接の難易度は3段階

ケース面接とは「実際のプロジェクトに似た課題を出すことで、論理的思考力とプレゼンテーションスキルを確認する」質問のこと。コンサルや一部の商社で出題されます。「スターバックスの売上を1.5倍にするにはどうすればいいか」という例題は頻出。出題者から3〜10分ほどの時間を与えられた後、自分がどういう結論に至ったのかを論理的に説明します。

難易度1. すでに選択肢がある中で、最適解を選ぶもの

課題に対していくつかの選択肢が示されており、クイズのように解を選ぶタイプ。与えられたなかから合理的なものを選んで、その理由を説明します。例えば「日本は深刻な医師不足。対策として医学部に進む学生を増やすのと、外国人医師を増やすのとどちらがよいか」といった質問が代表例。

難易度2. 数字で達成目標が示されているオープンな課題

「日本への観光客を10年で2倍にするには?」こういった課題は達成目標が明確に数字で掲げられているものの、答えの選択肢は自ら考えねばなりません。一番出題されやすいスタイルです。

難易度3. 曖昧な言葉で定義される、オープンな課題

「ラーメン屋の売上ってどうすれば上がると思う?」といった、前提条件から考えるパターン。

ざっくりした言葉で定義されるため、ケースそのものに取り組む前にフェルミ推定を用いて数値目標を立てねばなりません。

> **EXAMPLE**

スターバックスが売上を上げるには、客単価と回転率どちらを上げる?

1　STEP1　課題を理解する

「客単価を上げる」とは、1人が使うお金の額を増やすこと。「回転率を上げる」とは、短時間で退店してもらい、次のお客様を入店させること。カフェの席数は限られているため、回転率が上がれば1席あたりの売上が伸びます。

2　STEP2　メリット・デメリットを並べる

それぞれのメリットとデメリットを並べます。メリットとは「他の案より儲かる、より効率的」な部分、デメリットは「他の案よりお金にならない、もしくは非効率」な側面のことです。

3　STEP3　お店の得分が大きい方を選ぶ

メリット、デメリットの2つのアイデアを並べて、どちらの方がお店にとって「お得」かを考えます。客単価を上げる方は顧客満足度アップにつながる一方で、商品の組み合わせなどセットメニューを考えるコストや、回転率ダウンとの相殺がありえます。一方で回転率を上げるアイデアは顧客満足度が下がるリスクをはらみつつも、授業やバイトで長居できない大学生との親和性は高そうです。

4　STEP4　数字を試算する

十分に時間がある場合、数字で「どれくらい売上が伸びるか」を試算することが望ましいです。まずは、仮にカフェの席数が50席あり、10時間開いているものと決めます。細かいことにこだわらず、ざっくり決めてしまうのがコツ。

5　STEP5　結論を明確に伝え、その根拠を示す

実はこれ以降、どうプレゼンしても構いません。ケース面接は正しい答えを競うのではなく、あなたの思考とプレゼンスキルを求める問い。「回転率と客単価アップ、どちらも試算した結果、客単価アップの方が売上向上につながると考えました。ここからどう試算したかご説明します……」というように、結論と、そこへ至るまで論理的に考えたことを説明します。自分の考えに対し面接官からフィードバックが入ったら、まずは素直に聞きましょう。そのうえで、議論を進めます。

ノウハウ

フェルミ推定

Q フェルミ推定の対策は なにをすればいいですか?

A 基礎的な統計データを記憶し、概算する訓練を積むべし

企業は「少ない手がかりで見通しを立てる」実務能力を測ろうとしている

　フェルミ推定は、コンサル企業でよく出題されます。自然な会話の中で面接官から聞かれることが多いようです。たとえば「趣味は何かな?」といった問いからの流れで「へえ、クラシック音楽のサークルでチェロを担当してるんだ。日本にチェロっていくつあると思う?」とフェルミ推定へ突入するのです。

　問われているのは短時間で論理的に数字を推測する能力なので、実際の数字と異なっていても問題ありません。出題される課題は「日本で○○は何個あるか」といったものに偏ります。概算する手がかりとして、総務省や厚労省などが発表している基礎的な統計データは頭に入れておきましょう。基本的に計算機は使えず、筆算の場合がほとんどです。面接には紙とペンを忘れずに持っていきましょう。

フェルミ推定の解き方

例題　日本にいるカップルの数は何組か?

STEP 1　そもそも「カップル」とは何か定義する

　人口を概算しやすいように自分で明確な定義を作ります。今回はカップルを**「結婚していないけれど付き合っている男女のペア」**とします。

STEP 2　自分で作った定義をもとに、要素を分解して概算する

1. 恋愛できる未婚者の数を求める

[恋愛できる年代の人口]に[未婚率]を掛け合わせる
恋愛ができる人口の数は以下のように算出します。
日本の人口は約1.2億人とします。
この人口から恋愛する可能性の低い年代の人口を以下のように概算し、除きます。
※必要な基礎知識（覚えていたらベター）:14歳以下の人口　約1,600万人
51歳以上の人口　約5,300万人
1.2億人 － 0.16億人 － 0.53億人 ＝ **0.51億人（5,100万人）**

ここから**未婚者の数**を求めます。
日本の既婚者が人口の57％と知っていれば、未婚者の割合は100％－57％＝43％と求められます。既婚者・未婚者の比率が全世代で同じと仮定すると、恋愛ができる未婚者の数は以下のように推定できます。

5,100万人 × 43％ ＝ **2,193万人**

2. 恋人のいる未婚者の数を求める

1)で求めた未婚者の人口に、[恋人がいる独身者の割合]を掛け合わせる
今回は、独身女性へのアンケート（※1）で37％に恋人がいるとわかったとして、(1)を踏まえて以下のように計算できます。
（※1）出所:「未妊レポート」　ベネッセ教育総合研究所、2013年、有効回答者数:4,159人

2,193万人 × 37％ ＝ **811万人**

3. 男女のペア数を求める

質問されているのは「カップルの組数」なので、(2)で求めた人数を2で割ります。
811万人 ÷ 2 ＝ **405.5万組（約406万組）**

ノウハウ

最終面接

Q いつも最終面接で落ちてしまいます。なにがいけないのでしょうか?

A 最終面接で落ちる人には2つの傾向があります

失敗例は主に2つ

役員や社長が相手となる最終面接でばかり落ちる人には、ある共通点があります。その分類とは「優秀なミーハー」か「奇をてらったエピソードで大勝ちを狙うリスクテイカー」です。

それぞれ、具体的に見ていきましょう。

タイプ①
「ウチの内定、蹴られそう」と思われるミーハー学生

最終面接を担当するのは、基本的には企業のなかで役職が上の人。最低でも役員クラス、場合によっては社長ということもあります。

社長クラスの面接では、賢さや有能さよりも熱意を確認しています。最終判断を社長自らが行うのは「この子なら、ウチで活躍してくれそうだ」と確信を持って採用の許可を出すためです。

つまり、最終面接でばかり落ちる人の特徴は「賢くて有能だけれども、熱意が足りない。もしかして、他社に内定したらウチを蹴るんじゃないだろうか?」と、面接官に不安を抱かせるタイプです。

不安を抱かせる学生は、志望動機に具体性がなく「それ、他社でもできるよね?」と突っ込まれる隙があるのが特徴。次回以降は「御社でなくてはだめなんです!」と言いきれるような志望動機を、最終面接前に作りこんでいきましょう。

具体性のない志望動機を作ってしまう人は、特に業界をまたいでトップ企

業へエントリーするミーハー就活生にありがち。ミーハー就活自体は悪いことではありませんが、各業界知識はしっかり勉強してから最終面接へ挑みましょう。

タイプ②
それまで語らなかった強みを話すリスクテイカー

　最終面接に来るような社員は、非常に多忙。そのため、それまでの面接記録が事前資料として共有されるのが一般的です。そして「この子は野球少年なんだな」「○○さんはバイト頑張った子か」といった印象を抱きながら、最終面接へ向かいます。

　ところが、就活生のなかには「最終面接だから、とっておきのエピソードを披露しよう！」と、それまでの選考で話したのとは異なるエピソードを話したり、ギャップを見せたいばかりに今までの選考では言わなかった強みをアピールしたりすることがあります。こうなると役員・社長は驚きます。

　「野球少年って資料にはあったのに読書が趣味!?　資料の名前、間違ってないか？」と思われるならまだしも「コイツ、今まで話を盛ってたな。野球少年なんてウソじゃないか。信頼性に欠けるので不採用にしておこう」と判断されては元も子もありません。

　これまでの面接で評価されていたポイントを踏まえず、全然別のアピールポイントで攻めても、評価されるかはわかりませんよね。新たな情報を出すよりも、これまで話してきたことを自分で整理し、さらに深掘りされても焦らずに答えられるようにしておく準備をするほうがベターです。

　そのうえでオススメなのが、今までに話したことをノートにまとめておくこと。複数社受けている状況では、企業ごとに話した内容について、記憶がごちゃ混ぜになることもあるはずです。そこで、最終面接の前には、今までの面接を振り返って整理しておきましょう。

第 2 章

最強の
就活
ノウハウ

内定獲得後編

内定後の注意／内定辞退／
親対策

内定後

Q 内定後に気をつけなければいけないことはなんですか?

A 卒業に必要な単位を取得できているか確認する

卒業できるか最終確認を怠るな

　卒業単位が取得できているかは、必ずチェックしてください。卒論・修論提出など目の前の卒業課題に取り組むのも大切ですが、毎年何名かの学生が「実は取りこぼした単位がひとつあって留年した」という話を耳にします。一流企業のなかには、企業に許可をもらって週に1日だけ通学していた新卒社員がいたりしますが、それは例外。せっかくの内定も卒業できなければほぼ取り消し確定です。あなたの最後の使命は、確実に卒業することです。

不用意なメディア露出が命取りになることも

　不用意なメディア露出で、内定取り消しになる学生が後を絶ちません。「キャバクラ女子大生としてテレビ出演していたのがバレて内定取り消しになった」「就活生へのインタビューで『今年は楽勝でしたね』とコメントしたら内定先が激怒して取り消された」などは実際に起きた出来事です。企業はあなたが内定を受諾した瞬間からあなたを会社の一員とみなします。会社の価値を上げるメディア露出以外は、徹底的に避けましょう。

> POINT

賢い内定者が備える
「Officeスキル」「会計知識」「語学力」

1	**Microsoft Office**	社会人になってからすぐに求められるスキルの代表例が「Microsoft Office」。以下のような能力を身につけておきましょう。 ・Excelで基礎的な関数を使いこなせる ・Wordで報告書作成や校正機能を使える ・PowerPointでプレゼン資料を作れる ・ブラインドタッチで素早くタイピングできる
2	**会計知識**	ビジネスの基本である簿記を勉強しておくと後々役に立ちます。もちろん直接役に立つ業務に就くとは限りませんが、企業の利益や損失はどういう意味があるのか、儲けはどうやって発生するのかを理解することは企業の目的そのものを学ぶことにつながります。目安として1日1〜2時間程度の学習で簿記3級は1ヶ月、簿記2級は3ヵ月程度勉強をしていれば取得できます。
3	**語学力**	現在、日本企業だとしても海外取引が増え語学力は欠かせない要素となっています。次に需要が高いのは中国語です。語学は最初の200単語が学びの鍵と言われます。ハードルを高く設定せず、新しい言葉を楽しむつもりで取り組んでみましょう。

内定辞退

Q 内定辞退はメールでも大丈夫ですか？

A なるべく早く、最低でも電話で

メール→電話→手紙の手順で丁寧に伝える

　内定辞退の際は、「電話で直接謝りたい」あるいは「直接会って謝りたい」との旨をメールで伝えてから、電話をかけましょう。内定辞退の電話は時間帯に気をつけなければなりません。避けるべきなのは、食事をとっている可能性のあるお昼と、忙しいことが想定される始業時間や就業時間近く（9:30〜11:00あるいは16:30〜18:00頃）です。

　必ず、どこの企業を考えているのか、またはどこの企業に行くのかを聞かれます。面接同様、なぜその企業なのか論理的に答えられるようにしておきましょう。内定辞退の電話や対面での報告を終えても、それで終わりにしてはいけません。必ずお詫びの手紙やメールを書きましょう。これによって誠意が伝わります。

件名：内定辞退のお詫び（〇〇大学　井口花子）

〇〇会社〇〇部
▲▲様

お世話になっております。
〇〇大学〇学部〇学科の井口花子です。

先日はご多用中のところ、OB訪問をはじめ採用に関しまして多くのお時間を頂き、誠にありがとうございました。
また、この度は、内定のお知らせを頂きましたこと大変嬉しく思っております。
重ねてお礼申し上げます。

そのようなところ誠に恐縮なのですが、一身上の都合により内定を辞退させて頂きたく、ご連絡いたしました。

内定を頂いた後、貴社でどのような仕事をしていくか、また私が貴社でどのような仕事に貢献ができるかと自分なりに考えておりました。
その結果、別の会社様とのご縁を感じ、そちらの会社様へ入社する決意を固めました。

最後になりましたが、貴社の益々のご発展をお祈り致しております。
今後、何かのご縁でご一緒する機会がありましたら、どうぞ宜しくお願い致します。

〇〇大学〇学部〇学科4年　井口花子　（Iguchi hanako）
TEL:080-****-****
Mail:*******************@***********.ac.jp

親対策

Q 就活に口を出してくる親が鬱陶しいです

A 親は上手に活用する!

親は続々と就活に参加している

　リーマン・ショックで不景気と騒がれた2011年ごろから「親が就活にどこまで関与するか」という報道も増えてきました。親世代へのアンケートでは、自分が就活生だったころと比べて「子供の就活に関与した」と答える親が増えています。学生が親の反対で内定辞退をするケースも後を絶ちません。

　これを受けて人事採用部門は親御さんへの内定確認、通称「オヤカク」をするようになりました。また、大学によっては、学生の就活が始まる時期になると、親御さんに一斉に「就活生の親としての心得」という手紙を送るケースも。そのなかには、学生が選んだ進路に口を出しすぎない、などの内容が書かれているようです。

親のアドバイスが有益かどうかを見極めよう!

　その一方で、親をリソースとしてうまく使いこなして、内定へ近づく学生もいます。もし親御さんが下記に当てはまるなら、一度OB・OG訪問のつもりで話を聞いてみるとよいでしょう。また、大学によっては、学生の就活が始まる時期になると、親御さんに一斉に「就活生の親としての心得」という手紙を送るケースも。そのなかには、学生が選んだ進路に口を出しすぎない、などの内容が書かれているようです。

・人事部に所属していて、採用のイロハを知っている
・他のお宅で就活を成功させた子が何をしていたか聞いている
・自分が志望している業界と親が働いている業界が同じ

　特に親が人事部経験を持っているならば、筆記試験から面接官の心情ま

でめったに知りえないホンネを聞き出すことができます。○B・○G訪問はまず両親からと心得て、準備のうえで質問してみましょう。

親への質問例

例えば大手食品メーカーへ内定した学生は「世界に日本の良さを広めたい。おそらくそれが一番できるのはメーカーだろう。現時点で日本の価値観も含め海外で認知させた実績があるメーカーはどこがあるだろう?」と考えてから、父親に該当する企業を一覧にしてもらったといいます。特に同じ業界を受けるなら、親から業界知識を教えてもらうのが一番です。また、親は、自分が支援できなくても知人を紹介できるかもしれません。

その他にも、トップ企業へ内定した学生はこんな情報を親から得ていました。

・数学が弱いので、SPIのやり方を理系の父に教えてもらった
・経理部門の母から財務諸表の読み方を指導してもらった
・親の友人で志望業界に勤めている人を紹介してもらった

まとめ:親活用の3ステップ

親に頼って内定を勝ち取った学生のステップを、下記のようにまとめることができます。

ステップ1:自分が受けたい業界や職種をある程度絞る
ステップ2:内定するために足りない知識や技能を洗い出す
　　　例)商社志望だが資源ビジネスがどう動いているか想像できない
　　　　 英語が苦手だが、外資系企業の面接は大丈夫か
ステップ3:足りない知識・技能を親が教えてくれるか質問する

親対策

Q 親を説得する いい方法を教えてください

A なんで反対しているかを知り、その理由に対して論理的に説得する。

10年かかってでも自分の意思を貫こう

　就活中に意外と悩みの種となるのが、親との付き合い方です。自分が興味もない業界や企業の選考に参加するように親がすすめてきたり、あるいは内定後に「辞退しなさい」と親から言われたりすることも珍しくありません。大切なのは、親に対して「間違っている」と反発したり「言うことを聞かなくちゃ」と無条件で従ったりする必要はないということ。

　あなたのキャリアは、あなたが決めるものです。親が反対する理由をよく吟味し、デメリットを踏まえてもなお進みたい内定先であれば、10年かかってでも「あなたの仕事ぶり」で親を説得してゆけばいいのです。

　では、現段階ではどのように説得するか。右ページでその方法をご紹介します。

POINT

親の懸念内容別、説得法

1	親が業界を嫌っていて、その「仲間」になってほしくない	もし「その業界はちょっと」と、内定先の企業ではなく業界について苦言を呈する場合は、親御さんが「その業界の典型的な人材の性格」が嫌いなのかもしれません。例えば商社であれば上意下達の体育会系文化、広告代理店なら人当たりの良さなどです。このような場合、内定先の何名かの社員に会わせてもらい「本当に内定先に親が言っている欠点はあるのだろうか」と確認しましょう。
2	親基準で「リスクの少ない」人生を送ってほしい	あなたの両親が就職活動をしていたのは、おそらく30年ほど前です。ということは親が考える「内定すべき企業」は、もしかすると30年前の状態で凍結しているかもしれません。もし親が昔の就活目線から内定先を反対してきた場合は、現在の業界マップを見せるなどして展望を語りましょう。
3	社会が評価する「いい会社」を選んでほしい	「リスクの少ない」人生選択とも似ていますが、親はあなたが「一般の大人からもてはやされる企業」を選んでほしいと考える傾向にあります。会社名はあなたが将来結婚したり、家のローンを組んだりする場面での判断基準となるからです。新卒からベンチャーへ入ることに反対されることが多いのも、あなたの両親自体は「好きにやってみなさい」と考えていたところで、あなたの伴侶やその両親までも同じ考えかはわからないから。あるいは家を買いたくてもローンが組めなかったり、露骨にクレジットカードの限度額が変わったりするからです。親は社会の評価を考慮しているのです。ベンチャーなど比較的社会的信用度が低い企業へ入ることのリスクを覚悟していることを伝えましょう。また、内定先の先輩や卒業生に直接話を聞いてみるのもアリです。

第 3 章

一流企業の内定を獲るために
《企業別》
関門突破の秘訣

第 3 章

《企業別》
関門突破の
秘訣

商社

近年人気上位を独占する商社。財閥系3社に加え、非財閥系の伊藤忠商事、丸紅を加え5大商社に人気が集中する。給料の高さもさることながら、仕事のダイナミックさも魅力的に映る。しかし、採用試験では「商社」と一括りでは通過できない企業別の対策が求められる。

三菱商事（総合職）

・商社のみならず、日本を牽引するリーディングカンパニー

企業・社員の特徴

高潔さと快活さを持ち合わせたエリート集団

三菱商事は他商社と比べて「周りから好かれやすいエリートタイプ」が多いことが大きな特徴。体育会の主将、学年首席、スポーツ日本代表など際立つ経歴を持つ人が多い一方で、嫌みのないコミュニケーションを取る内定者や社員が多く、「距離を感じさせないエリート」とも形容される。

内定の秘訣

「高潔さ」と「快活さ」のバランスをアピールできるか

三菱商事で働く社員の特徴として、社訓である三綱領（※）に裏打ちされた倫理感の強さと、商社パーソンとしての明るさの両者が高いレベルで均整が取れていることが挙げられます。選考においても、こうした絶妙なバランス感への意識は持ち続けるべき。経験をベースにバランスの良さをアピールするようにしましょう。体育会出身の内定者ならば「勉学における真面目さをアピールした」と話すなど、自分に抱かれやすいマイナスイメージを覆すエピソードを盛り込むことで、バランスの良さをアピールできるでしょう。

※三綱領は、三菱財閥グループに受け継がれる企業理念
・「所期奉公」＝期するところは社会への貢献
・「処事光明」＝フェアプレイに徹する
・「立業貿易」＝グローバルな視野で

インターン・セミナー・OB訪問

冬に5日間のインターンシップを開催しますが、本選考とは関係がないことが明言されています。しかし、インターンに参加することで、社外では知り得ない三菱商事の詳細な事業展開について理解を深められ、社員やOB・OGと知り合いになる機会になります。本選考前年の段階から他商社や外資系企業のインターン選考に参加するなどして、万全の態勢を整えましょう。

SPI・筆記試験など

形式	会場受検型・テストセンター。形式はSPI
科目	言語、非言語、構造把握、英語
ポイント	計数・言語については難易度は高くなく、時間制限も厳しくありません。

総合	1	東大・京大	6	難関国立	3
早慶上理	1	GMARCH	3	関関同立	4

大学別人気ランキング

エントリーシート

Q1、これまでの学生生活の中で挙げた実績や経験を教えてください。部活、サークル、趣味、ボランティア、インターンなど何でも結構です（4つ記入、各50字以内）

Q2、あなたがリーダーシップを発揮した経験の中で、最もインパクトの大きなものについて、関係者とどのように信頼関係を築いたのかという点を含めて、具体的に記してください（設問1～4で回答した経験の中から説明、400字以内）

Q3、あなたが自分の殻を破って成長したと思う経験のうち、最も困難を伴ったものについて、途中でチャレンジを諦めなかった理由も含めて、具体的に記してください（設問1～4で回答した経験の中から説明、400字以内）

Q4、三菱商事の「中期経営戦略2018」を踏まえ、三菱商事だからこそ実現できると考える、あなたの夢や目標について記して下さい（250字以内）

Q5、あなたらしさが最も表れている写真（できるだけあなた自身が写っているもの）を2枚添付し、それぞれのエピソードを説明して下さい（各100字以内）

ES通過のポイント

例年、ES・WEBテストの段階で落とされる学生は半数程度だと言われています。ただし、面接はESの内容をもとに進んでいくので、100%の準備を行って執筆しましょう。

Q4は、ただ「自分のやりたいこと」を語るのではなく、その理由をこれまでの人生を振り返って説明し、その一貫性をアピールしましょう。商社は配属リスクがあるため、あまり具体的な業務内容を書いてしまうと、今後の面接で配属リスクの質問が来た際に返答しづらくなります。具体的な部署やプロジェクトなどについては最後に軽く触れる程度にしておく方がベターです。Q5は「挑戦心」「粘り強さ」「柔軟性」「バランスの良さ」など、三菱商事パーソンに必要な資質をサポートできる写真を選ぶようにしましょう。特技を披露する写真や旅行中の写真など面接官の印象に残る写真を載せることが出来れば、面接官との話のネタにもなります。

企業別対策

商社

三菱商事（総合職）

面接	詳細	質問内容
一次面接	所要時間：20分程度 学生人数：1人 社員人数：2人 結果通知時期：当日中にメールで	■ 1次面接はネガティブチェックの意味合いが強い。このため、ESに沿ったオーソドックスな質問で人柄を見極めることが中心。 ■ ESに執筆した「学生時代に頑張ったこと」に関する深掘りに大部分の時間が使われる。その他、簡単に志望動機などが聞かれ、残りの時間は逆質問にあてられる。
二次面接	所要時間：45分程度 学生人数：1人 社員人数：2人 結果通知時期：当日中にメールで	■ 小論文・テスト後、そのまま個人面接のブースに移動して面接。形式はケース面接。 ■ お題例は「通勤電車の過剰乗車を防ぐ施策をできる限り多く、且つ多角的に講ぜよ」 ■ 「個人経営の塾を立て直すための施策を3つ考えよ」「今の時代の中で経営難に陥ったカフェの経営者にアドバイスをするとしたらどうするか」など。 ■ 上記のようなお題に対し、3分間で考えをまとめ、3分間で発表を行い、そのまま面接官とのディスカッションに入る。
三次面接	所要時間：1時間30分程度 学生人数：1人 社員人数：2人 結果通知時期：当日中に電話で	■ 質問内容は「学生時代に一番困難だったことは何か」「どうやってそれを乗り越えたのか」など、ESの内容に基づいた内容の他「親友に言われて一番傷ついた一言は何か」「商社で具体的にどんなビジネスがやりたいのか」「もし、今回三菱商事に落ちたらどうする？」など。

面接通過のポイント

（一次）
・面接はできる限り早めの時間に申し込もう
最終面接まで受け終えた学生は、他の志願者を待たず内定が出される例があります。内定者のなかには、本選面接が開始された1日の午前に1次面接を受けたことで、その日の午後に2次面接に進むことができ、2日には最終面接を受け即日内定を得た学生もいます。

（二次）
・5大商社で唯一のケース面接
合否を左右するのは「柔軟性」を持てるかどうか。お題は普段の生活に関連したテーマが中心です。重要なのが、「柔軟に面接官の意見を受け入れ、アウトプットをブラッシュアップできるか」。個人で考える時間が短いことからも、独力でアウトプットを構築することが重要視されているわけではありません。面接官の指摘を謙虚に受け止めながら、柔軟に向こうの求める答えを探していきましょう。 もし面接官と意見が食い違った場合、「私は、××と考えていたのですが、確かにおっしゃっていただいた○○という視点が欠けていました。ご指摘ありがとうございます」のように答えるといいでしょう。

・結論ファーストで述べる意識を忘れないようにしよう
テーマは漠然としたものが多く、個人で考える時間も3分と少ないです。そのため、まずは結論をわかりやすく伝えるという意識が大切です。また、3分間で施策の部分までまとまらなかった場合は、「自分ではここまで考えました。この後の部分は〜という観点から考えようと思っています」と自信を持って伝えるべき。

（三次）
・選考最大の関門
面接の倍率は8〜10倍あるとも言われています。採用基準は「部下として欲しいか否か」。強気になるのではなく、万人に好かれるような物腰柔らかな態度で臨むのがベターです。

企業別対策

商社

三菱商事の選考を通過したES例

三井物産（総合職）

・資源分野に強みを持つが、徐々に事業領域も拡大中

企業・社員の特徴

「おとなしめ」から「The体育会系」まで

三井物産は同一タイプではなく、様々な個性を持った学生を採用していることが大きな特徴。社員は「おとなしめ」から「The体育会系」まで多様性があり、エネルギッシュ。三井物産は資源価格の低迷を受け、他商社に比べて業績が少し苦しい状況にある。そのため、このタイミングで志望してくる学生に対して、「なぜ総合商社なのか」に加えて、「なぜ三井物産なのか」と質問し、志望度を確かめようとします。

内定の秘訣

巨大組織でも埋もれない「個性」を持っているか

「個」が尊重される自由闊達な社風のため、選考でも人間的な魅力を示す必要があります。具体的には、自分らしさを表すユニークなエピソードを語ると良いでしょう。とはいえ、必ずしも壮大なエピソードを語らなくてはいけないわけではなく、ある内定者は最終面接で趣味についての話で非常に話が盛り上がったといいます。

また資源価格の低迷を受け、三井物産は他商社に比べて少し苦しい状況です。このタイミングで志望してくる学生に対して、「なぜ総合商社なのか」に加えて、「なぜ三井物産なのか」を深掘りし、志望度を確かめてくる傾向があります。

インターン・セミナー・OB訪問

三井物産のインターンは、優秀者が特別選考に案内される形で本選考に直結していることが特徴です。特に冬インターンについては、ある内定者曰く「50人の参加者のうち、最終的には20人近くに内定が出たと思う」とのことで、参加が内定の近道であることは間違いないでしょう。三井物産を志望する学生は、必ずインターンに応募するようにしましょう。

SPI・筆記試験など

- **形式** 専用受験会場、GAB
- **科目** 言語、非言語、英語
- **ポイント** 言語・計数ともにGAB形式。言語は時間制限が厳しいため、問題形式に慣れておきましょう。計数は、とにかく時間がありません。時間がかかりそうな問題にあたったときは、一度飛ばすことも一つの手です。

総合	6	東大・京大	12	難関国立	5
早慶上理	3	GMARCH	8	関関同立	13

大学別人気ランキング

エントリーシート

Q1、過去の経験のなかで、自身にとっての挑戦と、結果を導くためにどのように行動したか (200字以内)

Q2、与えられたことでなく、自らの思いで何かをなしえた経験を一つ、具体的に (200字以内)

Q3、他人の意見と相違があった際、どのように解決したか (200字以内)

Q4、所属組織の活動や、世の中に対して、過去に感じた「問題意識」と、それに対して自分がとった行動および結果 (200字以内)

Q5、志望動機 (150字以内)

ES通過のポイント

・面接の題材としての意味合いが強い

他の総合商社の選考と同様にES・WEBテスト段階でも一定数に絞り込まれるため、ESの内容は選考結果に直接的に関係します。さらに、この後の面接の題材として用いられるため、適当な内容を執筆してしまうと面接で思わぬビハインドとなってしまいます。十分に企業を研究して執筆するのはもちろんのこと、OB訪問などで社員に繰り返し添削をしてもらうなど、推敲を重ねてから提出すべきです。

・結論を端的に伝える意識を徹底しよう

どの設問も200字以内となっており、エピソードを事細かに記述する余地はありません。これは、「短時間で理解できる内容を描いてほしい」という狙いがあると推測できます。まず最初に質問に対する回答をストレートに書き、文字数の許す限りで説明を補足するイメージで執筆しましょう。

三井物産（総合職）

面接		詳細	質問内容
	一次面接	所要時間：15分 学生人数：1人 社員人数：2人 結果通知時期：当日	・18年卒では40代のベテラン社員との面接。 ・ESに記入した内容に沿ったオーソドックスな質問が中心で、「大学で頑張ったこと」「学生時代に主体的に取り組んだこと」「志望理由」などに関して、それぞれ3〜4回程度深掘りされる。 ・逆質問の時間もあり。
	二次面接	所要時間：20分 学生人数：1人 社員人数：2人 結果通知時期：当日中or翌日	・18卒では40〜50代のベテラン社員2人との面接。 ・ESに記入した内容に沿った質問もあり。 ・「商社で何をしたいか」の深掘りに多くの時間が使われる。具体的には、「なぜそれを商社でやりたいのか」「それをやるにあたって、なぜ三井物産なのか」など。 ・学生によっては「英語能力について」「他社の選考状況について」「どのような軸で就活をしているのか」などの質問もされる。

面接通過のポイント

（一次）
一次面接は、ESに書いた「学生時代に頑張ったこと」に関する深掘りが中心。そのため、ESで書いた4つのエピソードについて「1.その経験に至った経緯」「2.経験の詳細」「3.経験を通して学んだこと」についてしっかりと答えられることが重要になる。これらの項目については、簡潔に話すことができるように準備しておくべき。

（二次）
二次では「商社でやりたい業務」について繰り返し深掘りが中心となります。志望動機に関して入念な準備を行っているかを探ることで、他の商社や他業界の企業に流れるリスクを見極めているのでしょう。「他業界・他の総合商社ではなく、三井物産」という差別化が十分にできるよう、「（やりたいことが）総合商社でなければできないのか」「（それをやるにあたって）なぜ三井物産でなくてはならないのか」といったポイントに関しては、必ず答えを用意しておきましょう。

最終面接では、三井物産で逆境に直面したとしてもやっていけるかという、「志望動機に関するネガティブチェック」を意図する質問をされる場合もあります。志望動機のなかで話している内容がもし覆されたとしても、三井物産の入社に前向きであることを示すべき。「希望している部署ではなかったらどうするか」「（女性の場合）総合職は男性が多いがそのなかでやっていけるのか」「体育会系の社風があるが大丈夫か」など、企業側が抱く可能性のある懸念事項に関しては、端的に回答できるよう準備しておきましょう。

企業別対策 ── 商社

三井物産の選考を通過したES例

伊藤忠商事（総合職）

・非財閥系から総合商社の雄へ

企業・社員の特徴

「破格の報酬」と「ワークライフバランス」への取り組み

「社員の頑張りは必ず報酬で報いる」と岡藤正広社長が明言する通り、実際に総合職の平均年収は1384万円と、業界2位の高水準となっている。さらに「朝型勤務制度（20時以降の残業は原則禁止、残業は5:00～8:00の早朝勤務時間に行う）」「110運動（取引先との会食や社員同士の飲食を、1次会のみ夜10時までとする）」など、ユニークな取り組みを充実させている。

内定の秘訣

貪欲に結果を求める姿勢を見せられるか

自分の活躍できるポジションを明確にし、それに適した強みをアピールすることがポイントとなります。事業投資・営業・コーポレートなど、総合商社には様々な職種があり、商社では活躍の仕方が多様です。特に伊藤忠はこれらの役割の違いを前提に採用を行っていると考えられます。あるインターン参加者は「インターンから早期に内定が出た人は、事業投資等を志望する『ブレイン』枠の人と、コミュニケーション能力が卓越した『営業力』枠の人に明確に二分されているように感じた」と話しています。インターンや本選考に臨む際には、「自分が総合商社においてどのような役回りで活躍できるのか」を前提に、自己アピールをするようにしましょう。

インターン・セミナー・OB訪問

伊藤忠インターンの一番の魅力は、本選考との関係が明確にあること。学生50人が参加する5日間のインターン。各カンパニーに配属される形で、カンパニーに関連した新規事業案を行うグループワークと並行して、事業紹介を兼ねたケースワークも行われます。

SPI・筆記試験など

形式	SPI
科目	言語、非言語、構造把握、英語
ポイント	一般的なテストセンター。ES・テスト段階の絞り込みとして機能するだけでなく、高得点を獲得した人には一次面接免除の優遇が与えられます。「9割程度の感触（一次面接免除を受けたある内定者談）」を目指すようにしましょう。

総合	2	東大・京大	16	難関国立	4
早慶上理	2	GMARCH	1	関関同立	1

大学別人気ランキング

エントリーシート

Q1、あなたの強みは何ですか（20字以内）
Q2、あなたの弱みは何ですか（20字以内）
Q3、伊藤忠商事を志望する理由を教えてください（50字以内）
Q4、あなたの信念を教えてください（30字以内）
Q5、やりがいを感じる時はどのような時ですか（30字以内）
Q6、日頃、継続している習慣を教えてください（30字以内）
Q7、困難に直面した時、どのように克服しますか（30字以内）
Q8、あなたの思うリーダーシップとは何ですか（30字以内）
Q9、ストレスを感じるのはどのような時ですか（30字以内）
Q10、ストレスを感じる時はどのように対処しますか（30字以内）
Q11、コミュニケーションの際に気を付けていることを教えてください。（30字以内）
Q12、今までの人生で最大の決断は何ですか（30字以内）
Q13、あなたの人生の夢を教えてください（30字以内）

ES通過のポイント

ESは絞り込みの意味合いは少なく、面接の材料としての役割が大きいと考えられます。したがって、執筆する際には「面接で話しやすい内容か」「深掘りに耐えられる内容か」という視点を忘れないように。

また、「結論だけ」書く意識も重要。字数制限が厳しいこのESは、「面接の材料として、テーマ・概要だけが求められている」と分析できます。結論のみを述べる、という意識で各設問に回答するようにしましょう。

企業別対策

商社

伊藤忠商事（総合職）

面接		詳細	質問内容
	一次面接	所要時間：20分程度 学生人数：2人 社員人数：2人 結果通知時期：当日中に電話で	■ 基本的には「自己PR」「志望動機」「学生時代に頑張ったこと」「なぜ総合商社がいいのか」「伊藤忠で成し遂げたいものは何か」などオーソドックスな質問が中心。 ■ 面接官によっては「嫌いな人とどのように人間関係を築いてきたか」など、ESに記載のないユニークな質問がされることも。
	GD	所要時間：20分程度 学生人数：4人（賛成・反対の2グループに分かれる） 　　　　　社員人数:3人 社員人数：3人 結果通知時期：当日中に電話で	■ 18卒では「首都機能を移転させるべきかどうか」がテーマ。 ■ テーマを告げられた後はまず3分程度で、チームごとに賛成・反対の意見を固める。 ■ その後、互いに考えを発表し、そのまま10分程度のディベートに入る。最後は3分程度で発表を行う。質疑応答はなし。
	二次面接	所要時間：30分程度 学生人数：2人 社員人数：3人 結果通知時期：当日中に電話で	■ GD後に、同じ面接官によって実施される。面接官は課長・部長クラスのベテラン社員で、やや圧迫感のある面接。 ■ 「他社の選考状況」「その中での志望順位」など、就活状況を聞く質問もあり。
	最終面接	所要時間：30分程度 学生人数：1人 社員人数：4人 結果通知時期：当日中に電話で	■ 志望動機を多方面から深掘りする質問が多く、「入社後どんなビジネスマンになりたいか」「希望している部署でどんなことがやりたいか」などが聞かれる。 ■ 「部署の希望が叶わなかったらどうするか」「海外転勤になっても大丈夫か」など、ネガティブな要素を見せて入社意思の最終確認をする質問も多い。

面接通過のポイント

(一次)
・オーソドックスな面接、突飛な質問に注意
ESに沿った質問が中心だが、冒頭で「飲酒禁止を18歳未満にすることについてどう思うか」「トランプ大統領についてどう思うか」など、ESとは関係のない質問を出し、面接の最後で回答を求められることも。直近の大きなニュースをチェックしておきましょう。

(GD)
・反論ばかりをするのではなく、協調性も忘れないように
この選考はディベート形式（賛成・反対に分かれてお互いが意見をぶつけ合う形式）で行われる選考であるため、通常のグループディスカッションより議論は紛糾しやすいと考えられます。論破することばかりにとらわれて、議論を壊してしまうことがないように注意しましょう。

(三次)
・シニア社員との面接
部長・課長クラスのシニア社員との面接。「選考全体を通してこの面接が一番緊張感があった」と話す内定者も。質問内容は、ESにもとづいたオーソドックスなものが中心。

(最終)
・意思確認では終わらない最後の関門
最終面接は「本当に入るのか・本当にこの会社でやっていける人材なのか」を徹底的に深掘りされます。

・「志望動機のネガティブチェック」に備えよう
「志望動機に書いた自分の願いが叶わなかった場合はどうするか」など自分の志望動機を懐疑的に見て対策し、面接ではどのような状況でも伊藤忠で活躍できる人材であることをアピールすべき。

企業別対策 ── 商社

伊藤忠商事の選考を通過したES例

住友商事（総合職）

・自社と国家の両者を利する事業のみを行う

企業・社員の特徴

穏やかで腰が低い商社マン

ほかの大手商社と比較し、落ち着いた雰囲気を持つ社員や内定者が多いと言われる。メディア・生活関連事業を武器にしていることも特徴。日本最大のケーブルテレビである「J:COM」の拡大など、非資源分野が成長のカギ。

内定の秘訣

住商っぽさをアピールできるか

内定者懇親会で30人近くの内定者と話した学生は「住商っぽさみたいなのを感じなかったのは2～3人くらいだった」と話すなど、内定者もその傾向が強く、いわゆる「住商っぽさ」が合否を分けていると考えられる。

インターン・セミナー・OB訪問

OB・OG訪問、セミナーなどで結果を残せば選考フローは短縮されることも。インターンは18年には50人程度参加で開催期間は5日間、19年は1日を3回に分け各回100人の予定。会社説明・現場体験・グループワーク・社員交流などが満遍なく盛り込まれたプログラムとなっています。

SPI・筆記試験など

- **形式** SPI3
- **科目** 言語、非言語、英語、構造把握、性格診断
- **ポイント** 他の総合商社と同程度の高水準なボーダー。テストセンターの問題集を使い、問題に慣れておきましょう。

エントリーシート

Q1、あなたが考える住友商事の特徴（20字以内）
Q2、そう考える理由（100字以内）
Q3、学生時代に力を入れていたこと（3つ以上5つ以下/1つあたり20字以内）
Q4、住友商事に伝えたいこと（200字以内）

総合	8	東大・京大	18	難関国立	6
早慶上理	5	GMARCH	6	関関同立	10

大学別人気ランキング

ES通過のポイント

通過したESを見ると、住友の事業精神のなかでも「信用・確実」、「自利利他公私一如（住友の事業は、住友自身を利するとともに、国家を利し、かつ社会を利するものでなければならない）」という2つの内容に触れたものが多い。

面接

	詳細	質問内容
一〜最終面接	所要時間：30〜40分程度 学生人数：1〜3人 社員人数：1〜2人 結果通知時期：当日中に電話で	・ESの深掘りと、志望度と入社意思について。最終面接直後には小論文がある。テーマは"企業を選ぶ軸"「住商で成し遂げたいこと」など200字。
その他	所要時間：30分程度 学生人数：1人 社員人数：1人 結果通知時期：当日中に電話で	・最終面接後に、オフィス近くのカフェで面談を行う。若手社員に志望度などを問われる。

面接通過のポイント

特に最終面接では第一志望か否か、総合商社のなかでの住友商事の志望度はどれぐらいなのかを聞かれることが多いようです。「なぜ総合商社なのか」に加えて「なぜ住友商事なのか」を、説得力をもって説明することが重要です。住友商事である理由については、社風・人と関連させるといいでしょう。

住友商事の選考を通過したES例

丸紅（総合職）

・財閥のしがらみなく闘う総合商社

企業・社員の特徴	**若手に大きな裁量権が与えられ、挑戦が好まれる社風**
	いわゆる「The商社マン」といったガツガツさは程よく残しつつ、謙虚な姿勢も忘れない人が多いのが特徴。「若手に積極的に任せる文化」が浸透していて、入社1年目から1人で海外に行くことも。20年ほど前に一度倒産の危機に瀕したことから、相対的に熟練や中堅の社員が少なく、必然的に若手に裁量を持たせる文化が築かれている。

内定の秘訣	**「程よい自信」と「謙虚さ」を併せ持つことを示す**
	上記のような企業文化の中で働くのに適した人材が必要なためか、責任感があり、しっかりとやり抜く努力ができる人が多く内定している。

インターン・セミナー・OB訪問	本社オフィス（東京）と丸紅多摩センター研修所、各事業の外部施設で5日間泊まり込みのインターンシップを行う。内容は講義と新規事業立案型グループワーク。過去に出たテーマは、「新規ビジネスプランを考える」。

SPI・筆記試験など	**形式** SPI **科目** 言語、非言語、英語、性格 **ポイント** 同じくテスト形式（テストセンター）を採用している住友商事や伊藤忠商事に比べ、足切り点はそこまで高くないようです。

エントリーシート	Q1、これまでの学生生活のなかで、最も熱心に取り組んだ学業についてご自身の取り組み内容を具体的に教えてください（200字以内） Q2、変革を求め行動し、最後まで何かをやり遂げた経験の概要を教えてください（50字以内） Q3、「それをやり遂げられたのはなぜか」を含め、具体的な内容について教えてください（300字以内） Q4、どのような人間になりたいと考えているか（300字以内） Q5、自分を最も表現している写真を添付してください。また、なぜその写真を選んだのか教えてください（100字以内）

総合	9	東大・京大	23	難関国立	8
早慶上理	7	GMARCH	4	関関同立	8

大学別人気ランキング

ES通過のポイント

愚直さを大事にする丸紅では、ES全体を通して、「目の前にあることを、堅実に努力してきた」経験を伝えることが重要。他商社に比べて、面接でも学業に対する質問が多いです。卒業論文・研究のテーマ、ゼミの活動、履修した科目など、学業に関してアピールできるものを用意しておきましょう。

面接

一次、二次面接

詳細
- 所要時間：15分
- 学生人数：1人
- 社員人数：2人
- 結果通知時期：当日に電話かメールで

質問内容
- ESの深掘りが中心。

最終面接

詳細
- 所要時間：30〜60分程度
- 学生人数：1人
- 社員人数：3人
- 結果通知時期：当日に電話で

質問内容
- 相手は全員役員。ESの情報に関して主に質問される。

面接通過のポイント

各面接では最初に「時間が短いので、簡潔に回答することを意識してください」と伝えられます。「全ての質問の意図を汲み取り、相手の知りたい情報を考える」「聞かれたことにだけ答え、余計なことは一切話さない」といったことを意識して回答するのがポイント。

丸紅の選考を通過したES例

第 3 章

《企業別》
関門突破の
秘訣

金融

銀行／証券／保険／カード

根強い人気を誇る金融業界。メガバンクを筆頭に、外資系金融、大手保険会社などランキングでも常に上位に顔を出す。まずは、各業務の違いを知り、選考でその違いを回答として出せるくらいの研究は必要だ。

三菱東京UFJ銀行（総合職）

・経常収益No.1メガバンク

企業・社員の特徴

慎重な提案内容に見られる顧客重視の社風

融資時の提案では顧客重視で慎重に進める傾向が強い。多くの社員は「業界1位以上に、顧客をサポートすることが最重要」と話すほど。そのため、同業他社と比較して数字ノルマが少ない。また、同業他社と比較して海外業務が強いことも特徴。海外業務に圧倒的な強みを有する東京銀行と合併した歴史的背景が影響を与えているようです。

内定の秘訣

タフで、協調性のある人間であることをアピール

メイン業務となる融資に際した提案営業では、顧客の潜在的なニーズを把握し、課題解決を行うことが重要視されます。潜在ニーズの把握には、顧客との信頼関係が欠かせないため、他者と信頼を築き、協働して課題解決をできる学生を求めています。現に、複数の行員が「お客様との信頼関係次第で、提案の質が大きく変わる」と話しています。

対策として、ESや面接に臨む際に下記の点を意識するとよいでしょう。

・他者との協働過程・信頼構築過程の整理：「チームでの役割」「チーム内での人間関係の苦労（メンバーの反発など）」「乗り越え過程（メンバーの声、議論、率先して規範を示すなど）」「成果」を整理する

・課題解決過程の明確化：「課題」「背景・原因」「施策」「結果」を明記

・面接での誠実な振る舞い：雑談形式ながらも丁寧な口調、相手の目を見て会話

インターン・セミナー・OB訪問

本選考において、リクルーター制をとっていません。しかし、インターン生は本選考前にインターン参加者限定の懇親会やセミナー、座談会が複数回開催され、人事に覚えてもらう機会が増えます。

SPI・筆記試験など

形式	TG-WEB, TAL
科目	言語、計数
ポイント	TG-WEBと同時にTALも実施されます。言語と計数のみ。自宅で受験可

総合	27	東大・京大	55	難関国立	50
早慶上理	22	GMARCH	21	関関同立	20

大学別人気ランキング

エントリーシート

Q1、学生生活での取り組み（20字以内）
Q2、その詳細説明（400字以内）
Q3、業界の志望理由（200字以内）
Q4、総合職（特定）との併願状況（単答）
Q5、併願している場合、どちらの志望度が高いか（単答）
Q6、その理由（100字以内）

ES通過のポイント

Q1、Q2は周囲からの信頼を得て、課題解決をした経験をアピールしましょう。下記の要素を含めて構成し、一つのエピソードを語りましょう。

・行動事実の整理：問題の指示に従い、5W1Hを明記。
・周囲との協働過程の明確化：「メンバー間の人間関係の苦労（反発）」「乗り越えた過程・方法」「メンバーとの関係性」を明記
・課題解決過程の明確化：「課題」「背景・原因」「施策」「結果」を明記

Q3は構成と頻出例を参考に、自らの経験を見つけ出しましょう。この設問では、これまでの経験を踏まえて、銀行の志望理由を明確化しましょう。面接ではESを参考資料とし、「就活の軸は？」という切り口で問われます。

　構成面では、①将来成し遂げたいこと、②動機、③他業界、業界内比較、④入社してから行いたい仕事を順に整理し、文章化するのがポイント。内容面では、③について金融と銀行業界の独自性に言及するとよいでしょう。

企業別対策

金融

三菱東京UFJ銀行（総合職）

面接		詳細	質問内容
一～四次面接		所要時間：30分 学生人数：1人 社員人数：1人 結果通知時期：翌日までに電話で	■ 1～4回目の共通質問は主に下記の通り。 ・他社の選考状況 ・志望動機（志望業界比較／志望企業比較／入行後のビジョン） ・人間関係の苦労とその乗り越え方 ・最近気になるニュースは？ ・逆質問 ■ 3～4回目の独自質問は主に下記の通り。 ・小学生～高校生どんな人だったか？何をやっていたのか？ ・人生でついた嘘で一番大きなものは？ ・自分では認識していない人からの印象
最終面接		所要時間：15分×2 学生人数：1人 社員人数：1人×2人 結果通知時期：当日中にその場で	■ 基本的に意思確認の場で、年次の高い部長レベルが面接を担当する。 質問内容は以下の通り。 ・本当に入行するか ・体力があるかどうか ・他社の選考状況 ・本当にうちでやっていけるか ・クレジットカード延滞経験・逮捕歴・反社会勢力とのかかわり

面接通過のポイント

（一次〜四次）
最速で4回の面接で最終面接にたどり着きますが、多いと10回の面接が課されることも。これは1回の面接でもらえるマルを4つ集めたら終了という方式をとっているため。1回の面接でマルではなくサンカクがついた場合、マルになるまで面接を行うので面接回数が増えるという仕組みです。

海外ネットワークの強さを背景として外国業務に強いことが一番の強み。留学経験をもとに、語学力を活かして、海外業務に取り組みたいと話す内定者が多いです。海外経験がない場合は、同業他社との社風の違いについて言及することもできます。ポイントは、説得力を増すために社風の違い（詳細は「合格の秘訣」参照）を自ら得た情報やエピソードを交えて、話せるようにすることです。OB訪問やセミナーにおいて各社の社員との会話の中で、感じた相違点やそれを支えるエピソードを言語化しておきましょう。
後半では「精神的・肉体的タフさ」と「人としての誠実さ」がポイント
後半の面接の特徴は、圧迫面接と人柄を掘り下げる質問がされることです。負荷のかかった経験の整理と粘り強い回答姿勢でタフさをアピールしましょう。

（最終）
ここまでくると、もはやロジカルな回答は必要ありません。三菱東京UFJ銀行に入行する熱意・情熱を前面に押し出しましょう。その思いを伝えることが、合否の分かれ目です。

企業別対策

金融

三菱東京UFJ銀行の選考を通過したES例

117

みずほフィナンシャルグループ
（基幹職〈総合〉）

・全上場企業のうち約7割の企業との取引

企業・社員の特徴

組織一丸となって多くの顧客に対応していく

一番の特徴は、One MIZUHO戦略。これは、銀行・信託・証券・アセットマネジメント会社・シンクタンクなどのグループの機能が一体となり、顧客のあらゆるニーズに最大限応えていくことを目的としたもの。この戦略の下、みずほは顧客セグメント別のカンパニー制を導入しています。これにより、銀行の顧客にも信託や証券のサービスを円滑に提供できるのが他のメガバンクとの大きな違い。銀行だけにとどまらない提案ができるようになるため、「金融のプロフェッショナルとして提案の幅を広げたい」と考える学生に向いた環境。また、「手堅く温厚な社員が多い」という話も。

内定の秘訣

カンパニー制度導入で広がるキャリアフィールド

上述のように、銀行員として入社しても、証券・信託へ異動することが考えられます。そのため、証券や信託で働くことに抵抗がないかを示すことがポイントになります。内定者のなかには「証券や信託への異動を経験することで、お客様への提案の幅を広げられる」ことを話して評価された人もいるようです。志望動機でも、「銀行で◯◯していきたい」というより、「銀行員として法人営業の基礎的なスキルを身に付け、証券に異動して、お客様に提供できる提案の幅を増やしていきたい」のように、みずほの業務の全体像を把握した内容を書くと、説得力が増すでしょう。

インターン・セミナー・OB訪問

インターンでは各チームに1人、メンターと呼ばれる若手人事社員がつきます。メンターが、本選考の際もリクルーターとなって面談やES添削を行い、早期内定も近づきます。インターン参加者の50～60%は早期内定を獲得するため、早期内定を狙う学生は積極的に参加すべき。

SPI・筆記試験など

- **形式** 玉手箱
- **科目** 言語、計数、性格
- **ポイント** WEBテストは、それほど対策しなくても通過できるようです。「6割くらいの出来だと思っていたが通った」と述べる内定者も。

総合	49	東大・京大	87	難関国立	79
早慶上理	39	GMARCH	30	関関同立	42

大学別人気ランキング

エントリーシート

Q1、取得した単位数と科目数、成績別の科目数、力を入れた科目名
Q2、自覚している性格（15字以内）
Q3、就職に際し重視すること（30字以内）
Q4、当グループを志望した理由（300字以内）
Q5、これまでに一番力を入れて取り組んだ出来事（300字以内）
Q6、現時点で興味のある業務（第一希望～第三希望）
Q7、当グループ以外の受験予定先
Q8、趣味・特技（15字以内）

ES通過のポイント

Q2、Q5は、周囲と協働して物事を成し遂げる姿勢をアピールすべき。「client oriented（顧客志向）」を謳い、一体化戦略を進めるみずほの社風に加えて、提案営業では顧客と信頼関係を築き上げることで把握した潜在的なニーズをもとに、課題解決を行うことが求められるからです。

Q3、Q4、Q6は、構成に注意してみずほの志望理由を明確化しましょう。

ES提出後の面接ではメガバンクで内定者層が重複するため、高い志望度を要求しています。みずほの独自性に言及することはマスト。銀信証の一体化戦略にからめて、主体性の発揮に達成感を感じたこと、多様な産業を支えたいと考えるに至った経緯など、自分なりのエピソードを整理しておきましょう。

みずほフィナンシャルグループ（基幹職〈総合〉）

面接		詳細	質問内容
	一次～三次面接	所要時間：1時間程度 学生人数：1人 社員人数：1人（人事部長） 結果通知時期：1週間以内に電話で	■「みずほFGの志望度」「他に志望している企業」「企業選びの際に重視していること」「どの条件がそろえばみずほFGに来たくなるか」「学生時代に頑張ったこと」などが聞かれます。
	最終面接	所要時間：30分程度 学生人数：1人 社員人数：1人（役員） 結果通知時期：その場で	■ 第一志望であると伝えることが不可欠で、入社意思の最終確認の意味合いが強い。「内定を出したら他の企業の内定を断れるか」なども聞かれる。 アンケートを記入した後、別室に移動し、役員との面接が始まります。面接が終了し、内定を獲得すると、別室に移動し、中堅社員（人事ではない）と話しながら再びアンケートを書く。 ＜1枚目のアンケートの質問項目＞ ○入寮について問題ないか（自宅から90分以上の支店の場合は入寮のため） ○他に受けている企業 ＜2枚目のアンケートの質問項目＞ ○6月や7月の大まかな予定（旅行等で長期間連絡の取れない日、など）

面接通過のポイント

（一次）
人事面談では、みずほFGの志望度を聞かれます。必ず「第一志望」と言い切りましょう。内定者の話では、リクルーター面談の社員（メンター）から「次の面接では第一志望と言わないと厳しいかもしれないよ」と言われたそうです。「第一志望」と言い切った上で、ESに書いた志望動機を簡単に付け加え、さらに他のメガバンクとの比較も入れられれば完璧でしょう。内定者のなかには「銀行信託証券一体のソリューション提供ができる」といった点や、「行員の人柄」を挙げていた学生がいました。

インターンシップから一貫して重要なのが、「会話を楽しめるか」というポイントです。社員が話しているあいだは相槌を打ち、テンポの良い会話を続けられるかが重要。あまり質問されることはないようですが、内定者は「話を聞いていたら突然、銀行員のあるべき姿について2択で聞かれた」と述べていたため、いつ話を振られても対応できるようにしておきましょう。

（最終）
「内定を獲得したら他社の選考や内定は全て辞退するか」と聞かれます。面接が終わったからといって気を抜いたり、他社の選考に行くそぶりを見せないように注意しましょう。

企業別対策

金融

みずほフィナンシャルグループの選考を通過したES例

三井住友銀行（総合職）

・融資はスピード重視

企業・社員の特徴

商人気質にあふれ、稼ぐことに貪欲

三菱東京UFJやみずほが慎重に時間を掛けて取引先との信頼関係を構築する一方で、三井住友はスピードを重視しながら多額の融資を行っていくことが特徴。そのため、行員には素早く的確に判断する力が求められます。
「銀行＝年功序列の固い組織」というイメージを払拭する傾向もあり。ガツガツした体育会気質でノルマや数字には厳しいものの、「結果を出せば若手へも大きな仕事を任せる実力主義」という社員の声もあります。

内定の秘訣

チームで動けることを常にアピール

チームで動けることをアピールすることが重要。チームで協働できるかどうかは、社内のメンバーやクライアントなど多数の関係者と関係を構築し、一緒に意見をまとめることが業務を進めるうえで重要な銀行業界では必須になります。
また、複数回にわたってリクルーター面談が行われるなかで、回を重ねるごとに成長を見せられるかも見られています。毎週の面談の記録をリクルーターは共有しており、それをもとに質問がされたりするそうです。初回を除いて毎回のリクルーター面談の前には、今までのリクルーター面談で受けたアドバイスの内容を活かせると良いでしょう。

インターン・セミナー・OB訪問

5日間のインターンシップを通じて、人事部のメンターだけでなく、実際に現場で働く社員や役員からFBをもらう機会が用意されています。ミクロな視点からも銀行業務の魅力や苦労を聞くことで実際の業務のイメージを作りやすくなり、ESや面接に役立てることができます。優秀と評価された学生は、インターン終了後にメンターから個人面談のお誘いがあったり、場合によっては最終面接まで保証されたりすることもあるそう。個人面談では、志望動機の深掘りや、就活相談をすることが可能です。

総合	30	東大・京大	62	難関国立	54
早慶上理	30	GMARCH	15	関関同立	17

大学別人気ランキング

SPI・筆記試験など

- **形式** TG-WEB ※本選考
- **科目** 言語、非言語、性格
- **ポイント** 特に非言語の科目が比較的難しいとされています。最終面接の前にも、東京オフィスで「自分が人生で下した一番の決断について（400字以内）」「入行後のキャリアプラン（3～4行）」などを問う筆記試験があります。

エントリーシート

Q1、あなたの「自分ならでは」を教えてください（チャレンジしたこと、価値観等）（100字以内）

Q2、Q1でお答えいただいたことについて、具体的なエピソードや取り組みを教えてください（400字以内）

Q3、Q1でお答えいただいたことについて、苦労したことや克服したこと、そこから得たものを教えてください（400字以内）

Q4、志望する理由についてお答えください（400字以内）

Q5、興味のある業務をご選択ください（プルダウン形式　第1希望・第2希望）。また、選択した理由をお答えください（200字以内）

ES通過のポイント

・自分だけでなく、他者を巻き込んで協働できるかどうかはメガバンクにおいて重要な適性ポイントです。最初の3つの質問にまたがる価値観は自分一人で頑張ったことよりも、チームメンバーやお客様と関わるようなエピソードがよいでしょう。

　簡単なまとめの例：
　　Q1、自分のためにということよりも「他人のために」動くことが好きである。
　　Q2、接客作業があるアルバイトの経験。
　　Q3、クレーム対応の時に苦労した経験。学びは、相手に真摯になる大切さと求めていることは何かを引き出す力。

・自分の能力がメガバンクとマッチしているかどうかは最初の3つの質問で把握されているため、Q4の志望動機についてはSMBC、ないしはメガバンクである理由を中心に書くことをオススメします。

企業別対策　金融

三井住友銀行（総合職）

面接	詳細	質問内容
一次面接	所要時間：1時間 学生人数：1人 社員人数：1〜2人 結果通知時期：当日ないしは2〜3日以内に電話で	■ リクルーター面談は人にもよるが、6〜8回ほど行われ、評価がよい学生は6月1日の予定を押さえられる。 ■ 質問例「学生時代頑張ったこと」「自己PR」「他社の選考状況」「志望動機（金融業界の理由、メガバンクの理由、SMBCの理由）」「逆質問」 ■ 逆質問では次の内容を聞くのがベター。「業務内容」「就活を通した悩み」「なぜ銀行員なのか」「キャリアプラン」「モチベーション」「SMBCの課題、強み」
最終面接	所要時間：15分程度 学生人数：1人 社員人数：1人 結果通知時期：その場で	■ オーソドックスな質問が多い。「志望動機」「第一志望かどうか」「高校の時はどのような学生だったか」「学生時代に頑張ったこと」「他社の選考状況」「入行後の具体的なキャリアプラン」など

面接通過のポイント

（リクルーター）
・面談の記録はリクルーター同士で共有されている
初回を除いて、毎回のリクルーター面談の前には、今までのリクルーター面談の経験を活かせるとよいでしょう。具体的な対策としては(1)リクルーター面談中、あるいは面談後に面談の記録を残し、アドバイス、反省点をまとめておく。(2)リクルーター面談の前に、(1)の記録を見直し、アドバイスを生かした答えを心がけておくべきです。

・チームで動けることをアピール。質問への受け答えとエピソードで対策を
銀行業界で必要とされる、クライアントや社内のメンバーなど、多数のアクターと関係を構築するチームワークは、選考の重要なポイント。1対1の面談と面接の場でチームで働けることをアピールするには、「多くの人に好印象に映るような行動」「チームで動いたエピソード」の2点に留意しましょう。

・SMBCである理由をリクルーターに聞いておく
リクルーター面談の後半では、前半で出会った社員の話を利用して、志望動機を固めていく必要があります。第一志望であることをアピールするのはもちろんですが、逆にリクルーターにSMBCの強み、課題を聞いておくと後々の志望動機を作りやすくなるでしょう。

（最終面接）
・志望度の高さをアピール。他社との比較とキャリアプランを用意
リクルーター面談を突破し、最終面接に臨む人は、基本的に入行の意思確認をされる程度に終わるでしょう。他社の選考状況を聞かれたり、キャリアプランについて聞かれるようです。次の2点を中心に、対策をしておきましょう。
　(1) 選考を受けている他社との比較
　(2) 具体的なキャリアプランを用意する

企業別対策 — 金融

三井住友銀行の選考を通過したES例

野村證券（営業部門）

・「営業が命」の証券界の絶対的王者

「数字は人格」という最強部隊

企業・社員の特徴

日本の金融大企業はエスカレーター式に年収が増加する「年功序列」のイメージが強いが、野村證券は異なる。営業成績が賞与に直結する野村證券は「入社5年で同期と100万近くの年収差がついた」という話もあるほど。若いうちから激烈な社内競争に放り込まれ「新入社員同士で競わせ、全国ランキングが発表される」など、自分の働きようが純粋に「数字」として表れる企業文化を持つ。一方「野村證券で3年勤めればどの企業でもやっていける」とも言われる。

激しい競争を生き続けられるタフさと気合を見せる

内定の秘訣

「野村のカルチャーにフィットできるか」が重視されます。次の3つをアピールしましょう。(1) 地道に努力し、成果を挙げる姿勢　(2) 深い企業研究に基づいた明確な志望動機　(3) 精神的・体力的ストレスに耐えるタフさ

インターン・セミナー・OB訪問

冬に5日間のインターンがあり。学生の参加人数は150人程度。期間中は、課題解決型のグループワークのほか、東京証券取引所や会社内のトレーディングルームの見学ツアーが行われる。

SPI・筆記試験など

- **形式**　SPI
- **科目**　計数、言語、性格
- **ポイント**　野村證券のWEBテストは平凡な難易度です。自信がない学生は対策本を一読して問題形式に慣れておきましょう。

エントリーシート

Q1、あなたは野村證券でどのような「生き方」を実現したいと考えていますか（200字以内）

Q2、最近（3ヵ月以内）関心を持っている出来事、ニュースについて。関心を持っている理由を記入してください（400字以内）

総合	28	東大・京大	24	難関国立	42
早慶上理	24	GMARCH	24	関関同立	32

大学別人気ランキング

ES通過のポイント

通過率は高いが、慎重に書くべきです。面接で何を話したいのか踏まえて書きましょう。「目の前にあることにこつこつ取り組んできた結果、自分がどう成長したか」を、正直にそのまま伝えることが歓迎されます。Q2では学生の「価値観」を測ろうとしています。

面接

	詳細	質問内容
リクルーター面談	所要時間：1時間 学生人数：1人 社員人数：1～3人 結果通知時期：当日中に電話で	■ 人によって、6～8回リクルーター面談を行います。ここで落ちる人が多く、野村證券へのカルチャーフィットを見極める選考プロセスとされています。
一次、最終面接	所要時間：1時間 学生人数：1人 社員人数：1人 結果通知時期：2～3日以内に電話で/その場で握手（最終）	■ 志望動機、なぜ金融に興味があるのか、などオーソドックスな質問。

面接通過のポイント

面接はかなり厳しく、「志望度」と「タフさ」が測られます。学生を貶めるようなネガティブな発言はしないものの、一貫性のない回答や、論理の綻びに対して、見逃さずにバシバシ突っ込んできます。「圧迫に耐えられるメンタリティ」と「論理で説得できるか」が鍵になります。

企業別対策

金融

野村證券の選考を通過したES例

大和証券（部門別コース〈総合職〉）

・投資銀行ビジネスに強み

企業・社員の特徴

商社以上にMBA留学がしやすい

大和証券は、大小問わず様々な案件を手がけています。社員の多くが、「大きい企業だけではなく、小さい企業といったあらゆる企業にアドバイザリー業務を行い、案件数や収益を上げようとしている」気概を持っています。多種多様な案件を経験するので、IBバンカーとしての価値を高めることができます。商社以上にMBA留学がしやすいと言われる。

内定の秘訣

マナー・笑顔・話しやすい雰囲気……人としての資質を重視

マナーの良さを見せる・話しやすい雰囲気・笑顔等、人として大切な資質をアピールしていくと選考通過の可能性が高まる。また、「数字への強さ・ストレス耐性・体力・高度なコミュニケーション能力」といったIBバンカーとしての素質が突出している人を、率先して採用している傾向が強いです。

インターン・セミナー・OB訪問

冬に実務体験形式の5日間のインターンが行われます。学生の数は30人程度で、2017年はサントリー（IPO）、楽天、大王製紙に対しエクイティーファイナンスやデットファイナンスを提案するという内容で、1チーム5人ほどでグループワークを行いました。

SPI・筆記試験など

形式 GAB
科目 言語、計数
ポイント 金融業界の試験は総じて計算量が多いです。計算機が使えないため、暗算能力を高めておきましょう。

エントリーシート

Q1、学生生活（これまで）で最も力を入れた事、もしくは入れている事と、その理由をご記入ください（200字以内）
Q2、Q2、当社及び選択したコース・部門を志望する理由、入社後のキャリアプランをご記入ください（800字以内）

総合	135	東大・京大	—	難関国立	—
早慶上理	129	GMARCH	131	関関同立	—

大学別人気ランキング

ES通過のポイント

今のIB業界は、複数の部署を経験したうえで一番行きたい部署に落ち着くのがパターンです。その潮流を理解していることをアピールするため、「2つ以上の部署を経験したい」と書くことがオススメです。一番行きたい部署を見据えたうえで、その部署に必要な経験値を得ることができる部署をファーストキャリアとして志望するとよいでしょう。

面接

		詳細	質問内容
質問会		所要時間：1時間 学生人数：2人 社員人数：1人 結果通知時期：翌日に電話で	■ 質問会という名のリクルーター面談が行われます。ここで落ちる人も。IBバンカーの素養、志望度の高さをアピールしましょう。
一次〜最終面接		所要時間：20分〜3時間（次数によって異なる） 学生人数：複数 社員人数：複数 結果通知時期：当日〜1週間以内に電話で	■ 個人面接や役員面接から、ランチまでさまざまな形式で人柄や志望度合いを測られます。最終は役員2人、学生3人のグループ面接。

面接通過のポイント

役員に逆質問をする際は、志望度が高いことをアピールできる質問を用意しておきましょう（例…大和に内定した後、IBバンカーとしての素質を磨くために○○をしようと考えていますが、役員からの観点で、○○することはどのように考えられますか？）。

大和証券の選考を通過したES例

みずほ証券（M職〈IBコース〉）

・銀行との連携、債券引受業務に強み

企業・社員の特徴

グループ間の社員の仲の良さはピカイチ

みずほ証券が大きくなった強みとして「銀証連携力」が挙げられます。これはみずほFGの「One MIZUHO」という、グループ全体で競争力をつけようとする企業理念からも読み取れます。社員間の仲の良さはほかの銀行系証券よりも特徴的で、企業間の人事交流制度、そしてグループ全体でMBA留学を行っています。

内定の秘訣

マイルドな社風にマッチングできるか

みずほIBは、日系のカルチャーが強く、穏やかでマイルドな社風です。その社風とマッチしているかどうかを見られます。みずほは、冷静で穏やか、周りを俯瞰して見られる人が多いと内定者は語っています。

インターン・セミナー・OB訪問

5日間の実務体験型インターンシップ。講義・大型M&A例の提案をグループワークで行います。30人中17人程度がインターンから内定。インターンルートの学生は、基本的に面談で落とされないのが他社との違いです。

SPI・筆記試験など

形式	玉手箱
科目	言語、計数、性格、英語
ポイント	難易度は他社と変わらず、ボーダーもそれほど高くはないようです。ミスを減らし確実に高得点が取れるよう、対策をしましょう。

エントリーシート

Q1、学生時代に力を入れたことを入力してください（300字以内）
Q2、当社を志望する理由を入力してください（300字以内）
Q3、希望コース選択の理由を入力してください（150字以内）
Q4、興味のある業務を選択し、それぞれ理由を入力してください（最大2つまで、200字以内）

総合	133	東大・京大	142	難関国立	—
早慶上理	115	GMARCH	136	関関同立	—

大学別人気ランキング

ES通過のポイント

Q1はチームワーク力と粘り強さ、もしくは高い向上心をエピソードベースで伝え、適性をアピールしましょう。Q2については、IB業務は学生にとってはなじみのない業務であるため、興味を持ったきっかけを聞かれています。なぜIBなのか、なぜみずほなのかの2点を答えましょう。

面接

	詳細	質問内容
一〜三次面接	所要時間：各30分 学生人数：1人 社員人数：1〜2人 結果通知時期：1週間以内に電話で	■ 逆質問のボリュームが大きい面接から、部長クラスの社員の就活やキャリアの話を聞かれることがメインになる面接まで、内容は幅広い。
最終面接	所要時間：30分×3 学生人数：1人 社員人数：3人（MD社員2人、人事社員1人） 結果通知時期：その場で	■ 自己紹介やなぜみずほ証券なのか、どうして我々は君を採用しなくてはいけないのか、強みは何か、投資銀行でどう活かすかなどを日本語や英語で話す。意思確認もあり。

面接通過のポイント

英語面接の準備も必要なことが特徴です。事前準備ではカバーできない質問が出る可能性がありますが、自分のできる範囲で対応しましょう。ある内定者は、英語で深掘りをされたため、「英語は得意ではないので日本語でもいいですか」と聞いたところ、問題なく日本語面接に変わったそうです。

みずほ証券の選考を通過したES例

SMBC日興証券（総合部門）

・SMBCとの連携で「成長ステージ」へ

企業・社員の特徴

外資系、メガバンクの流れを汲むハイブリッド証券会社

歴史の古い証券会社ながら、過去にシティグループと合併することで外資系証券会社の人材・雰囲気を、そして現在のSMBCグループ参入により銀行系人材・雰囲気を取り入れるなど、さまざまなルーツを持った人材や文化が社内に存在している「ハイブリッドさ」が特徴。

内定の秘訣

求められるのは「営業のできる可能性を秘める学生」

次の４点を兼ね備えていることをアピールするのがポイントです。(1)「熱い志望動機」(2)「ストレス耐性」(3)「強い好奇心」(4)「一定のコミュニケーション能力」

インターン・セミナー・OB訪問

学生３人、社員１人のキャリアカフェが行われます。実質的な面接スタイルで、自己紹介や、学生時代に頑張ったことなどを話します。

SPI・筆記試験など

※データなし

エントリーシート

Q1、大学での学業への取り組み（160字以内）
Q2、学業外での取り組み（160字以内）
Q3、自己PR（260字以内）
Q4、志望動機（260字以内）

総合	83	東大・京大	71	難関国立	122
早慶上理	70	GMARCH	82	関関同立	—

大学別人気ランキング

ESポイント通過の

Q3では、「成長意欲」、「ストレス耐性」、「コミュニケーション能力」をアピールできるようにしましょう。Q4については、SMBC日興証券は現在「成長ステージ」にあり、今後日本トップの座を目標にしている点についてや、一般的に激務と言われる証券会社を志望する理由を端的に述べましょう。

面接

	詳細	質問内容
一次面接	所要時間：30分 学生人数：3人 社員人数：1人 結果通知時期：1週間以内に電話で	■ 自己紹介やESに沿ったオーソドックスな質問をメインとするグループ面接。
二〜四次面接	所要時間：30分 学生人数：1人 社員人数：1〜2人 結果通知時期：1週間以内にメールもしくは電話で	■ かなり厳しい雰囲気で志望動機などオーソドックスな質問のほか、証券やマーケットに関する質問もされます。

面接通過のポイント

証券やマーケットに関する質問については、事前に日経平均株価、TOPIX、ドル円の為替レートの推移を確認しておきましょう。将来の予測など答えのない問いをされるかもしれませんが、わからない問題に対しては、わかる範囲で、端的に回答しましょう。だらだらと答えるのは、最もNGです。

企業別対策

金融

SMBC日興証券の選考を通過したES例

三菱UFJモルガン・スタンレー証券
(総合職)

・国内最大級銀行と世界最大級投資銀行が基盤

企業・社員の特徴

ハードだが、ワークライフバランスを追求できる

国内最大の金融グループMUFGと全米屈指の投資銀行であるモルガン・スタンレーが共同出資する、世界で唯一のジョイントベンチャー証券会社。MUFGの国内での圧倒的な顧客基盤と、モルガン・スタンレーの持つ全世界規模の情報網を活かし、国内グローバル案件に強みを発揮しています。国内証券業界においては唯一の、日系と外資のハイブリッド証券会社です。

内定の秘訣

営業に耐えられるタフさと、冷静に将来のキャリアを見据える目を持つ

証券業界共通で求められる協調性、ストレス耐性、コミュニケーション能力に加えて、明確なキャリアイメージがあるかが問われます。どの年次までに、どんな経験を、なぜしたいのかを詳しくアピールしましょう。

インターン・セミナー・OB訪問

イベント参加が選考結果に直結します。イベントへの参加回数は、志望度の高さを測る判断材料。面接官は、手元にイベント参加回数のデータを持ちながら面接を行います。座談会等のイベントで社員から高く評価された人しか呼ばれないイベントも存在します。イベントに参加する際は業界研究、企業研究等を行って準備をしたうえで臨みましょう。

SPI・筆記試験など

- **形式** 玉手箱/TAL
- **科目** 玉手箱:言語問題、計数/TAL:性格検査
- **ポイント** 問題1問あたりにかけられる時間は非常に短いです。特にTALの前半は1問平均25秒が目標。まずは、問題集でしっかり練習しましょう。

エントリーシート

Q1、三菱UFJモルガン・スタンレー証券に入社し、どのように社会に役に立ちたいと考えていますか (300字以内)
Q2、あなたのこれまでの経験を踏まえ、社会人として働く上で大切だと思うことを具体的に教えてください (200字以内)
Q3、自己PRを教えてください (300字以内)

総合	81	東大・京大	67	難関国立	82
早慶上理	62	GMARCH	74	関関同立	100

大学別人気ランキング

ESポイント通過の

Q1はどのようにクライアントに価値を提供できるか、それが社会にどのように役に立つのかを述べます。Q2ではこれまでの経験を根拠に、自分がどのようなビジネスマンになりたいのかを述べます。Q3は「協調性」「ストレス耐性」「コミュニケーション能力」を備えた人材であることをアピールしましょう。

面接

一次面接

詳細
- 所要時間：1時間程度×2
- 学生人数：1人
- 社員人数：2人
- 結果通知時期：その場で

質問内容
- 筆記テスト→面接(1回目)→面接(2回目)の流れで同日に行う。意思確認の面接ではなく、2回目の面接で落ちる場合もある。最後まで志望熱意を示し続けることが重要。なぜ金融・証券なのか、などオーソドックスな内容。

面接通過のポイント

合計約2時間と長丁場ですが、集中力を切らさないように臨みましょう。最後まで志望度の高さを示すことがポイントです。MUMSS主催イベントに参加した実績があれば、説得力は高まります。イベントへの参加がなくても、しっかりと他社との違いを自分の言葉で説明できていれば志望度の高さは伝わります。

三菱UFJモルガン・スタンレー証券の選考を通過したES例

ゴールドマン・サックス（投資銀行部門）

・世界最高峰の金融機関

企業・社員の特徴

世界最大の投資銀行、世界最高のファーストキャリア

アメリカに拠点を置く世界最大の投資銀行。圧倒的な知名度・ブランド力に応じて金融界隈ではビジネスエリートからの人気も根強く、世界的な企業ランキングであるVault50では1位に輝いている。優秀さ、ブランドの高さの証として起業家に転身する人物や政界入りを果たす人物も多い。

内定の秘訣

面接官に「一緒に働きたい」と思わせられるか

「一緒に働きたい」と思ってもらえるために「誠実さ」「論理的思考力、コミュニケーション能力、英語力、理解力などの基礎能力」「キャラにしろ、実績にしろ、人ならではの魅力」が見られている。

インターン・セミナー・OB訪問

採用直結型のインターンです。高い評価を得た学生は、インターン後に早期本選考に呼ばれます。年によって採用人数は異なりますが、ほとんどの新卒学生をインターン経由で採用しているため、少しでもGS証券部門に興味のある学生は応募必須。採用活動の一環であるため、志望動機や証券部門についての理解などは求められる傾向にあります。

SPI・筆記試験など

- **形式** SPI
- **科目** 能力、英語、性格
- **ポイント** 難易度は平易だが、ボーダーが例年高め。

エントリーシート

Q1、応募部門を希望する理由をご記入ください（日本語600字以内）
Q2、自己PRなどをご記入ください。英語で書くことを推奨します（日本語600字以内、英語150words以内）

総合	25	東大・京大	10	難関国立	33
早慶上理	17	GMARCH	57	関関同立	67

大学別人気ランキング

ES通過のポイント

経歴やステータスの高い学生を評価する傾向にあるため、体育会や留学経験、何らかの大会での優勝経験などがあるのであれば積極的にアピールするのもよいでしょう。自己PRは「英語で記入することを推奨します」とあるように、必ず英語で書き、不安な場合は留学経験者や帰国子女の方にチェックしてもらうべき。

面接

一次面接

詳細
所要時間：30分×2
学生人数：3〜5人
社員人数：2人1回、3人1回
結果通知時期：2〜3日以内にメールで

質問内容
- オーソドックスな質問から数学クイズといった突飛な設問もある。

面接通過のポイント

合否の分かれ目は、シニア面接官の目に留まるかどうか。3つのポイント（誠実さ、基本的能力、光るモノ）のうち、誠実さを備えた上で、基礎的能力や光るモノがずば抜けていることを、短時間の面接で示しましょう。

ゴールドマン・サックスの選考を通過したES例

バンクオブアメリカ・メリルリンチ
（投資銀行／資本市場部門）

・投資、商業両面でのブランド力が高い

企業・社員の特徴

社風が最も明るい外資系投資銀行

メリルリンチの最大の特徴は「外資系投資銀行のなかで比較的明るい社風を持つ」という点です。ある社員によると、面接などの選考の評価点として「深夜に一緒に働きたいような人間性を持っているか」という点が入っており、自他ともに明るい社風があるようです。

内定の秘訣

ジュニア社員に必要な3要素があるか

外資系投資銀行のジュニアバンカーの業務特性から考えて大きく次の3要素を持っている即戦力人材が内定しやすいと言えます。(1) 精神的・身体的なタフさ　(2) M&Aのロジックを考える論理的思考力　(3) 四則演算を高速で解く数学的センス

インターン・セミナー・OB訪問

4日間のインターあり。18卒では、ある企業に対するM&Aの提案方法をテーマに、課題解決型のグループワークが実施された。

SPI・筆記試験など

- **形式**　玉手箱
- **科目**　言語、非言語、性格
- **ポイント**　他の外資系投資銀行などと比べて難易度が低い筆記試験のようです。しかし、外資系投資銀行は就活の中でも超優秀層が受ける業界のため、油断はできません。

エントリーシート

Q1、バンクオブアメリカ・メリルリンチおよび第1志望部門への応募理由をご記入ください〈日本語500字以内〉

Q2、バンクオブアメリカ・メリルリンチおよび第1志望部門への応募理由をご記入ください〈英文1000letters〈半角〉以内〉

Q3、学業、ゼミやクラブ活動など学生生活での経験に基づいて得たものなどのセールスポイントをお書きください〈日本語、300字以内〉

総合	71	東大・京大	31	難関国立	86
早慶上理	52	GMARCH	115	関関同立	152

大学別人気ランキング

Q4、学業、ゼミやクラブ活動など学生生活での経験に基づいて得たものなどのセールスポイントをお書きください（英文600letters〈半角〉以内）

Q5、あなたが今までに、個人またはチームによって何かを成し遂げたと自負している経験についてお書きください（日本語、300字以内）

Q6、自分および周りから見た自分の性格、キャラクターを率直かつ具体的にお書きください（日本語500字以内）

ES通過のポイント

努力し続ける精神的、肉体的体力がある人間がメリルリンチ日本証券では好まれます。全体を通じて、つらい時にも逃げない人間であることをアピールしましょう。

面接

	詳細	質問内容
一、二次面接	所要時間：30分間 学生人数：一次/2人、二次/1人 社員人数：一次/2人、二次/1人 結果通知時期：当日電話で	■ IBD、メリルリンチの志望動機などオーソドックスなものや、周りからどんな人と言われているかが聞かれます。
ジョブ	所要時間：4日間 学生人数：30人程度 社員人数：1グループに2人のメンター 結果通知時期：最終日に電話で	■ 4日間でM&Aに関する講義を受け、グループワークを行い企業の買収提案のプレゼンをします。

面接通過のポイント

メリルリンチは特に明るい性格の社員が多いということからも、元気にハキハキと答えることが重要です。最終は、ジョブの翌日にMDクラスの社員8人と30分ずつの面接となり、精神的・肉体的に負担がかかります。「ストレス耐性」を測られているのだと思い、踏ん張りましょう。

企業別対策

金融

バンクオブアメリカ・メリルリンチの選考を通過したES例

モルガン・スタンレー
（債券：セールス&トレーディング）

・世界最大級の米系投資銀行

企業・社員の特徴

優秀かつ突出するものを持つ

外資系金融機関共通だが、モルガン・スタンレーも人材の流動性が高いため様々な出身や個性を持った社員がおり、社内は多様性に富む。少数精鋭のため共通した性格などはないが、社員は皆優秀で、内定者も数学オリンピック優勝者や学生起業で何億円も儲けるなど「何か光るもの」を持っていることも多いです。

内定の秘訣

突き抜けた体験をアピール

選考は、セールスとトレーダーで分かれます。セールスは相手に気に入られるような振る舞いを、トレーダーは自分の「突き抜けた点」をアピールすることを意識しましょう。

インターン・セミナー・OB訪問

内定にはインターン選考が必須です。立派な経歴の保持者が多く応募していますので、何か他の人にはない「光るモノ」を見せる必要があります。目立たないくらいだったら、リスクをとっても目立つ方がベターです。
※インターンが本選考に含まれるため、本ページはインターンのES・面接情報を記載。

SPI・筆記試験など

- **形式** TG-WEB
- **科目** 計数・言語・英語・性格
- **ポイント** インターン選考の際にWEBテストがあります。MSインターンでは、全部門で2016年度の開催（2018年卒枠）からテスト形式が大きく変わりました。

エントリーシート

Q1、現時点であなたが就職先を決めるにあたって重視することは何ですか（300字以内）
Q2、これまでの人生の中であなたにとって最も重要だった出来事について、それがなぜ重要だったのかを教えてください（300字以内）
Q3、当社があなたをより深く知るために特記したい事項があれば、自由にお書きください（300字以内）

総合	36	東大・京大	15	難関国立	37
早慶上理	26	GMARCH	75	関関同立	87

大学別人気ランキング

ES通過のポイント
ESの段階で、債券部門のうちセールスかトレーダーのどちらの職種を希望しているかということを伝えなければなりません。トレーダーならば頭のよさを、セールスならば人間的魅力をアピールできるような内容を書きましょう。

面接

一次面接

詳細
- 所要時間：30〜40分
- 学生人数：5〜6人
- 社員人数：1〜2人
- 結果通知時期：2週間以内にメールで

質問内容
- 自己紹介と志望動機のほか、「高性能のAIがあったら何に使いたいか」「これまでの学費を計算し、そのお金を出している親は得かどうか考えよ」という質問が出ました。

面接通過のポイント
面接開始時に「端的に、1分程度で答えてください」と言われます。質問内容はセールス、トレーダー社員ともに答えがないような難問を出してくることもありますが、時間がないためまずは端的に答えるよう心がけましょう。

企業別対策 / 金融

モルガン・スタンレーの選考を通過したES例

J.P.モルガン
（アセット・マネジメント部門）

・世界最高峰のアセット・マネジメント会社

企業・社員の特徴

白鳥のように気高いが実は泥臭い

表面上では余裕のある紳士的な振る舞いをしながら、裏で必死に努力する。社員はその白鳥のように気高く、かつ泥臭いJPの社風を誇りに思っています。アセット・マネジメント部門では商業銀行の幅広いネットワークを活かした豊富な商品ラインナップを誇り、世界最高峰と言えます。

内定の秘訣

長期的に一緒に働ける人柄を重視

社員の平均勤続年数は他社や他部門に比べても長く、特に、長い目で見て一緒に働いていけるような、「JPのカルチャーとの高い親和性」が求められています。加えて、「がむしゃらになれる泥臭さ」「チームワーク力」「高い対人能力」「人間的魅力」をアピールしましょう。

インターン・セミナー・OB訪問

課題解決型グループワーク型のジョブがあります。

SPI・筆記試験など

- **形式** 玉手箱
- **科目** 計数、言語、性格
- **ポイント** 外資系コンサルと比べると、ボーダーはそこまで高くありません。

エントリーシート

Q1、志望部門への応募理由を記入してください
Q2、自己PR・そのほか特記事項などを記入してください
Q3、これまでにあなたがチームの一員として取り組んだ案件（プロジェクト）において、自分が果たした役割や貢献、さらにそこから得た反省点を英語で記入してください

総合	38	東大・京大	12	難関国立	48
早慶上理	27	GMARCH	86	関関同立	72

大学別人気ランキング

ES通過のポイント

JPモルガンは、「表面上はガツガツせずに、陰で泥臭く努力する人間（白鳥）」を好みます。そのような人間性を、過去の経験に基づく形でアピールするのがベストです。また、アセット・マネジメント部門では、クライアントビジネス、運用、オペレーションの3つの部門での「チームワーク力」が重視されるため、学生がどのようなチームに所属し、その中でどのような役割を担っていたかがかなり重視されます。

面接

	詳細	質問内容
面接	所要時間：15～30分 学生人数：一次5人/その他は1人 社員人数：1～3人 結果通知時期：2～3日以内に電話で	■ 志望動機などのオーソドックスなものから、資産運用部門の深い知識などまで幅広い。
GD、その他	所要時間：説明会2時間/GD30分 学生人数：説明会30人/GD5人 社員人数：説明会10人/GD3人 結果通知時期：2～3日以内に電話で	■ 二次面接通過後、説明会とGDがあります。

面接通過のポイント

GDでは、積極的にゴリゴリと議論を進めていくのではなく、JPにおいては、議論で嫌みのないリーダーシップを取ることができているかが重視されます。また、クライアントビジネス（営業が主体）という業務内容の特性から、話す内容だけでなく「人前に出せるのか」という観点も評価されています。大きな声で明るく答え、面接官に好印象を与えましょう。

J.P.モルガンの選考を通過したES例

日本銀行（総合職）

・日本の中央銀行

企業・社員の特徴

世の中の流れを捉え堅実に

日銀は日本で唯一通貨発行権がある機関です。業務も公共性が高く、日本経済全体に関わりながら仕事をしています。このため、自らリスクを取って新しいことに挑戦する、というよりは世の中の流れを捉え、着実に論理的に考える能力を持った、堅実な方が多いのが特徴です。

内定の秘訣

日本の中央銀行で働くプライドと使命感を見せる

選考では次の5つをアピールしましょう。(1) 視座の高さ:公益性を重視する姿勢 (2) アカデミックな面での真面目さ (3) 経済・金融への関心と思考力 (4) 変化に対する感受性 (5) 相手の立場になって、自分を伝える力

インターン・セミナー・OB訪問

冬に5日間のインターンが行われます。課題解決型グループワークで、学生45人ほどに対して社員3人程度がつきます。参加学生の属性は東大、一橋、東工大が多く、その大部分が経済学部生です。

SPI・筆記試験など

- 形式 ——
- 科目 ——
- ポイント ——

※WEBテスト、筆記試験は行わない

エントリーシート

Q1、日本銀行への志望理由を述べてください（公的な機関で働くことの意義、日本銀行でどのような貢献・活躍をしたいと考えているか等）（400字以内）

Q2、あなたが一生懸命打ち込んできたことを挙げ、打ち込むことができた理由とそこで得られたことについて述べてください（600字以内）

総合	99	東大・京大	77	難関国立	98
早慶上理	76	GMARCH	105	関関同立	163

大学別人気ランキング

ES通過のポイント

Q1では視座の高さを、Q2では「きっかけ→経験→学び」を明確化することが重要です。3〜4回にわたるリクルーター面接と一次面接で深掘りされるので、しっかりと話すことができるようなトピックを選びましょう。

面接

	詳細	質問内容
一次、二次面接	所要時間：30分〜1時間 学生人数：1人 社員人数：1人 結果通知時期：一次は1週間以内に電話で連絡／二次はその場で通知	■ 志望動機などのオーソドックスなものにくわえ「日本企業が成長するためにはどうすれば良いか？」「日本経済の問題点は何か」などが聞かれます。
最終面接	所要時間：1時間 学生人数：1人 社員人数：1人 結果通知時期：当日中に電話で	■ 質問は時事問題に関するものと幼少期についての深掘りが多く、教養や人柄を見ていると思われます。

面接通過のポイント

一次面接の前にリクルーター面談が3〜4回行われます。最終面接の倍率は2倍程度で、経済知識以外にも幅広い教養なども測られます。経済以外の教養も備えているかが評価されます。「選挙制度に関して問題点と自分の意見を述べよ」と課されるなど、経済とは別の領域の時事問題が聞かれるようです。

日本銀行の選考を通過したES例

JBIC（国際協力銀行）〈総合職〉

・官民の橋渡し銀行

企業・社員の特徴	**強引ではなく穏やかに確実に進む** 商社や外資系投資銀行と比べ、穏やかな雰囲気の人が多いと言われる。これは仕事の現場で、日本国を代表して各国のキーパーソンと国際交渉を行うため、強引ではなく穏やかに、しかし確実に主張する力が求められている。
内定の秘訣	**いかに相手の立場になって考えられるか** 国際交渉の現場で様々な利害関係者と交渉する際に必須のスキル「相手の立場に立って話すことのできるコミュニケーション能力」をアピールしましょう。同時に、社会貢献に対する熱血さも求められます。

インターン・セミナー・OB訪問	2016年卒では、5月に実際のJBICの業務を体感するセミナーが開かれます。プロジェクトファイナンスの仕組みや融資する際に考案すべきことが学べる内容となっています。

SPI・筆記試験など	形式	企業オリジナル
	科目	言語、計数、英語、性格
	ポイント	企業オリジナルで制限時間が短いWEBテスト。言語は玉手箱、計数はTG-WEBに似ています。

エントリーシート	Q1、長所と短所（それぞれ全角入力50字まで） Q2、学生時代に時間をかけて取り組み、やり遂げた重要な実績を2つ挙げ（それぞれ50字以内）各実績について、あなた個人が創意工夫した点を含めて600字以内で述べてください Q3、あなたが国際協力銀行で取り組みたい仕事を2つ挙げ（それぞれ50文字以内）、各仕事について、なぜ取り組みたいと思うか、あなたがどのような役割を果たしたいと考えているのかを含めて600字以内で述べてください Q4、あなたのこれまでの人生における喜・怒・哀・楽を象徴する出来事に

総合	163	東大・京大	121	難関国立	128
早慶上理	139	GMARCH	182	関関同立	209

大学別人気ランキング

ついて、それぞれ150字以内で述べてください
Q5、あなたが大切にしていることについて、150字以内で述べてください

ES通過のポイント

JBICは誤字・脱字の許されない約款を扱う職業であるため、職員もESが丁寧な日本語で書かれているかには敏感です。自分だけでなく身近な人に添削をお願いしてベストな状態で提出しましょう。

面接

一次〜三次面接

詳細
- 所要時間:30分〜1時間
- 学生人数:1人
- 社員人数:1人
- 結果通知時期:2〜3日以内にメールor当日中に電話で

質問内容
- ESを中心に質問されていく。社会貢献について重要視される。三次では「会社で活躍する社員に必要なこと1つ」など変わった問いも出る。

最終面接

詳細
- 所要時間:1時間半程度
- 学生人数:1人
- 社員人数:役員1人、人事2人
- 結果通知時期:当日中に電話で

質問内容
- 人柄、志望度、ゼミでの研究内容を中心に「仕事がうまくいかず落ち込んだ時どうするか」「自分よりも能力が低い同僚に対してどう接するか」などの質問が出る。

面接通過のポイント

JBICの特徴は、公益のために働けることです。これまでの経験から社会貢献への情熱をいかにアピールできるかが重要です。「なぜそう考えるようになったのか【過去】」「実際に何をして、そこから何を学んだのか【現在】」「その学びを活かし、今後は何をしていきたいのか【未来】」までを意識しましょう。

企業別対策

金融

JBICの選考を通過したES例

三菱UFJ信託銀行
（総合職〈全国コース〉）

・金融業界最後のオアシス

企業・社員の特徴	**高い給与水準と安定した休みが取れるホワイト企業** ほかの銀行と比べて営業成績にあまりこだわらない社風が根づいており、「オアシス」とも言える穏やかな雰囲気です。三菱UFJフィナンシャル・グループとしての安定した顧客基盤の存在や資産運用などの営業以外の収益源、顧客の年齢層が相対的に高いことが理由でしょう。
内定の秘訣	**銀行とは違う信託銀行の魅力を理解しているか** 信託特有の理由を、自分なりに言えるようにしましょう。その際、仕事のターゲットが異なるという部分に注目すると述べやすいです。例えば信託銀行は富裕層や年配向け、銀行は老若男女問わず大衆向けなどです。
インターン・セミナー・OB訪問	冬に3日間・実務体験形式のインターンがあります。毎日、午前中は講義、午後はその講義を活かしたグループワークが行われます。テーマは「リテール、不動産、法人」など毎回変わります。
SPI・筆記試験など	**形式** 計算問題と小論文 **ポイント** 四則演算問題13問、小論文200字以内（「最も感動した経験」「最も人に役に立った経験」など）が出ます。
エントリーシート	Q1、自覚している長所を一言で表現してください（20字以内：必須） Q2、自覚している短所を一言で表現してください（20字以内：必須） Q3、上記「長所」と「短所」それぞれ自覚する理由を客観的な行動事実に基づいて説明してください（200字以内：必須） Q4、これまであなたが、最も力を入れて取り組んできたことを簡潔に記入してください（50字以内：必須） Q5、上記の質問に関して、苦労した点と、どのようにしてそれを乗り越えたか、また創意工夫した点を記入してください（500字以内：必須） Q6、就職活動において最も印象に残った当社の広報物を選択し、選ん

総合	105	東大・京大	—	難関国立	—
早慶上理	79	GMARCH	93	関関同立	108

大学別人気ランキング

だ理由について記入してください（100字以内：必須）

Q7、就職活動において最も印象に残った当社のセミナーを選択し、選んだ理由について記入してください（100字以内：必須）

Q8、あなたが就職する企業を選ぶ際に大切に考えているゆずれないことと当社で実現したい働き方を記入してください（400字以内：必須）

ES通過のポイント

信託銀行は遺言信託や年金業務などお客様の人生に深く関わり相手目線の提案を行う必要があるため、「人のために働くことのできる人間」であることを重視します。「自分のために」ではなく「人のために働ける」人間であることをアピールしましょう。

面接

	詳細	質問内容
一〜三次面接	所要時間：20〜30分 学生人数：1人 社員人数：1人 結果通知時期：当日中または次の日に電話で	■ 志望動機や頑張ったこと、他社の選考状況など。
最終面接	所要時間：10〜15分 学生人数：1人 社員人数：1人 結果通知時期：その場で握手	■ 意思確認の場です。やりたい部門や成績、再度志望理由について聞かれ、逆質問の時間もあります。

面接通過のポイント

一次は雑談も多くて穏やか。人間性をチェックされています。回を重ねるごとに厳しくなり、三次面接は難関となります。聞かれることは毎回ほぼ同じです。三菱UFJ信託銀行が重要視している「人のために働ける」「人から信頼を得られる」の2点を常に意識しましょう。

三菱UFJ信託銀行の選考を通過したES例

企業別対策

金融

三井住友信託銀行
（Ｇコース〈全国転勤型〉）

・信託業務もできる独立系銀行

企業・社員の特徴	### チームプレー力が問われる職場 三井住友信託銀行の特徴は、ワンストップトータルソリューションを提供できるという点。これは自社のなかだけであらゆる金融関連のソリューションを顧客に提示できるということ。ライバル会社の三菱ＵＦＪ信託とは違い、自社内だけで顧客のニーズに対応できるスピード感が魅力。そのため、社員には他部署と連携して仕事ができる協調性が求められます。
内定の秘訣	### 全国転勤ができる覚悟を見せる 女性社員が育児や家庭と仕事を両立させていると謳ってはいるが、実際は「リクルーター面談で家庭との両立を話したところ、Ａコース（地域限定職）を勧められた」という学生もいました。全国転勤をも厭わない覚悟を見せましょう。
インターン・セミナー・OB訪問	Ｇコース志望者に対しては、参加有志という名目でＧコースセミナーが開催されます。ただし、これに参加しなければリクルーターがつかないと言われる重要なイベント。三井住友信託銀行の場合、リクルーター面談からのルートが９割以上（2016年卒の場合、正規の本選考ルートは多くても２、３名）のため、リクルーターなしの状態で本選考に臨むのは危険です。
SPI・筆記試験など	**形式** SPI **科目** 言語、非言語、性格 **ポイント** ボーダーはそれほど高くはありません。他の企業のテストの結果を使いまわした内定者もいます。
エントリーシート	Q1、大学時代に一番達成感が得られた、もしくは、やり遂げたことで充実感が得られたこと（400字以内） Q2、周囲と協力して活動した経験（400字以内） Q3、周囲と対立したときや自分の理想通りにいかなったときにどう行動するか（400字以内）

総合	98	東大・京大	138	難関国立	102
早慶上理	71	GMARCH	−	関関同立	108

大学別人気ランキング

ES通過のポイント

ポイントは「チームプレー精神」です。三井住友信託銀行では自社内で顧客に対するすべてのソリューションを提供しなければならず、フィナンシャルグループに属する信託銀行に対抗していくには、他部署との協力が一層不可欠なものとなるからです。

面接

	詳細	質問内容
一次面接	所要時間：30分 学生人数：1人 社員人数：1人 結果通知時期：当日中に電話で	■ 志望動機、学生時代に頑張ったことなどオーソドックスな内容です。
最終面接	所要時間：30分 学生人数：1人 社員人数：1人 結果通知時期：当日その場で	■「うちに本当に来る気はあるか?」「どのようにして会社を選んでいくか」「ほかに受けている企業はどこか」などが聞かれます。

面接通過のポイント

会社選びの基準や、志望度の高さを深掘りされます。三井住友信託銀行が第一志望であることを伝えるため、内定者は「資産運用がしたいことを軸に、信託などの金融機関を受けていることを伝えた」と述べていました。

企業別対策

金融

三井住友信託銀行の選考を通過したES例

日本生命保険（総合職）

・生保のガリバー

企業・社員の特徴

圧倒的な社員教育資金で投資のプロを育成

日本の生保業界の第一線をひた走っており、ある社員は「常に業界の最前線でビジネスをできるからこそ『このビジネスは本当にお客様のためになるのか』と余裕を持った視点を保つことができる」と話す。また、「新卒を一人前の投資家に育てる」という文化は、教育資金が潤沢にある日本生命ならではの戦略と言える。

内定の秘訣

志望理由は「生保No.1だから」

また、非常に社員数が多いため、全員が希望の部署で働けるとは限りません。仮に自分の希望する部署に配属されなかったとしても働き続けられる気概があることを示す必要があります。まずは日本No.1の生命保険会社である日本生命で働くことができる点に惹かれているという理由を示したうえで、仮に自分の興味がなかった部署に配属になったとしてもその部署でNo.1を取れる能力が備わっていることを示しましょう。

インターン・セミナー・OB訪問

「リクルーター面接」「インターン選考」など多岐にわたる早期選考ルートを用意しています。日本生命はリクルーターをつけたり、日本生命にゼミOB・OGがいる一部の学生に対して優先的に面接を進めたりと、日本生命を第一志望にしている学生を好む傾向が顕著です。積極的にOB・OG訪問を行い、実績をつくりつつ、実際の仕事などについて具体的な情報を集めましょう。

SPI・筆記試験など

形式 玉手箱
科目 性格検査、言語、非言語
ポイント ほかの会社のWEBテストと同じく、非常にオーソドックスな問題が多いようです。

総合	111	東大・京大	108	難関国立	122
早慶上理	103	GMARCH	126	関関同立	82

大学別人気ランキング

エントリーシート

Q1、学生時代に自分自身が最も力を入れて取り組んだことについて簡潔に入力してください（最大3個まで入力可）

Q2、上記の中で最も力を入れて取り組んだことについて、組織の中で自身がどのように行動したかを交えつつ具体的に入力ください（300字以内）

Q3、日本生命で取り組みたい分野・仕事の内容を記入ください（300字以内）

Q4、特に力を入れて学んでいるテーマ（卒論など）について（300字以内）

ES通過のポイント

倍率は3倍と言われており、入念な対策が必要です。

Q1は圧倒的な成長意欲があること記述するべき。日本生命は他の保険会社と比較して7万人と人数が非常に多く（明治安田生命:4.2万人、第一生命:5.6万人）部署が少ないため、昇進するのは非常に狭き門であることが想定されるため、自分で自己成長に責任を持ち、自走力が高い学生が評価されている傾向が強いためです。

Q2は、部活、サークルなどで過去に組織を引っ張り、組織をより良い方向性に向かわせた経験を語り、組織を変革していけるポテンシャルがあることを示しましょう。

Q3は、必ずOB訪問をした内容を論拠にして、自分のやりたいことを示すとよいでしょう。

企業別対策

金融

日本生命保険 (総合職)

面接		詳細	質問内容
	一次面接	所要時間：30分 学生人数：2人 社員人数：3人(若手) 結果通知時期：3日以内にマイページ上で	■ 大学時代に一番力を入れたことは何か。 ■ もしも今100万円を渡されたならば何に使うか。 ■ なぜ日本生命を志望しているのか。
	二次面接	所要時間：40分 学生人数：1人 社員人数：1人 結果通知時期：3日以内にマイページ上で	■ なぜ日本生命を第一志望にしているのか。 ■ 今までの経験で一番挫折したと感じたのはどのような経験か。 ■ 他の競合他社(第一生命・明治安田生命)は受けていないか、また興味はないのか。 ■ 日本生命では営業のように泥臭い仕事もあるが大丈夫なのか。
	三次面接	所要時間：40分 学生人数：1人 社員人数：5人 結果通知時期：当日に電話で	■ なぜ日本生命を第一志望としているのか。 ■ 過去から現在にかけて最もつらい経験は何であったか。 ■ 内定を出したら他社の選考はどうするのか。 ■ 日本生命に入社したらどのようなことをしていきたいと考えているのか。 ■ 日本生命に対して自分が与えられる付加価値とは何か。

面接通過のポイント

（一次）
多くの質問を通して日本生命へのカルチャーフィットを試されます。採用人数が非常に多く、自分が意図しない部署への異動がある日本生命では「周りには負けない」という強いプライドを持って努力ができるキャッチアップ能力の高い学生が好まれる傾向にあります。
たとえば、「100万円の使い道は何にするか」という質問には「勉強の資金にする」と答えるなど自己投資として常に勉強をしていく姿勢示すようにしましょう。

（二次）
内定を出したら本当に日本生命に来る気があるのかを試す面接です。「なぜ日本生命を第一志望にしているのか」という問いに対しては日本生命の強みを盛り込んだ志望理由を話すことが重要です。
志望度を示す際に社員の名前を出すことが極めて有効です。実際に行動として日本生命へ惹かれていることを示すためにも、早めに先輩のツテからOB・OGを探してOB・OG訪問を実施するようにしましょう。

（最終）
日本生命の最終試験はほとんど意味確認の目的で行われますが、油断は禁物です。他者の選考については「日本生命から内定をもらったら断る」という姿勢を貫き、志望度の高さを示しましょう。

企業別対策

金融

日本生命保険の選考を通過したES例

第一生命保険
（Gコース〈グローバルコース〉）

・生命保険料収入でニッセイとつばぜり合い

企業・社員の特徴

落ち着いた頭脳派集団

生命保険は営業が多く活発な人が多い業界ですが、日本生命や明治安田生命に比べて体育会出身者の比率が低く、落ち着いている頭脳派タイプの人が多いようです。（内定者によると4大生保各社の社風は以下のような違いがあるようです。日生→熱血、第一→冷静、明治安田→明るい、住友→おっとり）

内定の秘訣

共感力をアピール

まずは、他人を巻き込んで物事を成し遂げられる力を示すことが重要。
営業職の仕事は、生保レディーとペアを組みながら飛び込み営業をすることが多いです。そのため、自身の集団におけるリーダーシップ経験やマネジメント力を全ての面接で見られる傾向にあります。
また、自分より年上の顧客の話に共感できる力を示しましょう。営業の仕事は保険契約の継続手続きだけでなく、20〜30名ほどの中小企業への飛び込み営業もあります。飛び込み営業では、いかに顧客の信頼を得るかが契約を勝ち取るカギとなります。
飛び込み営業では自分の相手をしてくれる人は社長や保険担当の方など、目上の社員になります。信頼を獲得するために重要となるのが、相手の話を聞いて共感する力です。面接では共感力をアピールするために、逆質問では積極的に質問し、面接官の経歴や苦労話を聞き、相槌を打ったり、共感したりしてアピールしましょう。

インターン・セミナー・OB訪問

生保業界はリクルーター制度をとり、面接解禁前から「相談会」という形式で選考が進んでいきます。

SPI・筆記試験など

- **形式**　玉手箱
- **科目**　非言語、言語、性格
- **ポイント**　難易度は他社と変わらず、ボーダーもそれほど高いものが設けられているわけではないようです。

総合	140	東大・京大	146	難関国立	145
早慶上理	125	GMARCH	151	関関同立	119

大学別人気ランキング

エントリーシート

Q1-1、これまでの取り組みの中で、自分らしさを表したと思える取組みについて2つ挙げ、それぞれの概要を記載してください（50字以内）

Q1-2、これまでの取り組みのなかで、自分らしさを表したと思える取組みについて2つ挙げ、それぞれの概要を記載してください（50字以内）

Q2、上記2つの取り組みのなかで、最も自分らしさを表したと思える取組みを1つ選び、具体的な行動について記載してください（300字以内）

Q3-1、自分らしさを表すキャッチフレーズを記載してください（20字以内）

Q3-2、上記のキャッチフレーズである理由を記載してください（50字以内）

Q4、生保業界を選んだ理由と、その中で当社を選んだ理由を記載してください（300字以内）

ES通過のポイント

キャッチフレーズは、センスを求められているような設問であるが、面接での会話のきっかけとして使われるため、ひねりやセンスは必要ないと思われます。自分らしさを示せるようなキーワードを並べてキャッチフレーズにしましょう。第一生命らしく、「人のために」、「泥臭く」、「負けず嫌い」などの言葉を内定者は使っていました。キャッチフレーズを出された後、「なんでそうなの?」と聞かれるので、エピソードを30秒程度に話せるように、その経緯とそこから言える自分の長所を準備しておきましょう。

また、自分らしさを表すエピソードを通じて、第一生命の求める人物像である「人を巻き込み、泥臭く成果を出す人」かどうかを見極められます。

学生時代に頑張ってきたことには集団行動の中で成果を出した経験を書くことで、生保で働いた際に生保レディーなどと働き、成果を出すイメージが読んだときにわくように書きましょう。

第一生命保険（Gコース〈グローバルコース〉）

面接		詳細	質問内容
	一次面接	所要時間：20分 学生人数：1人 社員人数：1人 結果通知時期：当日中マイページ上か電話で	■ 学生時代に頑張ってきたこと、志望動機、第一生命への志望度の高さなど、オーソドックスな質問が多い。
	二次面接	所要時間：20分 学生人数：1人 社員人数：1人 結果通知時期：当日中マイページ上か電話で	■ 一次と同様、学生時代に頑張ってきたこと、志望動機、第一生命への志望度の高さなど、オーソドックスな質問が多い。
	最終面接	所要時間：15分程度 学生人数：1人 社員人数：1人 結果通知時期：その場で握手	■ 今までの面接を踏まえ、なぜ日本生命ではなく第一生命なのか、などが聞かれます。志望度の高さをはかるようです。

面接通過のポイント

(リクルーター面談)
「相談会」はいわゆるリクルーター面談ですが、選考の一つで、3回の面談を通過しないと本選考には呼ばれません。リクルーター面談を高評価で突破すると本選考の一次面接は通過しやすくなります。面談はESをもとに進められるので、ESに書いたことを必ず事前に確認しておくことが必要です。

(一次)
一次面接で気を付けるべきことは、言葉づかいです。面接官は現場の社員ではなく、人事部になるので、毎年500人以上の学生を見ているプロが出てきます。仕事で上から目線でお客様に接したりしないかを注意して見ていると、人事部の社員は語っています。

(二次)
短所をよく聞かれ、素直さを見られるようです。「なぜ自分がその経験を頑張ることができたのか」、「周りからはどのように思われていたのか」、「欠点は何か」など、自分にとって痛いようなところを質問されます。
自分の弱みも客観的に見られているか、そして、それらを率直に話せる素直さが見られているようです。自分の欠点を2,3個用意しておき、すぐに回答できるよう準備しておきましょう。

(最終)
他社の選考状況確認や志望動機を聞かれ、本気で入社する気があるかを確かめる面接となります。最終面接では、熱意が一番必要となります。面接官は「就職活動をここで終わることを約束するか?」など、選択を迫るような質問をしてきます。最後まで油断せず、第一志望であることを力強く簡潔に言いきるようにしましょう。

企業別対策

金融

第一生命保険の選考を通過したES例

東京海上日動火災保険
（グローバルコース従業員）

・充実した福利厚生が強みの損保業界の雄

企業・社員の特徴

誠実さが根づく真面目な社風

「良い会社を目指して～私が変わる、私が変える～」を理念として掲げる、損保業界のリーディングカンパニーです。「良い会社を目指して」という概念は、顧客に対してだけでなく社内にも根づいており、福利厚生の充実度が東京海上の大きな魅力のひとつとなっています。いい意味で尖った社員が少なく、協働を重視する誠実で真面目な社員が多いことが東京海上の特徴です。

内定の秘訣

内定者の約8割がインターン参加者

「信頼ができる人間かどうかが採用の最後の決め手になる」
これは採用担当者の発言です。それをアピールするうえで最も大切になってくるのは、話が矛盾しないこと。インターン選考から最終選考まで一貫して学生の過去の経験が深掘りされますが、選考を通じて内容が矛盾している場合には、大幅に評価を下げることになります。
また、新卒社員の9割以上が営業職に配属されます。そのため、相手に伝わりやすい話し方ができるかが面接において評価されています。実際に、内定者の多くは一次面接のFB時間においてこの点を高評価のポイントとして伝えられているようです。
・簡潔に話せているか
・質問の答えになる回答ができているか
・話の論理性に問題はないか
といった観点をもとに、模擬面接などの面接対策を行いましょう。

インターン・セミナー・OB訪問

学生50人程度が参加する、5日間の部門配属型インターン。配属先に応じて、様々な課題が課されます。インターン中、インターン後ともに多くの社員との交流機会が設けられているようです。

総合	13	東大・京大	31	難関国立	25
早慶上理	11	GMARCH	18	関関同立	15

大学別人気ランキング

SPI・筆記試験など

- **形式** 会場受験型の筆記テスト
- **科目** 計数
- **ポイント** 企業オリジナルの、計数に工夫が加えられた問題を解きます。30分30問で、難易度が非常に高い。

エントリーシート

Q1、大学時代に力を入れて取り組んだことを3つ挙げてください
Q2、特に力を入れた活動をQ1から選んで下さい
Q3、上記Q2でお選びいただきました取り組みに関して、活動期間、役割、人数等具体的なイメージができるように内容を教えてください（250字以内）
Q4、その取り組みの中で感じた課題や問題、および感じたきっかけ・背景について教えてください。また、その後どのような行動を取ったのかについても教えてください（400字以内）

ES通過のポイント

面接の参考資料として使われます。
Q1では、1）その経験に至った経緯 2）経験の詳細（誰と、どこで、何をして、そこで何を感じ、どのように行動したか） 3）経験を通して学んだことの3点について、しっかりと答えられるものを選び話せるようにしましょう。

東京海上日動火災保険（グローバルコース従業員）

面接		詳細	質問内容
	リクルーター面談	所要時間：1時間 学生人数：1人 社員人数：1人 結果通知時期：—	■ 東京海上の志望動機。 ■ 他社の選考状況。 ■ 就職活動の軸。 ■ 東京海上の魅力はなにか。
	一次面接	所要時間：1時間30分 学生人数：1人 社員人数：1人 結果通知時期：—	■ 大学時代頑張った事の深掘り ■ 小学校、中学校、高校時代の深掘り ■ マリンの志望順位 ■ 他社の選考状況 ■ 面接後に面接のフィードバックあり
	最終面接	所要時間：15分 学生人数：1人 社員人数：1人 結果通知時期：—	■ 入社意思を繰り返し問われる面接で、第一志望であることが内定の必要条件。他社を選考辞退できるかも聞かれます。

面接通過のポイント

（リクルーター）
インターン参加者で評価が高かった約2割の人が、この面談に呼ばれます。
面談に呼ばれた時点で、内定を出す前提で面談が始まります。（ただし、女性の場合はグローバル枠で呼ばれた人、エリア枠で呼ばれた人がいます。）
面談の回数は人によって変わりますが、内定ルートに乗れる学生のほとんどは、インターン先の部長と面談をして高評価を受け、その部長の推薦という形で最終面接に進みました。
逆質問形式の面談は「志望度の高さ」をチェックされています。多くの質問をすれば、興味があるとみなされ、高い評価を得られます。

（一次）
過去～現在（学生時代）にかけて質問されます。事前に自己分析を行い、自分はどういう人物であるのかを語れるようにしておきましょう。

（最終）
最終試験は、意思確認がメインで、様々な角度からこの企業で働く意思があるかどうかを見られます。
面接の最後に、内定が出たら他社の選考を辞退する覚悟があるかどうかを聞かれます。ここでも迷いなく「はい」と言えなければ内定は勝ち取れません。

企業別対策　金融

東京海上日動火災保険の選考を通過したES例

損保ジャパン日本興亜
（総合系グローバル）

・損保会社7社合併の巨大企業

企業・社員の特徴

新入社員から「現場主義」を徹底

長い社名からもわかる通り、損保会社7社が統合してできた巨大企業。損保ジャパンの仕事は、「企業が事業を行う際に生じるリスクをケアし、企業の挑戦を支える」もの。キャリアパスとして特徴的なのが、新卒は必ず支払い業務を経験すること。統合の影響で意思決定のスピードが遅くなっているという問題点があり、改善策として「現場主義（現場への権限移譲）」を掲げる。

内定の秘訣

課題解決能力があることをアピール

「課題を設定して問題を解決できるか（＝課題意識）」が見られています。背景には「テクノロジーの進化等で生じる新たなリスクに次々と対処しなければならない」という損害保険業界の特徴があります。

インターン・セミナー・OB訪問

秋に5日間のインターンが行われます。課題解決型グループワーク形式で、日によって「保険金サービス部門」「リスクコンサルティング業務」「新商品開発」とテーマが変わります。

SPI・筆記試験など

- **形式** SPI／テストセンターの2回
- **科目** 言語、非言語、計数、性格
- **ポイント** 内定者によると「ほとんどできた気がしなかった（本人感覚で6割程度）が通った」とのことです。WEBテストに関しては、綿密な対策は不要と言えるでしょう。

エントリーシート

Q1、学生時代の取り組みを3個挙げる（各50字以内）
Q2、一番力を入れた取り組みについて（400字以内）
Q3、損保ジャパン日本興亜で成し遂げたいことについて（200字以内）

総合	82	東大・京大	126	難関国立	118
早慶上理	67	GMARCH	61	関関同立	59

大学別人気ランキング

ESポイント通過の

Q1、Q2は「課題を認識して問題解決したエピソード」を書きましょう。「現状の問題をどう認識し、それに対してどう対処したのか」を、数字や比較を用いて具体的に述べると高評価でしょう。

面接

		詳細	質問内容
一〜三次面接		所要時間：30分 学生人数：1人 社員人数：1人 結果通知時期：当日中に電話で	■「3メガ損保の中での志望度」「学生時代に頑張ったこと」などが聞かれます。三次は実質的に最終面接。
最終面接		所要時間：30分 学生人数：1人 社員人数：1人 結果通知時期：なし（三次面接終了後の連絡で「合格です」と言われる）	■ 意思確認の場です。面接らしい質問はされず、内定後の動きや世間話などで終わります。

面接通過のポイント

二次では「大事な取引先と接待をする予定と、代理店のトラブル処理が重なったらどうするか」などの問題が出されるケース面接があります。「何が問題で、どうしたら解決できるか」を明確にして答えましょう。

損保ジャパン日本興亜の選考を通過したES例

三井住友海上火災保険（全域社員）

・財閥系ならではの強固な基盤

企業・社員の特徴

真面目さと楽しさのバランス抜群

日本国内での損害保険事業の保険料シェアも全種目1位を獲得。ある社員は「国内の約3人に1人がMS＆ADグループのお客様であるほど、圧倒的な顧客を獲得している」と言っていたそうです。また、平日は遅くまで勤務することもあるものの、休日は家族とゆっくりと過ごすなど仕事とプライベートのバランスを重視した社員の方が多いと言っていました。

内定の秘訣

考え抜ける粘り強さをアピール

損害保険は、不確実性が高く、新たなリスクに対して頭をフル回転させて次のサービスを考え続ける精神的な強さが必要です。つらい環境であっても、粘り強くあきらめずに行動した経験をアピールしてストレス耐性を見せましょう。

インターン・セミナー・OB訪問

インターンは夏2回、秋2回、冬4回、毎回180人が集まります。インターンで学生を評価することはありませんが、特典としては春に開催される「ビジネスコンテスト選考」の参加権です。参加者の内定率は6割以上。インターン→ビジネスコンテストで、早期内定をGETしましょう。

SPI・筆記試験など

- **形式** SPI
- **科目** 言語、非言語、性格
- **ポイント** 特別難易度が高いわけではありませんが、通過者は早慶、MARCH以上の学生が多かったことから、最低限の対策はしておいた方が良いでしょう。

エントリーシート

Q1、困難に向き合い、乗り越え、実現してきた経験を教えてください。（300字以内）
Q2、異なる価値観に影響を受けた経験を教えてください。（300字以内）
Q3、自ら学び考え、行動した経験を教えてください。（300字以内）
Q4、他者を巻き込み、リーダーシップを発揮した経験を教えてください。（300字以内）
Q5、三井住友海上を志望する理由を教えてください。（200字以内）

総合	60	東大・京大	96	難関国立	78
早慶上理	50	GMARCH	57	関関同立	45

大学別人気ランキング

ES通過のポイント

面接はESをもとに、志望動機をメインに聞かれます。他社に内定者が流れてしまうことを危惧しているため、志望動機については、深掘りをされても答えられるような内容にすることが大切です。「なぜ損保か？なぜ三井住友海上火災か？」を意識して書きましょう。

面接

	詳細	質問内容
一〜三次面接	所要時間：20分 学生人数：1人 社員人数：1人 結果通知時期：数時間後に電話で	■ 志望動機や、なぜ三井住友海上火災なのか、などのオーソドックスな質問です。
最終面接	所要時間：20分 学生人数：1人 社員人数：1人 結果通知時期：数時間後に電話で	■ 志望動機を中心に、なぜ損保なのか、なぜ三井住友海上火災なのかということを深掘りされます。

面接通過のポイント

三井住友海上火災の一次面接は、パーテーションで仕切られた大きな会場で、一日に1500人もの学生と短時間で面接を行います。印象に残らない学生は、通過できない傾向にあるため、自分が持っている特徴をしっかりとアピールすることが重要になります。

企業別対策

金融

三井住友海上火災保険の選考を通過したES例

三井住友カード（総合職・エリア総合職）

・日本クレジット業界のパイオニア

<table>
<tr><td>企業・社員の特徴</td><td>

活気があり、仕事を楽しむ雰囲気

三井住友カードは、1968年に日本で初めてVisaと国際提携を始めてから、Visaクレジットのパイオニアとして、日本のクレジット業界を牽引してきた。金融業界、特に住友系の企業の特徴として、体育会系の多さが挙げられるが、その影響もあってか、社内は非常に活気に満ちていると社員は話す。

</td></tr>
<tr><td>内定の秘訣</td><td>

仕事を苦に感じないポジティブさをアピール

仕事に対し、やりがいや楽しさを持って取り組めるような人が高い評価を受けます。そのハードワークに耐えうるストレス耐性、仕事に対して熱意を持って取り組む粘り強さをアピールすることが、高評価につながります。

</td></tr>
<tr><td>インターン・セミナー・OB訪問</td><td>

三井住友カードのインターンは冬を中心に、複数回実施され、参加者に対しては、GDが免除されるなどの優遇措置があるそうです。

</td></tr>
<tr><td>SPI・筆記試験など</td><td>

形式 SPI
科目 言語、非言語、性格
ポイント WEBテストは足切りとして用いられています。人事部の社員によると「WEBテストの足切りをクリアした学生のESのみ見ている」そうです。

</td></tr>
<tr><td>エントリーシート</td><td>

Q1、「学生生活で最も力を注いだこと」をご記入ください（400字以内）
Q2、「あなたのセールスポイント」とその理由をご記入ください（400字以内）
Q3、当社を志望する理由をご記入ください（400字以内）

</td></tr>
</table>

総合	160	東大・京大	—	難関国立	238
早慶上理	169	GMARCH	93	関関同立	61

大学別人気ランキング

ESポイント通過の

チームワーク力が高く、熱意を持って仕事に取り組み続けられる人が高い評価を受けます。学生時代の取り組み・自己PRでは、チームワーク力・ストレス耐性がアピールできる内容を書きましょう。

面接

		詳細	質問内容
	GD	所要時間：45分 学生人数：50〜70人 社員人数：2人 結果通知時期：2〜3日以内に電話で	・1グループ10人で、「なぜLINEが流行ったか」「流行の定義とは」などをグループにより異なるテーマでディスカッションを行う。
	一〜三次面接	所要時間：30分 学生人数：1人(1次は3人) 社員人数：1人 結果通知時期：当日中に電話で	・一次と二次はほぼ同じで、学生時代に頑張ったことなどが聞かれる。三次では、人間性を探る質問や入社意思を確認される。

面接ポイント通過の

数千人と、非常に大人数が参加するグループディスカッションが主な山場。社員へのアピール方法としては、ディスカッションの要となるファシリテーターや書記に立候補することも有効です。とはいえ、選考全体で一貫して、チームワーク力が問われていることも忘れてはいけません。

企業別対策

金融

三井住友カードの選考を通過したES例

横浜銀行（ゼネラルキャリアフィールド）

・トップ地銀

企業・社員の特徴

地元志向×法人営業志望の学生に最適

地方銀行のなかでは圧倒的な規模となる約200の本支店を持つ。さらに、預金額および純資産の額でも地方銀行のなかでトップの実績。名実ともに最強の地方銀行と言えます。また、支店全てが神奈川および東京に集中しているため、異動があるとしても首都圏から出るケースはほぼない。同じ支店で20年以上働いているという社員もいるほど。

内定の秘訣

「根性」「やる気」がキーワード

横浜銀行は法人営業メインだが、個人の顧客に接する機会もある。幅広く仕事を任されることが多いビジネスモデルから、あらゆることに対応することに抵抗がない、根性と熱意が求められている。

インターン・セミナー・OB訪問

3月に大きなホールでイベントが行われます。講演会形式で、横浜銀行の事業内容や、写真を見せられながら具体的な話を聞きます。

SPI・筆記試験など

形式 玉手箱
科目 計数、言語
ポイント 一般的なテストセンターで、ボーダーも高くありません。

エントリーシート

Q1、これまであなたが困難に直面しながらも「成し遂げたこと」は何ですか？ また困難を乗り越えるために何をしましたか？ 具体的なエピソードを400字以内で記述してください

Q2、あなたが横浜銀行で実現したいことは何ですか？ また、そこにあなた自身のこれまでの経験や強みをどのように活かせますか？ 400字以内で記述してください

総合	265	東大・京大	—	難関国立	—
早慶上理	—	GMARCH	119	関関同立	—

大学別人気ランキング

ESポイント通過の

タフさと横浜銀行で何ができるかを想像させるような展開にしましょう。Q1で自分のタフさをアピールし、その強みで何ができるかをQ2で具体化。Q2で自分の別の強みを書くよりも、説得力が生まれます。

面接

	詳細	質問内容
一次面接	所要時間：1時間 学生人数：1人 社員人数：1人 結果通知時期：当日その場で次の面接に移動	■ 志望理由などオーソドックスなものがメイン。一次面接後、二次面接の部屋に移動する際に、一次面接のフィードバックがもらえます。
二次面接	所要時間：1時間 学生人数：1人 社員人数：1人 結果通知時期：当日中に電話で	■「配属先が変わっても耐えられるか」「頑張ったことは何か」「辛かったこととそれに対してどう対処したのか」などの質問を通じてタフさを測られます。

面接通過のポイント

地方銀行志望者は、同時に東京都民銀行などの東京の地方銀行やメガバンクの選考を受けている傾向が強く、面接官もなぜ横浜銀行なのかを確認します。特に、神奈川県以外の出身の学生に対しては、より深く聞いてくるようです。面接官が納得できるロジックを用意しておきましょう。

横浜銀行の選考を通過したES例

京都銀行（銀行業務全般）

・関西地銀でダントツNo.1

企業・社員の特徴

個人営業から債務管理まで志高く学ぶ

京都銀行は関西地方の地銀のなかにおいて預金額・支店数ともにNo.1の実力を誇ります。研修施設として「金融大学」を有している。金融大学校桂川キャンパスでは個人営業・法人営業などの銀行業務系の基礎だけでなく、債務管理や事務管理などの応用まで自主的に学ぶことができる。

内定の秘訣

「挑戦してやろう」という精神が求められる

京都銀行ではマイナス金利に対して積極的なエリア拡大を行うことや、様々な業務を同時にこなせることから「挑戦してやろう」という気概が求められます。逆境に耐えられ、かつ前向きであることをアピールしましょう。

インターン・セミナー・OB訪問

3月と4月にイベントがあります。3月は、銀行業務の簡単な説明と京都銀行の特色などを社員が話した後、内定者や若手行員とのブース式座談会が行われます。4月は、管理職の社員から話を聞くことができる座談会形式です。

SPI・筆記試験など

- **形式** 企業オリジナル
- **科目** 言語（語彙・穴埋め・長文読解）、非言語（四則演算・文章題）、性格
- **ポイント** SPI試験の簡易版のようなWEBテストです。高得点を出しやすいので、9割を狙いましょう。

エントリーシート

Q1、志望動機（200〜300字程度）
Q2、学生時代に頑張ったこと（200〜300字程度）
Q3、将来展望・京都銀行というフィールドで、あなたはどんな人に成長したいと考えますか？（200〜300字程度）

総合	—	東大・京大	—	難関国立	—
早慶上理	—	GMARCH	—	関関同立	—

大学別人気ランキング

ES通過のポイント

手書きで記入し、郵送する形式のESです。京都銀行では自分のキャリアをマネジメントできる観点から、自主的に物事に取り組める学生であるかどうかが問われています。

面接

	詳細	質問内容
一、二次面接	所要時間：30分 学生人数：1人 社員人数：1人 結果通知時期：2〜3日以内に電話で	■ 志望動機や学生時代の経験、他社の選考状況などが聞かれ、逆質問があります。
最終面接	所要時間：15分 学生人数：1人 社員人数：3人 結果通知時期：2〜3日以内に電話で	■ 志望動機や他社の選考状況が聞かれます。銀行で働く覚悟があるかも確認されます。

面接通過のポイント

一次面接はネガティブチェックの意味合いが強く、二次面接が「山場」となります。京都銀行の二次面接は逆質問の時間が10〜15分ほど設けられており、自由に社員に質問することができる環境となっています。第1志望であることを示すためにも、最低でも5個以上の逆質問を用意しましょう。

京都銀行の選考を通過したES例

第 3 章

《企業別》
関門突破の
秘訣

コンサル・
シンクタンク

マッキンゼーを筆頭に難関大学の学生に人気の高いコンサルティング・シンクタンク業界。世の中を影で動かす真の実力者という認識が学生にも浸透しつつある。しかし、通過を極め、地頭の良さを問う過酷なものになっている。

マッキンゼー・アンド・カンパニー
（ビジネスアナリスト）

・世界No.1コンサルファーム

企業・社員の特徴

英語能力よりも突出した人材の獲得が目標

グローバルな"One Firm"文化が浸透しているとはいえ、マッキンゼーが求める人材は、あくまで突出した人材。入社前の英語スキルは必須ではありません。また、マッキンゼーで理想的なキャリアを積んだアルムナイ（＝卒業生）が、各業界で活躍することにより、マッキンゼーブランドをさらに高めると考えているため、人材の流出も前向きに捉えている。

内定の秘訣

高い対人能力と伸びしろを見せる

「頭の良さ」ばかりがフォーカスされがちなコンサルの選考ですが、「対人能力の高さ」も同様に重要なポイントと言えます。特に「顧客企業の成長」を第一に掲げるマッキンゼーでは、クライアントの関係構築を良好に行える対人能力も、高い水準で求めているのです。実際に内定者も、2次面接で人当たりの良さをアピールしたら、採用マネジャーから内定後に、「君はクライアントとの関係構築がうまそうだったので、面接の段階から一緒に働きたいと思っていた。」と言われたそうです。

「突出した個性」をもつ学生を好むマッキンゼーですが、その人材が"マッキンゼーマフィア"としてグローバルに活躍するために、「さらなる飛躍のできる人材であるかどうか」も同様に重視されています。従って「成長幅を示せるか」という要素も基準になっていると考えられます。

インターン・セミナー・OB訪問

2017年は3月に課題解決型のインターンが3日間あった。参加学生は20人弱。半数以上が東京大学の学生。内容は特定の企業の売り上げを伸ばす方法を考えるというもの。

SPI・筆記試験など

- **形式** 企業オリジナル
- **科目** 言語理解、計数理解
- **ポイント** 120分間で解くことが求められる、マッキンゼーオリジナルの試験問題です。GMAT、判断推理、数的推理の要素が詰め込まれた独自の問題が課されます。グローバルサイトから過去問（全3回）をダウンロードし、対策した内定者もいました。

総合	14	東大・京大	1	難関国立	10
早慶上理	18	GMARCH	57	関関同立	43

大学別人気ランキング

エントリーシート

Q1、大学で研究室またはゼミに所属している場合は、指導教官名と卒論のテーマ（予定）をご記入ください

Q2、その他に、所属したことのある教育機関とその在籍期間を、学位取得の有無にかかわらずすべてご記入ください

Q3、海外から日本への留学生の方、もしくは、海外に留学をされた方で、半年以上の在籍をした語学学校がある方は必ず明記してください

Q4、異なる大学・学部から編入学をされた方は、必ず、最初に入学された大学・学部名と、その在籍期間を明記してください（100字以内）

Q5、上記の職歴の中で、特にリーダーシップを発揮した経験と、その際のあなたの役割をご記入ください（100字以内）

Q6、上記の活動の中で、特にリーダーシップを発揮した経験と、その際のあなたの役割をご記入ください（100字以内）

Q7、マッキンゼーのコンサルタントを志望する理由について記入してください（200字以内）

Q8、長期キャリア目標（10年程度先の将来でやりたい事）について記入してください（200字以内）

Q9、これまでの経験の中で、達成した事・ユニークなエピソード・リーダーシップを発揮した経験（アルバイト・クラブ活動等）があれば記入してください（200字以内）

ES通過のポイント

筆記試験通過後に課されるESは、絞り込みはほとんどないと言われており、履歴書としての意味合いの強いものとなっています。内定者曰く、周囲にも面接等でESについて言及された人はいなかったそうです。

しかし、ESがネガティブチェックとして機能している可能性を考えると、「極端に文字数が足りない」「回答内容に明らかな矛盾がある」など、著しく質が低いESを提出すると、ここで落ちてしまう可能性も否定できません。

急に面接で言及されても問題ないくらいのクオリティで書くように心がけましょう。

企業別対策

コンサル・シンクタンク

マッキンゼー・アンド・カンパニー（ビジネスアナリスト）

	詳細	質問内容
面接 一次面接	所要時間：40分程度 学生人数：1人 社員人数：1人 結果通知時期：3日後に電話で	・外部非公開のグローバルのマッキンゼー共通の英語の問題が渡される。 (例)「売上の減少している、ある病院がある。その売上減少の要因として考えられるものは何か」という問いに答えた後、その病院に関する定量情報が渡され、数問の計算問題が出される。その後「この条件下で、この病院の再建策としてはどのような案が考えられるか」という問いに対して複数の案が求められる。
二次面接	所要時間：40分程度 学生人数：1人 社員人数：1人 結果通知時期：2〜3日以内に電話で	・一次とほぼ同様のケース面接。問題は学生により異なる。
ジョブ選考	所要時間：3日間 学生人数：15人 社員人数：各グループに1人メンターがつく 結果通知時期：2〜3日以内に電話で	・二次面接の後に行われる、3人×5グループの課題解決型ワーク。アパレル業界各社の売上向上策についてワークをするジョブとなっている。

面接通過のポイント

(一次)
難易度の高いケース面接です。非公開の題材が用いられており、これはグローバルのマッキンゼーで共通して使われているため、全て英語表記となっています。その他、短い時間で比較的難易度の高い計算問題が課されるなど、40分間頭をフル回転することが求められます。過去問等は公開されていないものの、一般的なケース問題を用いて練習しておきましょう。

最後の打ち手を複数挙げることが求められます。そこで重要になるのが、その中から有力だと思う施策を自分なりに一つ選択すること。論点を構造化し、問題点と施策を列挙するだけでは、自分らしさはアピールすることができません。「これらの施策の中では、〜の案が〜という観点で一番良いと思っています。」といった形で、スタンスを取った回答をするようにしましょう。

(二次)
1次同様、例外的にパートナーがオリジナルのケース問題を実施する場合はあるものの、基本的には1次面接と同じ形式の、マッキンゼー独自のケース題材を用いたケース面接となっています。

(三次)
回によりばらつきはあるものの、ある18卒内定者の回では15人中9人が内定を勝ち取っており、ジョブの参加さえ勝ち取ることができれば、内定のチャンスは大きく開かれていると言えます。ジョブ後には面接等はなく内定となるので、ジョブが最後の頑張りどころと気を引き締めて臨みましょう。

ジョブでは、コンサルタントとして最低限求められる論理的思考力などはもちろんながら、クライアント企業の社員との関係構築に重要な対人能力の高さも重要なポイントの一つとなっています。

マッキンゼー・アンド・カンパニの選考を通過したES例

ボストン コンサルティング グループ
（アソシエイト）

・50年以上にわたり日本のコンサル業界を牽引

企業・社員の特徴

外資系だけど意外とウエット

外資系コンサルはサバサバして個人主義的なイメージを持たれがちですが、あるBCG出身者は、「意外と働き方や人間関係を気にする会社」と語ります。
実際の取り組みとして、毎週特定の曜日に社員が揃って食事をする機会などがあるようです。また、BCGは昔から徒弟制度で若手を育てる文化があり、上司との濃い結びつきが形成されています。

内定の秘訣

求めるは研究者気質の真面目さ

多くの採用ルートが存在／ツテ経由の選考も多いのが特長です。
18卒のBCGでは、以下の3つが主な選考ルートでした。

①ES→SPI→面接→3days job→面談→内定（通常ルート）
②理系院生限定の食事会→面談→1day job→面談→内定
③ボストンキャリアフォーラム→1day job→面談→内定

この他にも①のルートの途中で1day jobに回されることや、社員繋がりで特有の選考ルートに乗る例もあるようです。
内定者は、「内定後にゼミの知人等の紹介を求められた」と話しており、BCGでは社員関係のツテでの選考ルートが多数存在することが想定されます。

インターン・セミナー・OB訪問

ES、WEBテスト、面接の後に選考最大の山場としてインターンがあります。内容は、3日間で非常に密度の濃いグループワークが実施されます。

SPI・筆記試験など

形式	テストセンター
科目	基礎能力（言語、非言語）、構造的把握力、性格
ポイント	高い点数が要求されます。構造的把握力など他社では使わないような試験もあるので、事前に参考書を読んだ方がいいでしょう。

総合	16	東大・京大	3	難関国立	12
早慶上理	16	GMARCH	60	関関同立	72

大学別人気ランキング

エントリーシート

Q1、学業以外に力を入れていたことについてご記入ください。
Q2、あなたの一番大事にしていることは何ですか?
Q3、今までの人生の中で成し遂げたことで、人に話したい話は何ですか?
Q4、一生のうちに必ず成し遂げたい夢は何ですか?

ES通過のポイント

ジョブまでの面接において、フェルミ推定やケース面接を行わない、いわゆる一般的な面接を行います。面接の際に、面接官に渡される封筒の中にESが入っているようです。ジョブ参加者は「ESについて突っ込まれることはなかった」と話しているので、過度な準備は不要ですが、単に「書類選考のためだけのES」だと思わず、真剣に取り組みましょう。

他のコンサルティングファームに比べると人間性を知ろうとする質問が多い傾向にあります。この内特に、「一生のうちに必ず成し遂げたい夢」に関しては、自分のキャリア観と関係があるため、重要な設問だと考えられます。自分のキャリアの中でBCGがどう位置付けられるかが分かるように記述すると良いでしょう。

企業別対策

コンサル・シンクタンク

ボストン コンサルティング グループ（アソシエイト）

面接		詳細	質問内容
	一次面接	所要時間：1時間半程度 学生人数：1人 社員人数：1人×2人 結果通知時期：2、3日以内に電話で	■ 社員1人の個人面接を30分×2回行います。1回目はフェルミ推定、2回目はフェルミ・ケース・一般的面接の中からどれかとなる。
	ジョブ	所要時間：1～3日 学生人数：12～20人 社員人数：4～6人 結果通知時期：―	■ 理系院生向けの1dayジョブと一般向けの3daysジョブの2種類。ジョブで高評価を得て本当に内定を勝ち取るのは「チーム全体を俯瞰して、チームの生産性を高める行動をした学生」です。

郵便はがき

1028641

```
おそれいりますが
62円切手を
お貼りください。
```

東京都千代田区平河町2-16-1
　　平河町森タワー13階

プレジデント社

書籍編集部 行

フリガナ		生年（西暦）	
氏　名			年
		男・女	歳
住　所	〒 TEL　　（　　）		
メールアドレス			
職業または学校名			

　ご記入いただいた個人情報につきましては、アンケート集計、事務連絡や弊社サービスに関するお知らせに利用させていただきます。法令に基づく場合を除き、ご本人の同意を得ることなく他に利用または提供することはありません。個人情報の開示・訂正・削除等についてはお客様相談窓口までお問い合わせください。以上にご同意の上、ご送付ください。
＜お客様相談窓口＞経営企画本部 TEL03-3237-3731
株式会社プレジデント社　個人情報保護管理者　経営企画本部長

この度はご購読ありがとうございます。アンケートにご協力ください。

本のタイトル

●ご購入のきっかけは何ですか?(○をお付けください。複数回答可)

　1 タイトル　　　2 著者　　　3 内容・テーマ　　　4 帯のコピー
　5 デザイン　　　6 人の勧め　7 インターネット
　8 新聞・雑誌の広告（紙・誌名　　　　　　　　　　　　　　　　）
　9 新聞・雑誌の書評や記事（紙・誌名　　　　　　　　　　　　　）
　10 その他（　　　　　　　　　　　　　　　　　　　　　　　　）

●本書を購入した書店をお教えください。

　書店名／　　　　　　　　　　　　　　　（所在地　　　　　　　）

●本書のご感想やご意見をお聞かせください。

●最近面白かった本、あるいは座右の一冊があればお教えください。

●今後お読みになりたいテーマや著者など、自由にお書きください。

　　　　　　　　　　　　　　　　　　　どうもありがとうございました。

面接通過のポイント

（面接）
BCGの面接では、コンサルタントとの個人面接を2回行います。以前は1回目の成績が悪いと2回目に進めないこともありましたが、最近では全員が2回の面接を行っているようです。1回目でフェルミ推定を中心に問われ、2回目では志望動機等の一般的な面接が行われることが多いです。
フェルミ推定は「自己紹介に関連するもの」の可能性大。学生の自己紹介などからその場で面接官が考えることが多いようです。
例）テニスサークル→テニスボールの年間市場規模を推定

一般面接では志望動機やゼミ・研究内容の深掘りなど、非常にオーソドックスな質問がなされます。「自分のキャリアの中でBCGがどう位置付けられるか」という点が主に見られていると考えられます。一方、ゼミ・研究内容の深掘りでは、全体のポイントで述べた「物事を根本から考えられるか」と言う点が主に見られています。

（ジョブ）
1dayジョブはメンター社員が付きっきりで行われます。これは、時間が限られている分、メンターが進行をリードし無駄な議論をなくすという狙いがあります。生のコンサルタントの思考プロセスに触れられる貴重な機会である一方、議論中のあらゆる言動が見られているため、一瞬たりとも気を抜かずに頭を回し続けることが重要です。
3daysジョブは基本的には決められたフィードバックの時間で社員と関わるため、ここでの振る舞いが見られています。何度もメンターから厳しい指摘を受けることになりますが、「2日目夜のフィードバックでひっくり返された後もしっかり修正したところ、高評価を得られた」と内定者が話しているため、粘り強く取り組むことが重要でしょう。

企業別対策

コンサル・シンクタンク

ボストン コンサルティング グループの選考を通過したES例

A.T.カーニー（経営戦略コンサルタント）

・世界4大戦略コンサルファームの一つ

社員の特徴

企業・社員の特徴
コンサルぶらない大人な人材

社員は「控えめで堅実なタイプ」が多いのが特徴。内定者のなかに体育会系の学生はあまりいません。各コンサルタントに求めているのはクライアントから最も信頼される「Trusted Adviser」です。

内定の秘訣
ジョブが完全に個人プレイ

カーニーは「ジョブが完全に個人プレイである」であるため、現状分析、課題抽出、仮説構築、打ち手立案、プレゼン作成、最終発表を高水準で行える優秀な人材を求めています。

インターン・セミナー・OB訪問

9月に4日間のインターンが行われます。形式は課題解決型で、ある業界の会社を割り当てられ、その企業のシェアを向上させる実施策を考える内容です。完全に個人ワークで、最終日にプレゼンがあります。場合によってはインターン終了後に内定が出ることもあります。

SPI・筆記試験など

形式 企業オリジナル
科目 国語、数学、論理構造問題
ポイント 近年毎回傾向が変わっています。一見するとどの数学を使えば良いのかわからないなぞなぞのような問題もありました。判断推理と数的処理の参考書に加えてクイズ本のような「頭を柔らかくして答える問題」にも慣れておくとベターです。

エントリーシート

Q1、日本経済を成長させるために、あなたならどの業界に投資しますか？選択肢の中から業界を選び、①業界を選んだ理由と、②最大の投資効果を得るためにはどのような打ち手が考えられるか、ご回答ください（600字以内）

総合	35	東大・京大	7	難関国立	22
早慶上理	31	GMARCH	89	関関同立	106

大学別人気ランキング

ESポイントの通過

例年、大問が1つ出され、それにそって600字で回答する形式です。ここ2年間(2017年卒、2018年卒)は、タームごとにESの設問はガラッと変わっています。事前に留意すべき点としては、「論理的な文章構成にすること」これに尽きます。

面接

		詳細	質問内容
一次面接		所要時間:1時間程度 学生人数:1人 社員人数:2人 結果通知時期:2~3日以内にマイページ上で	■ まず10分程度で「~店の売上を向上させる」というテーマで誘導に基づいて個人ワークをした後、社員2人と同テーマで20分ほどケース面接をします。
二次面接		所要時間:1時間程度 学生人数:1人 社員人数:2人 結果通知時期:2~3日以内にマイページ上で	■ まず20分程度で「旅行代理店の新規事業を立案せよ」というテーマで15分ほど個人ワークをした後、社員2人と同テーマでケース面接をします。

面接通過のポイント

一次面接は共通して、「○○店の売上を上げる」がテーマとなり、初めから売上が4つに因数分解されています。与えられる時間はわずか10分ですので、売上の優先順位を決め、理由は説明できるように頭で整理することと、~店の具体的な設定を考えることがポイント。面接の後のジョブが最終選考となります。

A.T.カーニーの選考を通過したES例

ベイン・アンド・カンパニー
(アソシエイトコンサルタント)

・「結果」への徹底したこだわり

企業・社員の特徴

控えめな優等生の集まり

「控えめで優秀」といったイメージの社員が多いのが特徴です。また、社内の人事評価は「問題解決能力」「コミュニケーション力」「チームワーク」の3つの大項目で行われているそうです。実際に社員は、これら3つの指標のどこかで突出した人が多く、かつ、そのような人材が活躍しているようです。

内定の秘訣

少数採用・外資コンサルBIG3で一番の狭き門

戦略コンサルの中でも特にグローバル環境で働く覚悟を見せることがポイントになります。また、真に顧客に向き合う姿勢を重視する社風から、顧客に対して本質的な議論できる素質を持っているかも見られます。

インターン・セミナー・OB訪問

3日間のインターンが行われます。学生の数は15〜20人。内容はコンビニ業界におけるある1店舗の売上を上げる戦略の立案。2日目に英会話チェック、3日目の最後にプレゼンが10分ほどあります。

SPI・筆記試験など

- **形式** 企業オリジナル
- **科目** GMATを利用したオリジナルの問題
- **ポイント** 問題は次の3パートに分かれます。
  - GMATのCritical Reasoning（日本語） 10問／12分
  - GMATのData Sufficiency（日本語）＋簡単な数的推理 11問／11分
  - 語句をベン図で整理する問題 12問／7分

エントリーシート

Q1、目標として思い描く5年後の御自身の姿、及びそれを実現する過程で、戦略コンサルティングに興味を持ち志望した理由（200字以内）
Q2、自身の強みを生かして問題を解決し、成果を出された経験（200字以内）

総合	23	東大・京大	5	難関国立	18
早慶上理	21	GMARCH	67	関関同立	70

大学別人気ランキング

ES通過のポイント

Q1はゴールとなる5年後の将来像をまず書き、そのゴールにつながる過程としてコンサルティング会社に入社する必要性を明示しましょう。Q2は自分の強みを端的に表現した上で、成果を定量的に表すことがポイントです。

面接		詳細	質問内容
	一次面接	所要時間：20〜30分 学生人数：1人 社員人数：1人 結果通知時期：2〜3日以内にメールで	■ 一次はフェルミ推定のみ。二次は簡単なフェルミ推定に続き、同テーマで基礎的なケース面接が行われる。
	二次面接	所要時間：30分程度×2〜3回 学生人数：1人 社員人数：1人 結果通知時期：2〜3日以内にメールで	■ 面接内容は基本的にフェルミ推定→それに関連したケース問題の形式が多い。

面接通過のポイント

二次は一定数が落ちる「ノックアウト方式」となっている。三次の後には実質ジョブのインターンがあり、その後にも面接が続く。極めて優秀な場合は三次面接までで終わることも。

企業別対策

コンサル・シンクタンク

ベイン・アンド・カンパニーの選考を通過したES例

PwCコンサルティング・PwCアドバイザリー（コンサルタント職）

・世界最大級のプロフェッショナルファーム

企業・社員の特徴

肩を組んで働きたい人が多い

クライアントと同じ目線で働くような人やカルチャーがPwCの社風。また、競合他社と比べて、社員は協調的、華やか、オンとオフの区別がある、若々しい人が多いなどの特徴が目立つ。

内定の秘訣

英語面接やプレゼンで堂々と振る舞う

あるメンターによると、GDの発表、インターンプレゼン、英語面接などでの態度が非常に見られているようです。同時に、「主体的かつ協調的な議論ができるか」という点が重要とされています。

インターン・セミナー・OB訪問

冬に行われるインターンは50人ほど学生が参加する、新規事業立案型グループワーク。選考の過程でも夏にインターンが行われる。このインターンで評価が高い学生は特別選考に呼ばれる。

SPI・筆記試験など

形式 玉手箱
科目 言語、非言語、性格
ポイント 他の外資系戦略コンサルティングファームなどと比べて通過は簡単なようです。

エントリーシート

Q1、PwCコンサルティング/PwCアドバイザリーを志望する理由を教えてください（20字以上300字以内）

Q2、あなたの性格（強み/弱み）とそれを裏付けるエピソードを教えてください（20字以上300字以内）

Q3、あなたがこれまでにチームで活動した経験と、その際のあなたの役割と成果について教えてください（20字以上300字以内）

総合	22	東大・京大	11	難関国立	14
早慶上理	23	GMARCH	31	関関同立	57

大学別人気ランキング

ESポイントの通過の

複数の内定者によると、選考の過程でESの内容が改めて問われる機会はほとんどなかったようです。そのため、選考においてはあまり重要ではないと考えられます。さまざまな大学の内定者にいることから戦略コンサルとは違って学歴フィルターのようなものも厳しくはありません。

面接

GD

詳細	質問内容
所要時間：30分程度 学生人数：1人 社員人数：6人 結果通知時期：2〜3日以内にメールで	■ まず議論・発表含めて30分で行えと指定され、発表後にコンサルタントの右隣から反時計回りで1人ずつ感想を述べさせる。テーマは「リーダーが果たすべき役割とは何か」など。

一、二次面接

詳細	質問内容
所要時間：一次1時間／二次2時間 学生人数：一次1人／二次3人 社員人数：1人 結果通知時期：当日中に電話で	■ 一次はケース面接。「アマゾンの売上を上げるには」などのテーマが出る。二次は英語面接(30分)→人事部社員との面談(30分)→パートナー面接(1時間)。

面接ポイントの通過の

二次面接後「内定する人」「落選の人」「Final Jobへ通される人」の3パターンに分かれます。また、二次面接では志望理由を深掘りされるのが特徴。この段階まで選考が進んでいることで基本的な能力は担保されているため、志望度が大きな評価項目になっているのではないかと推測されます。

PwCコンサルティング・PwCアドバイザリーの選考を通過したES例

アクセンチュア
（戦略コンサルタント）

・ITが強みの総合系コンサル

企業・社員の特徴

ダイバーシティを尊重する社風

「多様な文化、相違する意見の中にこそ宝石があると知っている」と採用HPにあるように、アクセンチュアにはダイバーシティを尊重する社風があります。企業スローガンは「Think straight, Talk straight」。若手・ベテラン等の立場にかかわらず、良い意見を取り入れていくという意味であり、チャレンジする若手には積極的に仕事を任せる企業文化が表れています。

内定の秘訣

自分、組織の成長に貪欲かどうか

アクセンチュアでは積極的にチャレンジし、自分を成長させていきたいと考えている学生を求めています。ESや面接の際に、チャレンジしてきた経験をアピールしていくと良いでしょう。

インターン・セミナー・OB訪問

18卒の戦略コンサルタントはインターンを通してのみ採用を行っていました。そのため、内定がほしい方は、夏に3ターム、秋に2タームあるインターンのいずれかへ参加しましょう。

SPI・筆記試験など

形式 玉手箱
科目 言語、非言語、性格
ポイント アクセンチュアのWEBテストはコンサルティングファームの中では比較的ボーダーが低いと思われます。

エントリーシート

Q1、戦略コンサルタントの仕事・キャリアに興味をお持ちの理由をご記入ください。（400字以上500字以内）

Q2、戦略コンサルタント育成プログラムでは主にグループワークを通じて学びを深めていただきます。あなたがどんな風にグループワークに貢献できるか、過去の実績をもとに説明してください。（400字以上500字以内）

Q3、「未来のアクセンチュアに必要なDNA」で最も共感しているものは何

総合	3	東大・京大	4	難関国立	2
早慶上理	4	GMARCH	7	関関同立	11

大学別人気ランキング

ですか。また、その理由を記述してください。（400字以上500字以内）

Q4、あなたがなぜ戦略コンサルタントにふさわしいのか説明してください。ご自身の強み・これまでのご経験を踏まえてその根拠を提示してください。（400字以上600字以内）

※上記は夏インターンのESの設問。春インターンのESの設問とは異なります

ESの通過のポイント

特徴的なQ2の設問は、論理性が特に重視されていると考えられます。ファクト（自分の経験）から妥当な結論（グループワークで活かせる強み）を導けているかを意識して記入しましょう。

面接

	詳細	質問内容
GD	所要時間：1時間程度 学生人数：6人 社員人数：10人 結果通知時期：2〜3日以内にメールで	■ 選考過程であるインターン参加への最大の関門。「最初の段階で認識の共有をする」ことと「周囲の意見も尊重すること」が重要。18年卒では「百貨店の売上を伸ばすには？」がテーマとなった。
最終面接	所要時間：1時間程度 学生人数：1人 社員人数：1人 結果通知時期：1週間程でメールで	■ 1対1の面接。控室で20分間解答を考えた後、面接室に呼ばれる。面接官とケースのディスカッションから始まり、その後ESに沿った質問と逆質問の時間がある。

面接通過のポイント

GDの通過率は推定20%であり、選考の最大の関門であると言えます。アクセンチュアのGDのお題は抽象的なお題であることも多いので、初期の段階で前提と目標をメンバーの間で共有し、その後の議論で認識のズレが生じるのを防ぎましょう。

アクセンチュアの選考を通過したES例

野村総合研究所
（経営コンサルタント）

・戦略提案にこだわり

| 企業・社員の特徴 | ## コンサルタントの総合力が鍛えられる育成環境 |

社内認定資格の設置や研修の充実化によってプロフェッショナル育成に力を入れています。数百の研修メニューがあり、2011年度には調査機関「Great Place to Work」が実施した「平均研修予算が多い企業」ランキングで世界一に。BCGなどのトップファームからオファーを受けている社員が複数いることは充実したトレーニングの表れとも言えるでしょう。

| 内定の秘訣 | ## 基準を満たした上で強い志望動機を示す |

能力面では、型にはまらない柔軟な思考力があるかを見られています。適性面で重視しているのは、厳しい状況でも折れない心と、日系企業らしい人当たりの良さ。さらに、終身雇用を前提として社員研修にも力を入れている分、確固たる志望動機があるかどうかを重視しています。

インターン・セミナー・OB訪問

内定者によると、インターン参加者は本選考の一部フローが免除され、前倒しで受けることができます。また、選考の鬼門である部長面接は、早期に行われるインターン特別選考で通過できなくても、一般選考のタイミングでもう一度部長面接から受けられるという特徴があります。

SPI・筆記試験など

- **形式** テストセンター
- **科目** 言語、計数、性格
- **ポイント** 受検層のレベルが高く、本選考に通るよりもインターンへ合格する方が難しいと噂されるほどです。そのため、テストセンターのボーダーも高くなっていると考えられます。

エントリーシート

Q1、このキャリアフィールドで実現したいこと、および実現する場として当社を志望する理由（400字以内）

Q2、「乗り越えた困難」、「挑戦し成し遂げたこと」、「最も力を入れた勉強（研究・ゼミ・授業など）」からいずれかのテーマを選び、具体的に教えてください。特に、そのテーマにおける難しかった点、その原因、及び自分なりに創意工夫した点を重点的に（400字以内）

Q3、顧客となりうる企業を1つ選び、その企業が直面している問題点を

総合	4	東大・京大	2	難関国立	1
早慶上理	6	GMARCH	13	関関同立	16

大学別人気ランキング

1つ挙げて下さい。また、その問題の原因と、企業がとるべき解決策について、あなたの考えを教えて下さい（400字以内）

ESのポイント通過

コンサルタントは、課題解決に対して明確な論理を持っている人材を求めています。したがって、ESは「課題」→「自身の対応（対策）」→「対応の理由」というように論理的に明確で読みやすいように書きましょう。NRIは一次面接で振るい落とす傾向にあるので、ES通過率はそこまで低くはないですが、気を抜かずに。

面接

	詳細	質問内容
一、最終面接	所要時間：1時間程度 学生人数：一次は1人/最終は2人 社員人数：4人 結果通知時期：2日程度でメールにて通知	■ 一次は学生時代に頑張ったことを述べつつ、自己紹介し、さらに5分で隣に座っている学生の話を説明する。最終は、前半は一般的な集団面接を行い、後半はディスカッションになる。
GD面接	所要時間：1時間程度 学生人数：8人 社員人数：1人 結果通知時期：続けて次の面接に進む	■ 資料読み取り型。テーマ例は「地域密着牛丼店が投入すべき新商品はA.B.C.3つの内どれか」「化粧品会社の1部門の売り上げが落ちている。その部門を継続すべきか、それとも他企業に買収されるべきか」など。

面接通過のポイント

一次の「隣に座っている学生の話の説明」はクライアントの話を聞いて整理し、解決の方針を示していくコンサルタントの業務が圧縮されたような選考です。一次面接と二次面接の間にはGD。GDは資料読み取り型。複数のデータを結び付ける訓練をしておきましょう。序盤で論点を設定しておくことも重要です。

野村総合研究所の選考を通過したES例

企業別対策

コンサル・シンクタンク

デロイト トーマツ コンサルティング
（経営コンサルタント）

・日系総合ファームの雄

企業・社員の特徴

外資と日系のカルチャーが同居

デロイトグループのカルチャーを残しつつも、意外にもウェットで協調性を重視する、日系らしい文化と言われています。また、社員育成の文化はコンサル業界でも随一で、コンサルタントとして一人前になるまで十分な教育を行う文化が根付いています。一般的なExcel研修やプレゼンスキルの研修に加え、OJTも含めた社員教育制度が確立されています。

内定の秘訣

コンサルへの強い志望動機をアピール

「なぜコンサルか？」を徹底的に質問される三次面接が全体の山場となっています。自分の経験を踏まえ、「なぜ新卒でコンサルの職を選ぶ必要があるのか」という問いに対する答えを入念に準備しておきましょう。

インターン・セミナー・OB訪問

サマージョブは早期内定への唯一のルートです。ジョブに参加し、一定の評価を得ると次のプロセスである三次面接に呼ばれます。課題解決型グループワークで、参加者は50人程度。1グループ5人ほどに分かれ、各チームが配属された部署に関連するテーマについて5日間のワークをします。

SPI・筆記試験など

- **形式**　TG-WEB
- **科目**　言語、非言語、英語、性格診断
- **ポイント**　TG-WEBはSPI・玉手箱と比較しても難易度が高いのが特徴で、短い時間で暗号問題などクセのある問題を解くため、事前の対策が必須です。

エントリーシート

Q1、あなたが考えるコンサルタントのイメージはどのようなものですか。また、コンサルタントに必要なものはどのようなものだと考えますか（600字以内）

Q2、あなたが最終的に入社する企業を選択する場合、最も重要視することはどのようなことですか。その理由も含めて説明してください（600字以内）

総合	12	東大・京大	8	難関国立	11
早慶上理	13	GMARCH	20	関関同立	33

大学別人気ランキング

ESポイント通過の

ESで突飛な質問が聞かれることはありません。結論→理由という構造を意識し、簡潔でわかりやすい文章を書くように心がけましょう。

面接

	詳細	質問内容
一、二次面接	所要時間：一次15分/二次1時間30分 学生人数：1人 社員人数：2人 結果通知時期：1～2週間以内にメールで通知	■ 一次はオーソドックスな質問、二次は50分間で新聞記事をもとにしたケースの題材を個人で解き、その後面接官とのケース面接となる。
三、四次面接	所要時間：30分 学生人数：1人 社員人数：1人 結果通知時期：1週間以内にメールで通知	■ 三次はなぜコンサルなのか、その中でもなぜデロイトなのかが徹底的に深掘りされる。四次は意思確認の意味合いの強い面接で、内定を出したら本当に来るのか、を繰り返し問われる。

面接通過のポイント

面接は全部で4回。二次と三次の間にインターンと小論文をはさみます。鬼門とされる三次では小論文と一貫した、DTCとコンサルへの志望動機を練りましょう。また、社風に適した人材であることもアピールすべきです。

企業別対策

コンサル・シンクタンク

デロイト トーマツ コンサルティングの選考を通過したES例

ドリームインキュベータ
(ビジネスプロデューサー)

・官公庁との連携に強み

企業・社員の特徴	**経済産業省をはじめとした官公庁案件多し** 社長は官民に大きな影響力を有している人であり、官公庁との繋がりも強く、経済産業省をはじめとする官公庁と友好な関係を築いています。そのため、DIでは頻繁に官公庁と連携を取り社会的意義の強い案件に携わることができます。
内定の秘訣	**戦略コンサル志望者が殺到、内定は極めて狭き門** 3回にわたって行われるGDでは「議論から置いていかれないようにスピーディーに論点を俯瞰する力」と「発言をメンバーや社員に納得させる強い説得力」が求められます。DIはGDを極めた人でないと突破できないとも言われています。
インターン・セミナー・OB訪問	3回のGDのあとに、インターンとジョブがあります。インターンでは「ドライブ力」「論理的思考力」「行動力」「知識」の4つを意識しましょう。4日間の本選考ジョブは2018年卒は「ドコモの売上を1.5倍にするには」というテーマでグループワークを行う。
SPI・筆記試験など	形式 —— 科目 —— ポイント —— ※データなし
エントリーシート	Q、大学時代頑張ったことを述べよ (200字以内)

総合	67	東大・京大	20	難関国立	53
早慶上理	63	GMARCH	121	関関同立	142

大学別人気ランキング

ES通過のポイント

通過率が高く、選考の意味合いは弱いのが特徴です。ただし、オファー面談にたどり着いた際には、堀紘一社長とESの内容をきっかけに話す機会があります。そのため、突飛な内容を書くのではなく、話し慣れているエピソードなど、無難な内容を記すようにしましょう。

面接

GD

詳細
- 所要時間：1時間程度
- 学生人数：6〜8人
- 社員人数：1人
- 結果通知時期：(一次)1週間以内にメールで/(二次)当日中に連絡/(三次)翌日に電話で

質問内容
- 一、二次は「郊外のショッピングセンターの売上を向上させるには?」など回により様々なテーマが出ます。絶対評価により絞り込みが行われる。三次は「賞味期限が一生切れない冷蔵庫が開発されたら、どこにビジネスチャンスがあるか」など、ユニークなテーマが多い。

面接通過のポイント

一次から高いレベルの絞り込みが行われるため、議論を俯瞰し、筋の通った仮説を構築しましょう。二次はその場で結果が言い渡され、通過したらそのまま三次に突入します。全体を通じて絶対基準の選考であるため、潰し合いすぎることがないよう注意しましょう。

企業別対策

コンサル・シンクタンク

ドリームインキュベータの選考を通過したES例

第 3 章

《企業別》
関門突破の
秘訣

広告・マスコミ

採用活動の開始時期が早いマスコミ業界。特に民放キー局は顕著で、就職活動の登龍門にもなっている。働き方改革が進む電通、博報堂といった広告業界もデジタル分野の台頭などで苦戦を強いられるが、いまだに人気は高い。

電通
（総合職）

・広告業界の雄、営業の鬼

企業・社員の特徴

徹底的に勝利にこだわる「勝利至上主義」

圧倒的営業力で大手クライアントを多く有しています。「世界的イベントの裏に電通あり」。圧倒的な政治力により、電通でしか扱えない広告枠を多く持っていることでも知られる。勝負事に勝つことにやりがいや達成感を感じる学生には魅力的な環境と言えるでしょう。

内定の秘訣

激務に負けない「軸」があるか

内定者は以下の3タイプに分けられます。
・営業タイプ
・クリエイティブタイプ
・デジタル領域に特化したタイプ

3タイプ共通のポイントは、自身が携わりたい領域となぜその領域に携わりたいかという理由を語れるか。選考を通じてESから最終面接まで一貫して志望理由を評価しているのが特徴です。これは一般的に激務である広告代理店だからこそ、最後に立ち帰れるような自分の中の軸を有しているか確認していると考えられます。その際に最も重要なのが、「自身が携わりたい領域」と「なぜその領域に携わりたいか」という理由を語ることができるか。自身の経験と紐づけながら説明できる必要があるでしょう。
〇OB訪問等を通じて誰もが聞いて納得するような志望理由を用意しておくことをお勧めします。

インターン・セミナー・OB訪問

『アイデアの学校』と称されるように、電通のインターンはアイデアの考え方に焦点を当てたインターンとなっています。インターンにはAコース、Bコース、Cコースと3つのコースが存在します。Bコースの場合、具体的には50人の参加学生のうち、5人が本選考に招待され、4人が内定するようです。本選考直結型インターンとなっています。

筆記試験・SPIなど

形式 SPI
科目 言語、計数、性格
ポイント 電通の5～6年目の社員によると、『テストではまず落ちない』とのことです。ESが選考突破の条件であり、テストはほとんど影響がないようです。

総合	26	東大・京大	39	難関国立	41
早慶上理	19	GMARCH	28	関関同立	23

大学別人気ランキング

エントリーシート

Q1、電通のキャッチコピーを1本考えてください（20字以内）
Q2、現在のあなたを形成している、人生の3大エピソード（体験）を挙げてください（400字以内）
Q3、あなた自身が、アイデアで課題を解決したエピソードを教えてください（400字以内）
Q4、多くの人にリツイートされるつぶやきをご記入ください（140字以内）
Q5、自分を白紙1枚でアピールしてください
Q6、学生時代に一番力を入れたことを具体的なエピソードを交えながら、ご記入ください（250字以内）
Q7、電通を志望する理由をご記入ください（250字以内）

ES通過のポイント

Q2、Q3、Q5では諦めずやり抜いた経験を伝えることでバイタリティをアピールしましょう。選考全体のポイントで述べたように電通はバイタリティのある学生を求めているのが特徴です。『諦めずやり抜いた経験』や『人を巻き込んで成果を挙げた経験』を積極的にアピールしてバイタリティを示すのが有効と言えます。

志望動機はOB訪問を通じてブラッシュアップすべき。最終面接まで一貫して志望理由を問われ続けるのが特徴です。従って、誰が聞いても納得するような志望動機を考えましょう。ある内定者は6〜7人にOB訪問をして志望理由がほぼ全員に刺さるのを確認してから選考に挑んでいました。

電通（総合職）

	面接	詳細	質問内容
一、二次面接		所要時間：15〜20分 学生人数：1人 社員人数：2人 結果通知時期：1週間以内に電話で	■ 一次面接の前に30分の座談会がある。質問内容は、一次も二次もオーソドックスなものが多く、志望動機などに加えて次の内容が聞かれる。 ■ 人生で一番きつかったのは？ ■ 学生時代に頑張ったことは？ ■ どこの部署をやりたい？ ■ 人事をやってって言われたらどうする？ ■ インターンで学んだことは？
三次面接		所要時間：20分 学生人数：1人 社員人数：2人 結果通知時期：―	■ 自己紹介。 ■ 志望動機。 ■ 他社の選考を受ける意向はあるか。

面接通過のポイント

（一次）
学生のパーソナリティーを問う質問が大部分を占めることが特徴です。
イントロでフックを作ることと、自分の活動や経験を語る時はバイタリティを伝えることを意識すること。この2点を意識しましょう。

（二次）
1次面接と比較した際に志望度に関する質問が多いことが特徴です。その場でESを渡す1次面接とは違い、最終面接では既にESが用意されており、更に要所要所にマーカーでハイライトされています。一問一答を出発点とし、「何がやりたいか」「何故それをやりたいか」ということが繰り返し問われます。OB訪問や1次面接で得た知見、反省を生かし、電通受験の集大成をアピールしましょう。

（三次）
役員との面接で、入社意思の確認の選考となっています。内定者曰く、この選考に臨んだ4人は皆、内定を獲得していたようです。ただし、落ちる可能性が0％というわけではないため、リラックスしすぎることには注意しましょう。
電通に対し入社意思があるかを確認されます。迷わず第一志望であるということを伝えましょう。面接前に再度、自身の志望動機を確認しておくことをオススメします。

電通の選考を通過したES例

博報堂DYグループ（総合職）

・生活者目線のマーケティングに強み

企業・社員の特徴

粒ぞろいよりも粒違い、"曲者"が集う

『粒ぞろいよりも粒違い』という言葉は、博報堂が自社の社員の特性を述べている言葉であり、社員一人一人の個性が強いことを意味しています。社員曰く、「全社員に同じ能力や価値観を求めるのではなく、それぞれの個性を組織として強みに転化する」という狙いが根底にある。パートナーシップ主義を掲げており、ライバルの電通と比較して『勝利至上主義の電通、クライアントファーストの博報堂』と言われています。

内定の秘訣

「生活者発想」求む！普段から気になることをメモに

博報堂は、業界2位であるがゆえに、毎年電通や他業界に一定数の人材を奪われています。そのため選考では、なぜ広告か、なぜ博報堂かの理由に必然性が求められます。これらの質問は1次面接から最終面接まで聞かれるので、OB訪問を重ねて社風や実際の業務内容を詳しく調べることをおすすめします。自分にとって広告はどういうものか考え自分の経験に絡めた上で、電通よりも博報堂に行きたいという明確な志望理由を作りましょう。

インターン・セミナー・OB訪問

インターンに参加した学生は基本的に毎年冬の早期選考に呼ばれます。実施期間は3日間で、場所は軽井沢。1グループに1人メンター社員がつき、グループワークを中心に進めていく形式となっています。早期選考で60人中15人の学生が内定を獲得するため、広告代理店志望の学生で早期に内定を欲しい学生は積極的にインターンに応募しましょう。

筆記試験など SPI・

- **形式** SPI
- **科目** 言語、非言語、性格診断、構造把握
- **ポイント** ボーダーラインはそこまで高くはなく、他社のスコアを使い回した学生もいるようです。

総合	15	東大・京大	38	難関国立	34
早慶上理	15	GMARCH	11	関関同立	8

大学別人気ランキング

エントリーシート

Q1、学生時代に頑張ったこと／チャレンジしたことを、具体的なエピソードを交えて説明してください（400字以内）

Q2、あなたが博報堂／博報堂DYメディアパートナーズでチャレンジしたいことを教えてください（400字以内）

Q3、あなたは一言で言うとどんな人ですか？（30字以内）

Q4、その理由について3つキーワードを挙げ、それぞれ100字以内であなたの経験を交えながら具体的に説明してください（キーワード20字以内、説明100字以内）

Q5、選択制
【A】身の回りのもったいないと思うことを一つ挙げ、それを解決するアイデアを教えてください
【B】○×クイズ

ES通過のポイント

この後の面接でも面接官がESを見ながら気になったことを質問するため、ESの内容は非常に重要です。ESの質問内容は深掘りをされてもいいように書きましょう。最終面接でも自身のキーワードや趣味、学生時代の経験に関して役員から質問がされています。以下のポイントもとに対策を行いましょう。

・志望動機は「何を成し遂げたいのか」を中心に書く
・学生時代に頑張ったことは営業適性をアピールする
・簡潔でキャッチーなESにする

博報堂DYグループ（総合職）

面接

		詳細	質問内容
一次面接		所要時間：30分 学生人数：1人 社員人数：2人 結果通知時期：1週間以内にマイページ上で	■ 面接は学生1人に対して社員1人×2回の個人面接形式で行われる。面接時間は約30分で前半の面接では志望理由や学生時代に頑張ったことを、後半の面接ではプレゼンを行う形式となっている。
GD		所要時間：4時間 学生人数：11人 社員人数：1人 結果通知時期：4～5日以内にマイページ上で	■ 前半が社員の話を聞く座談会、後半が個人プレゼン、グループワーク。テーマは毎回変わり、過去には「オンラインショッピングか店頭販売か」「店頭販売活性化の方法」などが出されています。
最終面接		所要時間：30分 学生人数：1人 社員人数：4人 結果通知時期：2週間以内に電話で	■ 社員4人対学生1人の個人面接。面接官は皆年次が高く、緊張感のある面接となっている。「今年の採用キャンペーンはどうだったか」など変わった質問をされることが特徴。

面接通過のポイント

（一次）
面接は前半と後半に分かれており、前半は営業職の社員、後半はクリエイティブの社員が面接官を務めます。前半の面接では、「なぜ博報堂か」は必ず答えられるようにするべき。後半の面接は、自身がESで提出したものを簡潔に伝えられる練習をしておきましょう。

（GD）
グループ人数が多いため、メンバーの発言量も相対的に差が出てきます。しかし、人事曰く評価されているのは発言量ではなく発言の質であるようです。発言の質を高めるために意識すべきは「結論から述べること」と、「議論の論点をチームに共有すること」。議論の流れを整理、メンバー間のアイディアを抽象化することも重要です。

（最終）
広告業界への志望度を徹底的に深堀りされます。「それって広告業界でなくても良くない？」等のツッコミが入ってきます。ここで「いえ、〜という理由から広告業界でないといけません」等と言い返せないと、選考突破は非常に厳しいです。こういった詰めに対しても怖気ずに言い返せるような「強さ」も選考突破では重要になってきます。
上記の質問以外にも、「USJとディズニーどっちが好き」という想定外の質問をされた人や、「君は就活で性格が変わったと言っているが、就活が終われば元に戻るのではないか」と意地悪な質問をされた学生がいました。これらの質問の意図は、予想外の方向から飛んできた質問に対して慌てたりいらついたりすることなく論理的に答えられるか、というストレス耐性のチェックです。

企業別対策

広告・マスコミ

博報堂DYグループの選考を通過したES例

NHK（日本放送協会）〈放送総合〉

・日本唯一の公共放送

企業・社員の特徴

実力主義、全員に開かれた昇進環境

入社してから数年間はNHKの地方局に勤務し、その配属先で結果を出した人間から本社に配属され全国放送枠での番組制作を担当できるというような「完全実力主義制度」を採用しています。日本唯一の公共放送であるNHKには、番組作りから社員の番組作りに対する考え方に至るまで、「日本を代表する放送局として他局の模範になるような運営を行う」というプライドが醸成されている。

内定の秘訣

"NHK"という集団に溶け込めるのか

他の民放キー局と異なり、「地方で活躍したら東京本社配属になる」という独自の昇進システムがあります。そのため入社した社員全員が自分の思い描くような仕事をしていくことは出来ず、毎年それを理由に退社していく社員もいるようです。実際に選考では「入社したら最初は100％地方勤務だけど大丈夫か」「地方を転々としても会社を続けていけるか」などと入念に確認がなされます。「地方で結果を出さなければ自分のやりたいことが出来ないという逆境だからこそ自分はNHKに入社したい」というNHKの昇進システムだからこそ入社したいんだという意思を過去の経験を元に語るようにしましょう。

インターン・セミナー・OB訪問

冬に5日間のインターンが行われます。課題解決型グループワークを通じて、「営業」「経理」「総務」「編成」など放送事業マネジメントの様々な職種を体験します。

SPI・筆記試験など

- **形式** 筆記
- **科目** 論述、時事問題
- **ポイント** 1つ目は論述問題で「ミッション」に関連付いた内容の文章を800字以内で記述。2つ目は時事問題が30題出されます。

総合	56	東大・京大	67	難関国立	82
早慶上理	44	GMARCH	72	関関同立	65

大学別人気ランキング

エントリーシート

Q1、あなたが働く場としてNHKを志望した理由と、NHKでやってみたい仕事（第1希望業務）を具体的に述べてください。（400字以内）

Q2、「NHKのニュースあるいは番組」について考えていることを具体的に述べてください。 ※番組の感想・批評などでも結構です（300字以内）

Q3、学生時代に取り組んだことや、あなた自身について述べてください。（400字以内）

Q4、あなたの意見・考えや自己PRなどを自由に述べてください（350字以内）

ES通過のポイント

1次面接から最終面接全体を通してESが深掘りに用いられます。「ESには〜と書いてあるが、本当はどうなのか」といった質問がされます。NHKの志望理由については今後の面接で何度も聞かれることを想定して、自分の志望理由の中には必ずNHK特有の「制作費の多さ」を入れ、NHKでなくてはいけない理由を明記するようにしましょう。

Q2は「ポジティブな批判」を記入するべき。学生がNHKの番組に関して興味を持っているのかを精査しています。

Q3はテレビ局全体で必要になるコミュニケーション能力の高さをアピールするようにしましょう。転勤が多いという特徴があるため、いかに初対面の状態から組織に打ち解けるスピードの早さを示せるかが選考を突破するために重要なポイントになります。

Q4は精神力の強さに紐付けて体力的・精神的なタフさをアピールするようにしましょう。

企業別対策

広告・マスコミ

NHK（日本放送協会）〈放送総合〉

面接		詳細	質問内容
	一次面接	所要時間：20分 学生人数：1人 社員人数：1人 結果通知時期：3日以内にマイページ上で	・基本的には面接官の興味関心で質問する内容が変化します。最初に言っておきたいことはないか、NHKの志望度とその理由、など。
	二次面接	所要時間：30分 学生人数：1人 社員人数：1人 結果通知時期：3日以内にマイページ上で	・他社の選考状況や、NHKの志望順位など志望度に関する質問が中心。
	最終面接	所要時間：45分 学生人数：1人 社員人数：6人 結果通知時期：当日に電話で	・一・二次とほぼ同じ内容だが、「年上の人と話すことは好きか」「大人しそうだけど実際はどうなのか」などのユニークな質問もある。

面接通過のポイント

（一次）
学生と面接官との20分間の対話を通して、学生本人の素質がNHKで活躍するに値する素質をもっているのかを試します。特に「今までの人生での最大の壁は何か」という質問を通してテレビ業界で活躍するに値する肉体的・精神的な強さがあるのかを精査しています。

（二次）
主にES内容の深掘りがメインで行われるため、面接官から質問は非常に少ないです。面接の前には事前に用意しているESのコピーなどを参考にしつつ下記のNHKで必要とされる素養に対して回答することができるようにしましょう。「他社は受けているのか」「志望度の高さはどの程度か」という質問には志望度の高さをアピールするべきです。
また、テレビ局の選考のほとんどは面接のみではなく、学生が面接会場に入ってきた時からの一挙手一投足が選考の対象になっています。挨拶はしっかりと出来ているのか、だらしのない姿勢はしていないかなど会場に到着したら常に誰かに見られているということを意識した行動を心がけるようにしましょう。

（最終）
多くの企業が確認に近い意味合いで最終面接を行いますが、NHKの最終面接ではしっかりとした選考が行われます。内定者の大半が「この選考が体力的にも精神的にも一番キツかった」と話すように様々な角度からの質問が飛び交います。1次・2次面接での自分の発言を見返すと共に、ESに書いた内容が深掘りされても良いような準備を行うようにしましょう。

企業別対策

広告・マスコミ

NHKの選考を通過したES例

日本テレビ（放送総合部門）

・オールマイティーの日テレ

企業・社員の特徴

お互いをあだなで呼ぶチームワークを重視

ほかのキー局、特にフジテレビと比較すると、いい意味で尖った社員が少なく、チームワークを重視する社員が多い点が特徴。このチームワークは番組制作にも表れている。例えば、ジャンルを超えて制作局全員の協同が求められる『24時間テレビ』は2017年で40周年を迎えた。「和を尊ぶ」チームの中で協調的に働ける環境と言えます。

内定の秘訣

フレンドリーで協調を重んじるカルチャーにフィットするか

日本テレビの1次面接〜2次面接は、和やかな雰囲気のもと、10分〜20分弱という短時間で実施されます。また、ジョブでは初対面の学生とチームになりアウトプットを出すことを求められます。そのため「日本テレビの社風にフィットしているか」ということも評価されていると考えられます。というのも、日本テレビは「フレンドリーでチームワーク重視の社風」が根付いているからです。選考を通過した内定者も「内定者は、社員と同様に親しみやすい学生が多い印象。選考を通して日本テレビの社風に合うかも評価されていたと思う。」と述べています。

インターン・セミナー・OB訪問

二次面接と三次最終面接の間にジョブがあります。番組制作型グループワークで、1班8人。2018年卒のテーマは「担当した国をPRする番組を製作する」。

SPI・筆記試験など

- **形式** 企業オリジナル
- **科目** 英語、非言語、言語、クリエイティブテスト（大喜利）、一般常識
- **ポイント** 特徴的なのは、時事問題で「アナウンサーと担当番組のマッチング問題」や「乃木坂46のCDタイトル」等のエンタメ領域から出題されること。エンタメ分野のニュース、知識をインプットしておきましょう。

総合	43	東大・京大	82	難関国立	90
早慶上理	29	GMARCH	34	関関同立	33

大学別人気ランキング

エントリーシート

Q1、日本テレビを志望する理由（250字以内）
Q2、人生最大のピンチを教えてください（400字以内）
Q3、ピンチを一言で言うと
Q4、あなたのこれまでの人生で、テレビはどんな存在で、テレビからどんな影響を受けましたか。具体的な例を挙げて教えてください。（350字以内）
Q5、最近魅力を感じたコンテンツは何ですか

ES通過のポイント

ESの通過率は20%。また、後の選考で使用されます。

Q1は具体性をもって記述すべし。「番組制作に携わりたい」といった内容にしても、どんな番組にしたいのか、どのようなジャンルなのか、なぜその番組が作りたいのかといった部分まで徹底的に詰めることが必要です。

Q2、Q3では基礎的な体力をアピールしましょう。テレビ局の選考で共通して求められる「厳しい仕事に耐えられるタフネス」を見られています。

Q4は志望動機と絡めながら熱意を示しましょう。

Q5は面接での会話のきっかけとなるため、自身が語れる内容を記述すべきです。

日本テレビ（放送総合部門）

面接		詳細	質問内容
	一次面接	所要時間：15分 学生人数：1人 社員人数：1人 結果通知時期：2～3日以内	・和やかな雰囲気。オーソドックスな質問が中心。
	二次面接	所要時間：20分 学生人数：1人 社員人数：2人 結果通知時期：2～3日以内に電話で	・学生時代の経験をもとに学生の人柄を深掘り。
	三次面接	所要時間：30分 学生人数：1人 社員人数：1人 結果通知時期：2～3日以内に電話で	・志望理由、作りたい番組について、なぜ日本テレビか、など。
	最終面接	所要時間：20分 学生人数：1人 社員人数：13人 結果通知時期：	・オーソドックスな質問に加え番組企画に関する質問がされる。

面接通過のポイント

（一次）
1次面接は5分から10分と短い時間で実施されます。そのため問われるポイントは「志望動機」や「学生時代に頑張ったこと」といったオーソドックスな質問です。学生時代頑張ったことはテレビ制作に関連づけることを意識して答えましょう。

（二次）
学生時代の経験を深掘りされます。テレビの制作に関連づけて語ることを意識すべきです。

（三次）
局長を前に面接を行うため、独特の緊張感がある中での面接となります。
この面接で重要なのは「なぜ日本テレビか」という質問に説得力のある回答ができるか（≒志望度の高さを示せるか）です。
また、局長選考では「仕事が大変だけど、大丈夫？」といった旨の質問が飛んできます。ここで、回答に躊躇ってしまうとディレクターの資質として問題あり、といった評価をされてしまう恐れがあります。従って「体育会系の部活動に6年間所属していた」等の客観的事実をもとに、激務でも耐えうる人材であることをしっかりとアピールすることが重要です。
気になるニュースや出来事が聞かれるので、それに対しての準備も必要となります。

（最終）
日本テレビの最終面接は2017年度は26人中19人が選考を通過し、7人が不合格となっています。入念に対策を行いましょう。
13人の局長達を前に面接を行うため、独特の緊張感がある中での面接となります。

日本テレビの選考を通過したES例

フジテレビ（一般職）

・会社の立地、規模を活かした幅広い仕事ができる

企業・社員の特徴

「楽しくなければテレビじゃない」がモットー

社長は社風について「バラエティ番組で成功してきた会社で、毎年『27時間テレビ』をやっていたりする影響もあり、文化として『笑い第一』という雰囲気がある」と語っています。「報道でも1つは笑いを取るポイントをつくれ」と言われるそう。最近では、「VR事業部」を設立し、GREEとのコラボでVR事業に取り組むなど、新しいことに果敢にチャレンジしていく会社です。

内定の秘訣

笑い第一！面接官を笑わせられるか

一次面接、二次面接では集団面接でありながら15分程度という短時間であることや、ES、面接シートの内容から質問されることから察するに、重要なのは「面接官との会話を楽しめるか」。フジテレビは「笑い第一」の社風であるためです。また、内定者はノリの良い学生がほとんどで、残りはフジテレビが本当に好きな学生だそうです。よって、選考（特に一次、二次面接）では、面接官との会話を楽しむことを意識して臨みましょう。

インターン・セミナー・OB訪問

フジテレビには早期選考や特別選考はありませんが、インターンに参加した人で本選考のエントリーシートで落とされた人はほぼゼロで、間接的に優遇されるようです。また、インターンの成績上位者は、本選考においても最後の方まで残る、もしくは内定を獲得しています。

SPI・筆記試験など

形式	企業オリジナル
科目	一般教養、英語
ポイント	日々ニュースに触れ、細かく覚えておくこと。

総合	54	東大・京大	104	難関国立	107
早慶上理	47	GMARCH	42	関関同立	37

大学別人気ランキング

エントリーシート

Q1、フジテレビで希望する職種、ジャンルはなんですか?
Q2、フジテレビで実現したいことを具体的にお書きください（30字以内）
Q3、大学時代に夢中になったことは? そこで得た「財産」とは?（100字以内）
Q4、自分が人と違うと思うところはどんなところですか?（30字以内）
Q5、その理由はなんですか?（100字以内）
Q6、あなたのフジテレビ人生の代表作となる作品（番組、映画、イベントなんでも構いません）の企画を考えてください（250字以内）

ES通過のポイント

Q1、Q2の回答には共通点を共通性をもたせておくと、複数質問された場合に自分の軸をアピールできるでしょう。
Q3では最も自信のある「自分の強み」を書くべき。フジテレビは学生の人間性をよく見ています。そのため、学生時代のエピソードから得た財産、つまり「自分の強み」をアピールすることが得策でしょう。
Q6ではフジテレビが最も重要視しているであろう、独創的視点、チャレンジ精神、論理的思考力などをアピールしましょう。

企業別対策

広告・マスコミ

フジテレビ（一般職）

面接		詳細	質問内容
一、二、三次面接		所要時間：一次10分/二次40分/三次15分 学生人数：一次3人/二次2人/三次1人 社員人数：一次2人/二次2人/三次2人 結果通知時期：2〜7日以内にマイページ上で/三次は2〜3日以内に電話	■ 自己紹介 ■ 志望動機 ■ どんな番組を作りたいか
四次面接		所要時間：10分 学生人数：1人 社員人数：3人 結果通知時期：翌日までに電話で	■ 「家族」をテーマにした2時間の特番というテーマで進められ、自分の家族についての質問もされる。 ■ 「自己紹介」 「志望動機」 「今までで一番印象に残ったテレビのワンシーン」も聞かれる。
五次面接		所要時間：12分程度 学生人数：1人 社員人数：7人 結果通知時期：翌日までに電話で	■ 面接シートは手元に置いてあるが、実際に聞かれるのは「フジテレビでやりたいこと」のみ。 ■ 最初に1分間の自己紹介がある。

面接通過のポイント

一、二次はコミュニケーション能力重視。三次面接あたりから報道志望者に「好きな月9は?」と聞くなど、志望部署以外についての質問が散見されるようになります。最終の面接官は重役クラスです。内定者のなかには最初に「今の気持ちは?」と聞かれ「インターネットでお顔を拝見してきたにもかかわらず緊張しています」と発言し、大爆笑させることができたという強者ものいました。

また、以下の2つがポイントになります。

・志望部門以外の様々な角度からの質問に答えて志望度の高さをアピールできるように

面接では、さまざまな部署の社員が登場し、報道関連の質問やバラエティ番組に関する質問、イベントに関する質問まで、様々な角度から質問が飛んでくるようです。自らが志望する部門についての知識を深めておくことはもちろん、フジテレビの各事業について、強みや弱み、最近行ったことなど、幅広く知っておく必要があるでしょう。

・「フジテレビの悪いところ」については、うまく褒める結末に持って行こう

近年の視聴率低迷のせいか、最終面接で「フジテレビの悪いところ」について聞かれる学生が多々いるようです。本気のダメ出しをするよりは、最終的にフジテレビの愛へとつながることを言った方が、そのあとの面接の雰囲気がよくなります。ある内定者は「私の好きなXXXという番組を終わらせたことです。」と答え、その後の面接の雰囲気が和気あいあいとし、内定を確信したと言っていました。

フジテレビの選考を通過したES例

テレビ朝日
(グループB〈番組制作・ビジネス・管理〉)

・在京キー局最多の番組数、スポーツ制作に強み

企業・社員の特徴

時代の先駆者、「ネット放送局」の顔を持つ

テレビ朝日はほかのキー局に先んじインターネット放送に力を入れている。ここ10年でテレビ業界全体の純利益が低迷していく中、「AbemaTV」という新しいインターネットテレビを開設したテレビ朝日は「未来へ永続するテレビ局」としての風格が漂っています。また、協議主義で、「全員で考えて勝つ」番組制作をモットーにしているのも特徴です。

内定の秘訣

他人と協議して物事を進めた経験があるか

全体での協議によって番組制作が行われるテレビ朝日では、異なる他者との意見が対立しても論理的に話し、討論を経て結論を出せる能力が求められます。過去に自分と異なる価値観を持つ他者と議論して一つの物事を作り上げた経験をアピールしましょう。

他局に比べて、テレビ朝日は「スポーツ制作」「社員に平等なチャンスがある」「ネット放送の先駆者」を強みとしています。志望理由にはこの3つを盛りこみましょう。

インターン・セミナー・OB訪問

選考の過程にグループワークとジョブがあります。グループワークでは動画制作アプリを用いて動画を制作し、ジョブではテレビ朝日本社にて2日間の職場体験選考が行われます。いずれも、ES・筆記テスト・面接を通過した人が対象です。

SPI・筆記試験など

形式 筆記
科目 SPI類似問題、時事問題、一般常識、クリエイティブ
ポイント 差がつくのは時事問題。過去のニュースなどを新聞から書き出してインプットしておくのが有効です。一般常識は市販の参考書を一通り勉強しておき、クリエイティブテストでは「題目→具体例」の論理構成に則って書きましょう。

総合	52	東大・京大	96	難関国立	112
早慶上理	37	GMARCH	41	関関同立	46

大学別人気ランキング

エントリーシート

Q1、 ゼミや研究内容は何か
Q2、 部活動やサークルは何をやってきたのか
Q3、 アルバイトは何をやってきたのか
Q4、 学外活動（インターン含む）
Q5、 資格免許の有無
Q6、 特技趣味
Q7、 「スポーツ、バラエティー、報道」からどのジャンルに興味があるか選択してください（1～3位まで）
Q8、 テレビ朝日に入社して実現したいことを具体的に書いてください（200字以内）
Q9、 友達はまだ知らない秘密をこっそり教えてください（100字以内）
Q10、テレビ業界以外で興味を持っている業界について教えてください

※毎年様々な問題が出されています。上記は過去の一例です。

ES通過のポイント

ESの倍率は約2倍。他のキー局のESの倍率が5倍（TBS:20倍、日本テレビ:10倍以上、フジテレビ:15倍以上）を超えていることと比較すると、テレビ朝日は非常に倍率が低いことが特徴です。
各設問のポイントは、以下の通り。

　Q7、1～3位の中には必ず「スポーツ制作」を入れる
　Q8、「テレビ朝日の弱みを強化していく」という趣旨の内容を記述する
　Q9、奇想天外な内容よりも読みやすさを重視した内容を記入
　Q10は、テレビ朝日はTBSとならび、在京キー局の中でも早期の選考を行います。そのため、早期に内定を出すテレビ朝日は他の業界に内定者が流出するのを恐れているのです。したがって、志望業界を求められた場合には「なし」と明記するようにしましょう。

テレビ朝日（グループB〈番組制作・ビジネス・管理〉）

面接		詳細	質問内容
	一次面接	所要時間：5分 学生人数：1人 社員人数：1人 結果通知時期：1週間以内にマイページ上で	■ 主に「自己紹介」「テレビ朝日を志望する理由」の2つ。
	GD	所要時間：20分 学生人数：5人 社員人数：3人 結果通知時期：3日以内にメールで	■ 2018年卒の議題は「ドラえもんをさらに普及させるためにどら焼き以外に好物を一つ考えてください」。
	人事面接	所要時間：10分 学生人数：1人 社員人数：1人 結果通知時期：当日に電話で	■ 質問は特になし。最終面接が役員面接であるため、その役員面接への不安を解消するという目的で行われます。
	最終面接	所要時間：30分 学生人数：1人 社員人数：4人 結果通知時期：当日に電話で	■ 30秒で自己PR。志望理由。志望部署以外に興味のある分野。

面接通過のポイント

（一次）
この面接は学生の能力を問うというよりはその学生が本当にテレビ朝日に入社する気があるのかを見極める目的で行われます。そのため、テレビ朝日の強みと自分の過去の経験をからめて「テレビ朝日でなくてはいけない理由」を語ることが重要。

（GD）
GDでは協議能力・業界についての知識が見られます。18卒の議題が「ドラえもんをさらに普及させるためにどら焼き以外に好物を一つ考えてください」であり、答えが無いものに対して持論を構成してから議論を始める前提があるので意見が対立すること必至です。この選考では下記のポイントに留意しましょう。
・他者との協議能力が高いことをアピールする
・テレビ業界についての知識をディスカッションの中でアピールする

（人事）
選考ではないが最低限の配慮をするべき人事面談です。この後は最終面接のみであり人事が行う面接はここまでであることを考えると、ここまできた学生は人事がお墨付きをつけた学生であることが推測されます。

（最終）
最終面接は、入社意思確認のみではなく、しっかりとした選考が行われる面接です。事実、この面接を受けた学生の約半分がここで落ちていたことからもこの面接にはしっかりとした対策が必要になることがうかがえます。30秒での自己PRには「テレビ業界を志望している理由」「テレビ朝日を志望している理由」を盛り込みましょう。

テレビ朝日の選考を通過したES例

TBS（一般職）

・ドラマのTBS

| 企業・社員の特徴 | ## 石橋を叩いて渡る「堅実」な社風
全体的に堅実で落ち着いた雰囲気で、仕事全般に対して入念な確認が行われる文化がある。また、ほかの在京キー局と比較して、ドラマ制作に強みを持っているのが特徴。福利厚生も充実していて働きやすい環境です。 |

| 内定の秘訣 | ## 「堅実」なカルチャーにフィットするか
TBSの選考では、学生のカルチャーへのフィットが確認されます。社内には「堅実」な雰囲気が醸成されており、学生がその社風へフィットするかを見ているのです。その堅実さを測る評価基準の1つになっているのが「学生として最低限礼儀正しく振る舞えるかどうか」です。筆記試験を担当した人事が「筆記試験で時間が余った際の態度など、選考中の学生の一挙手一投足も選考のうちだ」と話していたことから局内に足を踏み入れたら選考はもう始まっていることが無難でしょう。ある人事社員は「筆記試験を早く終えて机で寝てしまう学生がいた」と懸念を示していたことからも、局内でのあらゆる場所で態度が見られていることがわかります。 |

| インターン・セミナー・OB訪問 | 秋にインターンが行われます。内容は、報道局内の見学や、報道番組を手がけるプロデューサーの講座、現役社員との質疑応答。途中で「今報道番組で取り上げるべき議題」について、グループワークを行い、社員に向けてプレゼンもします。 |

| SPI・筆記試験など | **形式** 筆記/玉手箱
科目 (筆記)時事問題、一般常識、漢字(四字熟語)/(玉手箱)言語、計数
ポイント 筆記はTBS本社で、玉手箱は自宅で行います。玉手箱のボーダーは高くありませんが、油断は禁物。 |

総合	51	東大・京大	93	難関国立	102
早慶上理	42	GMARCH	42	関関同立	43

大学別人気ランキング

エントリーシート

Q1、なぜテレビなのか（300字以内）
Q2、TBSでチャレンジしたいことは何ですか？ 具体的に書いてください（300字以内）
Q3、これまでの学生時代に力を入れたことを書いてください。（400字以内）
Q4、あなたのスキル、経験、性格などを今後のテレビ業界の変革にどのように活かせると思いますか。（250字以内）

ES通過のポイント

ESの倍率は約20倍。人事社員6人が時間をかけて1枚1枚目を通すと言われています。

Q1は「なぜテレビ局なのか」の理由は自分の経験を当てはめるべき。具体的には「主張→経験に基づいた根拠→その経験がTBSでの仕事にどう生きるか」という論理の流れに沿ってESを構成することをお勧めします。

Q2では自分の経験とからめつつ、企業の魅力である「ドラマ制作に強みを持っている」「堅実な社風」「社内制度が充実している」の3点のうちどれか1つを根拠として示した上で必ず、「他のキー局にはその強みがないので志望している」という旨の内容を記述するようにしましょう。

Q4はTBSに入社してやりたいことを書きます。1文目でまず分かりやすい主張を簡潔に書き、2文目以降ではその主張をサポートする「自分の経験」を書き足していく。そして最終文ではTBSでしかその目標は達成出来ないという必然性を記入するとよいです。

企業別対策

広告・マスコミ

TBS（一般職）

面接

	詳細	質問内容
GD	所要時間：40分 学生人数：6人 社員人数：6人 結果通知時期：当日にマイページ上で	・テーマは「TBSへ3つの提案をせよ」。
一次面接	所要時間：30分 学生人数：1人 社員人数：1人 結果通知時期：翌日に電話で	・今後のテレビ業界についてどう思うか質問を通してテレビ業界への理解を精査される。
二次面接	所要時間：60分 学生人数：1人 社員人数：4人 結果通知時期：当日に電話で	・「TBSが今後テレビ業界で生き残っていくために何をしたら良いか」などTBSについての理解が問われる。
三次・最終面接	所要時間：（三次）30分/（最終）40分 学生人数：（三次）(最終)1人 社員人数：（三次）4人/（最終）5人 結果通知時期：（三次）(最終)当日に電話で	・自己紹介、志望理由、学生時代に力を入れてきたことなどを聞かれる。

面接通過のポイント

(GD)
最初の鬼門、人柄を見極められます。選考を担当した人事社員は「GDでは人柄が出るので毎年選考に組み込んでいる」と話しています。また、議論内容については前日に知らされていることから、頭の回転の速さなどを見る、コンサル、金融などで行われるGDと評価されている観点が異なることがわかります。

(一次)
TBSという企業に対しての知識があるのかという点が見られます。その背景には、キー局の中で一番初めに内定を出すことに加えて、総収益で他局に劣っていることから内定を出しても辞退され他局に流れることを恐れているという実情があると考えられます。

(二次)
この面接が1次面接と大きく異なる点は時間が60分と1次面接の倍であり、8割の時間が「入社してから何をやりたいのか」という深掘りに使われるという点です。TBSの「弱み/強み」に絡めた志望理由を組む、バイトの話では激務耐性語る、この2点を意識して準備をしておきましょう。

(三次)
18卒では、3次面接に集められた人数から推測すると、この面接を通過した学生(総合職)は16名であり、最終面接で落ちた学生が2名しかいなかったことからこの面接が事実上の最終面接になります。

(最終)
社長と専務の社員との集団面接が行われる最終面接では、受けた学生の9割以上が受かるため、事実上、意思確認の意味合いで行われます。

企業別対策

広告・マスコミ

TBSの選考を通過したES例

テレビ東京（総合職）

・経済、アニメ分野で圧倒的な強さを誇る

企業・社員の特徴

圧倒的なクリエイター集団

日本経済新聞社と共同して制作している「ワールドビジネスサテライト」は経済ニュースとして日本のビジネスマンに高い人気を誇る。また、アニメの強さも顕著で「妖怪ウォッチ」や「NARUTO」といった若年層に人気のアニメを多く放送。「Youは何しに日本へ?」など低予算でエッジの効いた番組を作ることに長けた、企画力の高い社員が揃っている。

内定の秘訣

学歴不問、実力重視の新卒採用

選考中に学歴を聞かれることはなく、能力重視の採用が特徴。ESは3週間かけてじっくりチェックするという話もある。他局に比べて予算が低いことを理解したうえで、それでもテレ東を志望する理由を論理的に話そう。

インターン・セミナー・OB訪問

冬に5日間のインターンあり。実務体験形式。番組の担当ディレクターに同行し、打ち合わせや番組収録の様子などを見学する。

SPI・筆記試験など

- **形式** 企業オリジナル
- **科目** 国数、英語、時事、クリエイティブ
- **ポイント** 問題数が多いので、早く解くこと。時事問題は他局と比較して難易度低め。

エントリーシート

Q1、学生時代に頑張ったこと（250字）
Q2、テレ東でやりたいこと（250字）
Q3、A4一枚で自分を表現
Q4、あなたにとってテレビとは（250字）

総合	127	東大・京大	188	難関国立	206
早慶上理	90	GMARCH	115	関関同立	136

大学別人気ランキング

ES通過のポイント

基本的なことではあるが、学生時代に頑張ったことはテレビ局の仕事に関連させることがベスト。また、テレビ業界はやりたいことを説得力を持って書くことが重要です。どんな番組にしたいのか、なぜその番組が作りたいのかといった部分まで徹底的に詰める必要があります。

面接

		詳細	質問内容
一～三次面接		所要時間：10～15分 学生人数：1人 社員人数：(一次)2人／(二次)7人／(三次)5人 結果通知時期：3日以内にメールで	■ 自己紹介、志望動機、なぜテレ東か、最近気になるニュースなど。
GD		所要時間：1時 学生人数：6人 社員人数：2人 結果通知時期：3日以内にメールで	■ 2017年卒のテーマは「新しく小学校の運動会に種目を追加することにしました。何にしますか」。あらかじめ結論を出しても出さなくても良いということを伝えられる。発表はなし。

面接通過のポイント

一次→GD→二次→三次の順。実質的な最終面接は二次。三次は意思確認です。結論を出さなくて良いといったアナウンスがありますが、時間内に終わらせることは必ず意識しましょう。テレビ局は限られた時間で番組を絶対に作る必要があります。もし作れなかったら番組に穴をあけることになるからです。

企業別対策

広告・マスコミ

テレビ東京の選考を通過したES例

朝日新聞社（記者部門）

・「紙とデジタルのハイブリッド」を目指す新聞社

企業・社員の特徴

個人主義の朝日新聞

競合の読売新聞が組織取材でネタを取るのに対し、朝日新聞は記者一人一人の志向を大切にし、1人の記者として勝負するのが特徴。実際に、記事の担当者名を明記しない新聞業界の伝統の中で、記者名を新聞記事に署名し、業界で初めて、記者にTwitterを解禁してジャーナリストのブランド価値向上に取り組むなど、記者個人をクローズアップする取り組みを行っている。

内定の秘訣

社会に対して自分なりの視点があるか

日系の大手新聞企業であるため、終身雇用の文化が根付いており、入社後は長期的に雇用する（※社員の平均勤続年数は約19年）前提で採用を行っています。したがって、「なぜ朝日新聞なのか」、「なぜ記者職なのか」などといった質問に答えられるように準備しておきましょう。
以下に内定者の考え方の一例を記載します。

「なぜ朝日新聞なのか」→答:記者が専用のツイッターアカウントを所有するなど、媒体にとらわれない柔軟な情報発信が可能だと感じたため。
「なぜ記者職なのか」→答:自ら声を発する機会が少ない一般の人々の生活に寄り添い、日常のなかに潜む問題を提起したいため。

インターン・セミナー・OB訪問

冬に5日間のインターンがある。講義と演習。演習は、築地や門前仲町周辺で一人一人ばらけて、町の人に話を聞き、写真を撮らせてもらう。帰社後、取材を基にした作文を執筆し、写真はスライドショーで発表。

SPI・筆記試験など

- **形式** 企業オリジナル
- **科目** 一般教養（時事問題、漢字、数学）、小論文
- **ポイント** 朝日新聞のWEBテストは性格診断のみ。2017年卒の作文の『朝日キーワード』（朝日新聞社）の読み込みや、天声人語を書き写すなどの対策が有効。

総合	146	東大・京大	154	難関国立	197
早慶上理	118	GMARCH	－	関関同立	183

大学別人気ランキング

エントリーシート

Q1、記者を志望するのはなぜですか。またどんな記者になりたいですか
Q2、朝日新聞を志望する理由は何ですか
Q3、あなたがアピールしたい業績や経験は何ですか。それを記者の仕事にどう活かせると考えますか
Q4、最近、感動したことは何ですか
Q5、朝日新聞の記事で評価するものと評価しないもの

ES通過のポイント

Q1は記者職でやりたいことのみを記述するのではなく、自身の経験と紐づけて記述するようにしましょう。

Q2は、「記者が専用のツイッターアカウントを所有するなど、媒体にとらわれない柔軟な情報発信が可能だと感じたため」「デジタル版では、グラフィック企画などのスペシャルコンテンツが充実していたり、withnewsでは紙面ではできない表現工夫をしていたりと、新聞＝エキサイティングという新たな魅力を打ち出している点に魅力を感じたため」など、朝日新聞の特長を盛りこみましょう。

Q3は、精神的・体力的タフをアピール。よって、挫折経験を乗り越えたエピソードや高校、大学時代の部活のエピソードを用いるといいでしょう。

朝日新聞社（記者部門）

面接		詳細	質問内容
	GD	所要時間：45分 学生人数：6人 社員人数：2人 結果通知時期：4〜5日以内にマイページ上で	▪ 17卒のテーマは「外国人労働者の受け入れ増加の是非について」。
	一次面接	所要時間：20分 学生人数：1人 社員人数：2人 結果通知時期：4〜5日以内にマイページ上で	▪ 志望理由、学生時代に頑張ったこと。
	二次面接	所要時間：25分 学生人数：1人 社員人数：2人 結果通知時期：2〜3日以内に電話で	▪ 面接会場に来るまでに気になったことは何か、などの変化球の質問も問われた前例あり。
	最終面接	所要時間：30分 学生人数：1人 社員人数：8人 結果通知時期：当日中に電話で	▪ ヒラリー・クリントンに1つだけ質問できるとしたら何を聞くかなど、特殊な質問もあり。

面接通過のポイント

(GD)
傾聴力が評価されます。他者の発言を否定したり、過度な自己主張を行っていた学生は選考を通過することができなかったようです。相手の発言をメモするなどして、「傾聴力」のアピールをしましょう。

(一次)
ESの内容を中心に質問されます。

(二次)
様々なことに好奇心を抱けているかがみられます。選考では「面接会場に来るまでに気になったことは何か」といった質問がされたようです。この質問に対し正解となる答えはないため、焦らずに実際に気になったことを語るようにしましょう。なぜ気になったのかと深掘りされる可能性があるため、自身の趣味と紐づけて語ることができればベターです。

(最終)
8人の役員との個人面接です。各部門の責任者レベルの社員が勢揃いするため、部門に関係なく、様々な角度から質問が飛んでくるようです。内定者は、「社会部志望だったが、報道部の改善点を聞かれて困ってしまった」と述べています。自らが志望する部門についての知識を深めておくことはもちろん、朝日新聞の各部門について、強みや弱み、最近行ったことなど、幅広く企業研究を行いましょう。
「じゃあ今から私がヒラリークリントンだと思って質問して」などの突飛な質問をされます。この質問では、精神的タフさと時事問題の知識がみられていると考えられます。ある内定者は、面接を担当した社員から、内定者懇親会の場で「焦らないで答えることができるかを見ていた」と告げられたそうです。質問の一例として、内定者はヒラリー・クリントンが表明している施策が日本にどのような影響を及ぼすのかを、面接官に質問したようです。

朝日新聞の選考を通過したES例

日本経済新聞社（記者）

・最も権威ある経済紙

企業・社員の特徴

ジャーナリストよりも一流企業のサラリーマン

内定者によると「日経にはネクタイを緩めるようなアバウトさはなく、サラリーマンのような会社」だと言います。堅さがあるのは、大企業や政府関係者など取材対象が権威主義的なものが多く、コミュニケーションを取る際にそれらが重要と考えているため。真面目で落ち着いた人が多い。

内定の秘訣

新聞業界の将来戦略について語れるか

面接では常に「デジタル戦略についてどう思う？」というように、今後の将来戦略に関する質問が出ます。新聞社の中で最もデジタル戦略に積極的な日経への理解や将来的なビジョンへの理解度をもとに、学生の志望度や価値観を測るためです。また、新聞社の中では最も語学力を重視している。

インターン・セミナー・OB訪問

秋以降、複数回インターンを開催。会社の概要説明、記者や人事担当の社員の経歴や実施の仕事内容を聞き、質疑応答をする（記者2～3人）。その後、政治に関連した動画を視聴し、文章を執筆するワークがある。

SPI・筆記試験など

- **形式** 企業オリジナル
- **科目** 日経TEST準拠問題（時事問題＋英語）、作文
- **ポイント** 他の新聞社に比べ、政治経済ニュースからの出題が多め。日経TESTの参考書や実際の日経TESTで対策するのがおすすめ。作文の出題テーマは「おくる」「ぶつかる」など抽象的。自分の経験→一般化→結論のステップを踏んだパターンで何が出されても書けるように練習したい。

エントリーシート

Q1、なぜ日経に入社したいのか、日経でやってみたい仕事は何か、具体的にお書きください（5行以内）
Q2、学生時代に最も達成感のあった取り組みはなんですか（5行以内）
Q3、あなたの「取扱説明書」があるとしたら、どんな内容になるか自由に

総合	190	東大・京大	179	難関国立	197
早慶上理	155	GMARCH	225	関関同立	—

大学別人気ランキング

お書きください（自由記述）

ES通過のポイント

手書きの書き込み形式。選考においてはとにかく学生の人間性を観察することを重視しています。多くの学生を見るために、ESを提出すればほぼ次の筆記テストを受験することができます。

面接

	詳細	質問内容
一、二次面接	所要時間：20分 学生人数：1人 社員人数：3人 結果通知時期：当日中にメールで	・ESの内容の深掘り、最近気になっている政策、他社選考状況、記者の仕事に耐えられるか、など。
最終面接	所要時間：20分 学生人数：1人 社員人数：7人 結果通知時期：当日中に電話で	・ESの内容の深掘り、他社選考状況、時事問題について。

面接通過のポイント

一次はネガティブチェック。最終は役員室で実施。あえてプレッシャーを与える環境で、記者として必要な「精神的強さ＝動じなさ」を見る。

企業別対策

広告・マスコミ

日本経済新聞社の選考を通過したES例

集英社（総合職）

・看板雑誌を核とした出版社

企業・社員の特徴

ジャンプのブランド力で新事業への展開

集英社の主力は、マンガ部門や女性ファッション誌部門。中でも「週刊少年ジャンプ」は、絶対的に黒字が出せる看板雑誌。「ジャンプショップ」をはじめ、「ジャンプフェスタ」などジャンプブランドを軸とした出版以外の事業への展開の強化を進めています。ジャンプブランドを利用した事業は、出版社がネット時代に生き残っていくためのロールケースとなっています。

内定の秘訣

即戦力となれるか

人事担当者曰く、集英社は即戦力となる人材を求めているようです。入社後すぐに活躍できる人材を見定めるために選考で以下の2点の能力を有しているか見ています
・集英社で活躍する具体的なヴィジョンと発想力：選考過程のどこかの段階で、自分の志望する部門における具体的なコンテンツの企画が求められます。マンガ部門志望の受験者は、「中高生に向けた恋愛系の漫画ならどういうものを提案する」という質問から始まり、「作家は誰に頼むか」や「その内容だと、この漫画と被ってないかな」などの深掘をされました。
・担当を希望する分野に関する興味：小説を担当する部門を希望している学生は、「今年の直木賞の候補作品の名前とどの作品がどういった理由から受賞すると考えているか」と問われたそうです。

インターン・セミナー・OB訪問

データなし

SPI・筆記試験など

形式 企業オリジナル
科目 時事問題
ポイント 集英社の問題は、メディア業界の中でも特にトリッキーな問題が多いという意味で難易度が高いと言えます。分野はニュースからエンタメまで幅広く、回答方法はマークシートです。

総合	138	東大・京大	200	難関国立	186
早慶上理	134	GMARCH	108	関関同立	127

大学別人気ランキング

エントリーシート

Q1、学生時代に力を入れたことについて書いてください
Q2、出版以外で興味を持っている業種・企業
Q3、あなたの長所・短所
Q4、あなたが一番大切な一冊、とその理由、感想、エピソード

ES通過のポイント

ESは最後の面接でも使われます。かなり深掘りをされるので、詳しく話せるものを書きましょう。また、4次面接まであるため、自分の人となりが様々な方面から話せるエピソードについて書くと良いでしょう。

自分が担当してみたい雑誌や部門を意識してES書くと一貫性が出せます。集英社の雑誌にはそれぞれモットーがあり、それを意識して書くその後の面接等で、担当したい雑誌と自分のパーソナリティーの一貫性がアピールできます。週刊少年ジャンプの担当を希望していた受験者は、ジャンプのモットーである「友情、努力、勝利」を意識してESを書いたそうです。

具体的には、友情をアピールするために、味方のために尽くして、チームワークを重視したエピソードや相手を思いやる行動を盛り込んだエピソードを入れたとのこと。

企業別対策

広告・マスコミ

集英社（総合職）

面接		詳細	質問内容
	一次面接	所要時間：10分 学生人数：2人 社員人数：2人 結果通知時期：1週間以内	・学生時代に頑張ったこと、志望動機、最後に一言。
	二次面接	所要時間：60分 学生人数：6人 社員人数：6人 結果通知時期：1週間以内	・集団面接。二つのパートに分かれます。1つ目は、厳粛な雰囲気な中で具体的な企画案を提案することが求められ、即戦力となる能力を測られます。2つは、緩やかな雰囲気の中で自分の今までの経験や考え方の軸について問われます。
	三次面接	所要時間：60分 学生人数：1人 社員人数：5人 結果通知時期：翌日	・直木賞受賞作品についてどう思うか。集英社の直したほうが良いポイントはあるか。
	四次面接	所要時間：30分 学生人数：1人 社員人数：6人 結果通知時期：2〜3日以内	・二次同様2つのパートに分かれます。

面接通過のポイント

(一次)
面接の枠から見る限り、1次面接には700人が呼ばれて、2次試験に進めるのは150人です。高倍率の選考段階であるにもかかわらず、選考する時間は10分しかありません。内定者曰く、この段階の選考で見られているのは、回答の質というよりは、しっかりとコミュニケーションを取る雑談力だそうです。相手の質問に対して簡潔に答えて、会話のキャッチボールができるかが選考の鍵となります。

(二次)
2つのパートに分かれています。最初は大きな部屋に集められて、朝ごはんを食べたかなどのアイスブレイクが行われます。その後、学生が2つのグループに分かれ、それぞれ違うパートの面接が行われます。1つ目は集英社ですぐ活躍できるかを見られているパート。具体的な企画案を提案する事が求められます。即戦力となる能力があるかどうかを見られているようです。2つ目は、自分の今までの経験や考え方の軸について問われます。社員曰く、ここで見るのは、一緒に働きたいか。自分のセールスポイントを前面に押し出して面接に臨みましょう。

(三次)
5対1で行われるので、多少圧迫になってしまうこともあります。全体としては和やかな雰囲気で行われますので、冷静に質問に答えることが重要です。集英社の変えるべきポイントにとどめず、具体的な改善案まで提案すると評価されます。

(最終)
2次面接同様、2つのパートに面接が分かれます。1つ目のパートは、集英社に入ってどう活躍したいのか、活躍できるだけの考える力があるのかを見られます。2つ目は、集英社に入ってから活躍できるだけのパーソナリティーがあるか、話す力があるかどうかをチェックされます。

集英社の選考を通過したES例

プレジデント社

・ビジネスパーソンに近い情報発信に強み

企業・社員の特徴

最高のビジネスマンの振る舞いが身につく

実売部数No.1ビジネス誌「PRESIDENT」をはじめ、「dancyu」「PRESIDENT Family」など業界随一の雑誌を発行。取材や編集作業などの仕事を通じて自身のビジネスパーソンとしての振る舞いやあり方など、多くの学びを得られる。ビジネスのみならず、グルメや健康など幅広いジャンルで単行本も刊行。

内定の秘訣

「言葉」に力があるか

雑誌や書籍を作る人たちは言葉のスペシャリスト。これまでの自分の経験をただ単に話しても、出版社の仕事をしたいという思いを面接で感じてもらうことは難しい。どんなエピソード、どんな言葉を用いれば伝わるか試行錯誤することが大切だ。

インターン・セミナー・OB訪問

エントリー受付前の4、5月に社内説明会を開催。プレジデント社の事業内容の紹介だけでなく、先輩社員の登壇もあり実際の現場で働く人の話を聞くチャンスになる。インターン、OB訪問の正式な実施はない。

SPI・筆記試験など

- **形式** SPI、作文
- **科目** 言語、非言語、性格
- **ポイント** 作文は2つ出題されるため、時間配分が重要になる。字数制限は特にないが、所定の用紙内に書ききれる範囲内となる。

エントリーシート

Q1、応募の理由
Q2、当社を選んだ理由
Q3、当社で発揮できるあなたの能力
Q4、最近読んで感銘を受けた本

総合	－	東大・京大	－	難関国立	－
早慶上理	－	GMARCH	－	関関同立	－

大学別人気ランキング

ESの通過ポイント

志望動機からなぜ出版業界なのか、なぜプレジデント社なのかが伝わるように書こう。出版業界へなぜ興味を持ったか、プレジデント社でどんな仕事がしたいかが問われる。

面接

		詳細	質問内容
一、二次面接		所要時間：20分 学生人数：1人 社員人数：（一次）4～5人/（二次）5～6人 結果通知時期：（一次）当日中にメール。電話で/（二次）2～3日以内にメールor電話で	■ なぜ出版業界なのか、なぜプレジデント社なのかなど
最終面接		所要時間：20分 学生人数：1人 社員人数：6人 結果通知時期：1週間以内にメールor電話で	■ なぜ出版業界なのか、なぜプレジデント社なのかなど

面接通過のポイント

面接官はほとんどが中高年以上なので、新しすぎる話題や、理解されにくい話題は避ける。ESの特技欄に書いた特技はその場で可能なものなら、まず振られるので書く内容には注意。

企業別対策

広告・マスコミ

プレジデント社の選考を通過したES例

第 3 章

《企業別》関門突破の秘訣を読む

インフラ

航空／鉄道／海運
電気／ガス
デベロッパー

安定・高給なことで人気のインフラ。身近に接する場面も多く、男女・大学レベルを問わずに人気があるが、採用数はどの会社も少ない。安定しているが故に学閥などがある場合が多く、入社後の自身のキャリアパスを見据えながら企業選びをする必要がある。また、大学ごとに採用枠が決まっていることもあるので、情報収集も欠かせない。

全日本空輸（ANA）〈総合職事務職〉

・国内唯一の５つ星エアライン

企業・社員の特徴

価値観の違う人と話せ

ANAのパワフルさとは、体力面ではなく「言語や価値観の異なる人に対しても物おじせず話せる」といったメンタル面での強さのこと。一般的に航空会社の総合職採用はカスタマーサービス職やグランドスタッフ職等を経験しながら、２～３年置きにジョブローテーションをして自らの専門分野を絞っていく。

内定の秘訣

語学力＋αを持っているか

「日本の玄関となる」ANAでは、第２外国語は必須スキルです。ある学生は「TOEIC満点が最低２～３人はおり、帰国子女/留学生/留学経験者が８割程度いた気がする」と、内定者の海外経験の豊富さを語っている人もいます。実際に語学資格や海外での経験がある場合はその実績を積極的にアピールするのがベターです。

一方で内定者の中には、海外との接点が全くない人もいます。海外経験がない場合には、「物おじせず人に話しかける姿勢」を示すことで今後言語能力を上達させる、素養を見せられるようにしましょう。

学力によるフィルターは控えめ。人事社員も、「以前は筆記テストやWEBテスト（※現在は性格診断のみ実施）を行っていたが、採用方針にそぐわないため撤廃した」と語っています。

インターン・セミナー・OB訪問

秋と冬に５日間のインターンを行います。複数の部署の訪問・見学、社員への質問会、ANAの歴史や事業内容の講義、羽田空港整備工場見学、グループワークとプレゼン大会など盛りだくさんの内容。

SPI・筆記試験など

形式	企業オリジナル
科目	性格診断
ポイント	15分程度で終わる簡単な内容。

総合	5	東大・京大	37	難関国立	9
早慶上理	8	GMARCH	2	関関同立	2

大学別人気ランキング

エントリーシート

Q1、ANAの総合事務職にエントリーいただく理由を教えてください。
Q2、現時点でのあなたを自己評価するとしたら、あなたは何のNo.1だと思いますか? その理由も含めて教えてください。
Q3、大学入学以降、一番自信を持って「これをやった」と言えるものはなんですか? 具体的に教えてください。
Q4、あなたらしさが伝わる写真を貼り、その写真を選んだ理由を説明してください。

ES通過のポイント

Q1は3行程度(150字から200字)しか書く欄がないため、「1. なぜ航空会社」「2. なぜANA」「3. なぜ事務職」の問い、全てに答えると分量が足りない可能性が高いです。内定者は「主に1と3を書いた」と、3つ全ての質問に答えなくても通過しています。

Q2は、冒頭に自分のキャッチコピーを書いて目を引きましょう。印象に残るESにするため、短いフレーズで自分のキャッチコピーを作ると良いでしょう。Q3はただ頑張った経験を書くのではなく、今後に活きる学びまで踏み込みましょう。Q4は、趣味や特技に打ち込む場面など適度にカジュアルな写真を選びましょう。人事担当者は「写真はその人の雰囲気が一番伝わる。学生のカジュアルな部分を見たい」と語っていました。

全日本空輸（ANA）〈総合事務職〉

面接		詳細	質問内容
	一次面接	所要時間：30分 学生人数：3人 社員人数：2人 結果通知時期：2〜3日以内にメールで	■ 志望動機や学生時代頑張ったことなど
	二次面接	所要時間：1時間45分 学生人数：1人 社員人数：2人 結果通知時期：2〜3日以内にメールで	■ 今日はどこから来たの？ など雑談。
	三次面接	所要時間：1時間 学生人数：1人 社員人数：2人 結果通知時期：当日中に電話で	■ 事前に提出したESを中心に質問。
	最終面接	所要時間：1時間 学生人数：1人 社員人数：2人 結果通知時期：当日中に電話で	■ 大学で学んできたことは何か、どんな企業で働きたいかなど。

面接通過のポイント

(一次)
あまり深掘りされず、コミュニケーションの取り方を見られているそうです。総合職といっても最初の1年目はグランドスタッフ、人によってはその後CA職を経験することもあり、全員が接客を経験します。このため、丁寧に話せるか、しっかりと顔を見て話すかなどの基礎的な対人能力を示しましょう。また自分が話す時だけでなく、他の学生が話をしている時に軽く相槌を打つ等相手の話を聞く姿勢も大切です。

(二次)
「面接というよりは会話という感じで非常にフランク」に進みます。内定者は、「冒頭の自己PRで緊張しすぎて、話しに詰まったら"硬い話はいいから"と笑われた」と語っています。また、社員も「この人が職場にいて、楽しく話せるかを見ている」と語っていました。面接官によってフランクさの度合いは違うかもしれませんが、雑談で来たら雑談で返し、相手に合わせた接し方を心掛けましょう。

(三次)
内定者によると3次面接では面接官の表情は厳しめになり、「もう一個答えて!」等、立て続けに質問も投げかけられるそうです。答えに詰まった場合は「20秒程お時間頂いても宜しいですか?」等、一呼吸置いて答えるようにしましょう。

(最終)
終始無表情の面接官もいる、厳しい雰囲気の最終面接です。内定者によると「最終でも1/3倍程度が落ちているのでは、と同期と噂するほど倍率は意外に高い」そうです。
専攻分野の魅力を問うことで「その人にしかない魅力」が見極める場合もあります。このため自らの専攻分野に対する「魅力」を一般化して、どの点に「こだわって」学んできたかを考えておきましょう。

全日本空輸の選考を通過したES例

日本航空（JAL）
〈業務企画職（地上職事務系）〉

・生まれ変わった日の丸企業

企業・社員の特徴

堅実でおとなしい社風

JALはフラッグシップといわれたように公務員由来の堅実でおとなしい雰囲気を残します。この雰囲気は、企業再生を経てもJALの中に息づいているようです。全社員の行動規範となる「JALフィロソフィ」には「一人ひとりがJAL」「心をひとつにする」といった考え方が掲げられています。

内定の秘訣

人と人を仲介し、まとめあげた経験があるか

お客様のために最高のサービスを提供することを企業理念に掲げるJALだからこそ、顧客のために尽くせる人材を求めています。加えて、全社員の行動規範となる「JALフィロソフィ」には「一人ひとりがJAL」「心をひとつにする」といった考え方が掲げられており、顧客と共に社員やJAL自身を大事にする意識が持てる人が好まれるといえるでしょう。「周りの人（所属する組織）が好き」というモチベーションの要素、「そのために徹底的に頑張る」という努力家の要素、これら二つの要素が見えるような経験を示すとよいでしょう。

インターン・セミナー・OB訪問

内定者によれば「インターンシップに参加した学生のフローが存在し、インターンに参加した学生の半分は内定している。地上職事務系社員として採用される70人のうち、1/3はインターンシップから採用されている」そうです。

筆記試験など（SPI・）

- **形式** SPI
- **科目** 言語、非言語、性格診断、英語
- **ポイント** 難易度はそこまで高くありません。

総合	10	東大・京大	58	難関国立	15
早慶上理	11	GMARCH	5	関関同立	5

大学別人気ランキング

エントリーシート

Q1、あなたが大学入学以降に力を注いだ事柄を具体的に3つ挙げてください。

Q2、Q1であげた3つのうち1つを選択し、「なぜ力を注いだのか（理由）」、「何を目指し、どのように挑戦したのか（目標・行動）」、「何を実現し（結果）、何を学んだのか」の順で記述してください。

Q3、仕事をする上で、あなたが大切だと思うことを記入してください。

Q4、あなたがJALの業務企画職（地上職事務系）を志望した理由と、JALで何を実現したいかを、具体的に記入してください。

ES通過のポイント

人事社員によると、「ESの倍率は100倍を超える」らしく、またESの採点にあたっては「1枚のESを人事社員3人でチェックする」そうです。記入する際には下記のポイントを意識してください。

・学生時代力を注いだことは、『周りのために』『意見を調整しながらチームを引っ張り』努力した経験を記入する
・仕事の中で大事にしていることは、周りに貢献する際の価値観を記入する
・JALの志望理由とJALで成し遂げたいことは、理念への共感を示しつつ具体的な職種に落とし込んで語る

日本航空（JAL）〈業務企画職（地上職事務系）〉

面接		詳細	質問内容
	GD	所要時間：1時間 学生人数：5人 社員人数：2人 結果通知時期：2週間以内にマイページ上で	■ テーマは「架空の百貨店内のレストランフロアにて、3つの出店候補があるがどの店を出店させるか」など。資料は20ページほどのものが配られる。
	一次面接	所要時間：20分 学生人数：3人 社員人数：2人 結果通知時期：当日中に電話で	■ 学生時代に頑張ったこと、志望動機など。
	二次面接	所要時間：20分 学生人数：1人 社員人数：2人 結果通知時期：当日中に電話で	■ 事前に提出したESを中心に質問される。
	最終面接	所要時間：20分 学生人数：1人 社員人数：2人 結果通知時期：当日中に電話で	■ 志望動機、学生時代頑張ったことなど。

面接通過のポイント

(GD)
多様な意見を調整しながらまとめていくようなリーダーシップが評価されます。これは、地上職の業務が調整役としての性質を持つものが多いから。資料が与えられるタイプのディスカッションでは、自らの主張を与えられたデータに根拠づけて話すことが求められます。そのため、資料の読みこみの時間は特に重要であり、「どのような人がこの百貨店をおとずれるのか」「訪れる人が何を求めているのか」といった情報を読み取り、自分の意見に反映させる必要があります。

(一次)
JALの面接は、「穏やかで、何でも話せる雰囲気だった」と内定者は語ります。ここでの質問は学生によって異なっており、ANAと併願しているような学生にはなぜANAでなくJALなのかを聞く一方で、航空業界一般には興味がないような学生には学生時代頑張ったことの質問を重点的に行うこともあります。

(二次)
「周りに貢献したいというモチベーション」「そのために徹底して努力できる姿勢」の二つを語れると高評価です。

(最終)
とくに答えづらい質問がなされることはなく、志望動機や学生時代頑張ったことなどのオーソドックスな質問をされます。これまでの面接を踏まえ、回答をブラッシュアップしたうえで面接に臨み、気持ちを十全に伝える必要があります。

日本航空の選考を通過したES例

JR東日本（東日本旅客鉄道）
〈ポテンシャル採用（総合職）〉

・規模No.1の鉄道会社

企業・社員の特徴

デベロッパーとしての顔を併せ持つ

JR東日本は、JRグループの中でNo.1の売上高を誇る鉄道会社です。1都16県を営業地域とし、1日約1680万人の国民の生活を支えています。また、東京、品川、新宿など、集客力の高いターミナル駅を数多く所有し、「立地」という点で他の鉄道会社よりも優位性があります。このメリットを活用し、「魅力あるまちづくり」をテーマに駅開発や不動産事業を展開しています。

内定の秘訣

バックグラウンドの違う人々を巻き込めるか

入社後2、3年は実際の現場で働くため、自分とは経歴が異なる社員と関わる頻度が多くなります。その中で「リーダー」として信頼される存在になるには、考えや価値観の異なる人とも円滑に意思疎通できる「協調性」と周囲を巻き込んでいく力が必要とされます。

インターン・セミナー・OB訪問

年に複数回のインターンを実施。主に社内の現場や指令所をじっくりと見学して仕事内容を理解し、どのようなことを体験し学んだのかを最終日に発表する。18卒は秋に5日間、冬に3日間のインターンを行った。

SPI・筆記試験など

- **形式** SPI
- **科目** 言語、計数
- **ポイント** JR東日本のWEBテストは、一般的なSPIでボーダーラインも高くはありません。

エントリーシート

Q1、学生時代に力を入れてきたことを中心に自己PRをしてください 自己PRにタイトルをつけてください（タイトル30字以内、本文400字以内）

Q2、鉄道事務フィールドで実現したいことはなんですか（800字以内）

総合	91	東大・京大	77	難関国立	68
早慶上理	68	GMARCH	89	関関同立	―

大学別人気ランキング

ES通過のポイント

JR東日本ではESを一次締め切り日までに提出した学生とそうでない学生で一次選考が異なります。前者は、ワークショップに招待されGD選考を行い、さらに優秀と評価された学生にはリクルーターが付き、早期選考の裏ルートに乗ることできます。後者はGDから選考が始まります。

面接

		詳細	質問内容
GD		所要時間：50分 学生人数：5、6人 社員人数：2人 結果通知時期：4～5日以内に電話で	■ 17卒のグループワークのテーマは、「鉄道利用者を増やすサービスを考えよ」。
一、二次面接		所要時間：(一次)40分／(二次)30分 学生人数：1人 社員人数：(一次)1人／(二次)2人 結果通知時期：数日以内に電話で	■ 志望動機、学生時代に頑張ったこと、他社の選考状況、逆質問など。

面接通過のポイント

GDでは協調的リーダーシップのある学生が評価されます。一次はリクルーターがカフェで面談形式の面接を行う。最終も意思確認ではなく、しっかりとした選考。

企業別対策

インフラ

JR東日本の選考を通過したES例

253

JR東海（東海旅客鉄道）〈総合職〉

・東海道新幹線が最大の武器

企業・社員の特徴

親しみやすいエリート集団

業務内容が現業社員などのマネジメントであるため、人を束ねるにふさわしい人格を持つ人が選ばれていると考えられるからです。社風に関して、学生は「社員は穏やかでスマートな人が多い。飲み会などでも気さくに話をしてくれ、鉄道業界＝硬いというイメージをいい意味で裏切られた」と話しています。

内定の秘訣

時事問題に意見が言えるか

幹部候補である総合職は、将来的に経営側になる人間としての素養が求められます。本選考の場においては、気になるニュースや時事問題への意見を必ず聞かれ、学生の社会の情勢への感度の高さを評価されます。

インターン・セミナー・OB訪問

5日間のインターンが、三島の総合研修センターで行われます。丁寧な講義や、グループワークなどを通じJR東海の企業理解ができる、懇親会等で社員と交流するチャネルを持てるというメリットが挙げられます。大学別の社員懇親会もあり、ここからリクルーターが付く場合があります。

SPI・筆記試験など

形式 ──
科目 ──
ポイント ──

※データなし

エントリーシート

Q1、大学での研究・ゼミ・授業等で学んだ内容について
Q2、当社への志望理由
Q3、学生時代に最も打ち込んだことなどを自由に自己PR

総合	55	東大・京大	25	難関国立	26
早慶上理	61	GMARCH	138	関関同立	72

大学別人気ランキング

ESポイント通過の

JR東海のESは手書きであるため、レイアウトなどある程度自分で考えることができます。内定者の中には、題名を太字で書くなどの工夫をし、面接官にアピールしたい部分を端的にわかりやすく工夫している人もいました。面接官の目に留まるようなレイアウトの工夫をしましょう。

面接

	詳細	質問内容
リクルーター	所要時間：1時間×3回 学生人数：1人 社員人数：1人 結果通知時期：当日中に電話で	・「ESの深掘り」「ネガティブチェック」「時事問題への感度の高さのチェック」「志望度の高さについての深掘り」「社員の経歴」「他社の選考状況」など
一〜三次（最終）面接	所要時間：(一次)1時間／(二、三次)20分 学生人数：1人 社員人数：1人 結果通知時期：当日中に電話で。三次の内々定はその場で	・志望度とその理由、気になる時事問題など。

面接通過のポイント

ES提出後、同じ大学の先輩社員とのリクルーター面接が計3回行われます。倍率は100倍近くの難関。二次面接が実質の最終選考。JR東海の安全綱領に関する質問も出ます。回答ができなくても通過した学生もいたようですが、なるべくチェックしておきましょう。

企業別対策

インフラ

JR東海の選考を通過したES例

JR西日本（西日本旅客鉄道）
〈総合職（事務系）〉

・地方の活性化に取り組む鉄道会社

企業・社員の特徴

安全を担う責任ある業務が求められる

JR西日本は、2005年に106人が亡くなった福知山線脱線事故を起こしており、信頼回復のため、徹底した安全管理を行っています。5つの項目からなる「安全憲章」の制定や月に1度「安全勉強会」を開催するなど安全への取り組みを徹底している。

内定の秘訣

JR西日本でなくてはならない理由を明確に

JR東海やJR東日本などの併願者の内定辞退に非常に敏感。鉄道事業を中心に、関連事業を各地域において活発化させ、西日本全体の活性化に貢献したいため、など西日本でなくてはいけない理由を論理的に説明できるようにしましょう。

インターン・セミナー・OB訪問

春に1時間程度の説明会がある。説明会に来ている社員の方は、ほとんどリクルーターになる方なので、熱心に質問することがおすすめ。

SPI・筆記試験など

- **形式** 玉手箱
- **科目** 計数、言語、性格診断
- **ポイント** ボーダーラインも高くはありません。

エントリーシート

Q1、JR西日本に関心を持った理由を記入してください。
Q2、JR西日本に入社して取り組みたいこと、実現したいことを記入してください。
Q3、あなたが学生生活で特に力を入れて取り組んだ学業や活動について具体的に教えてください。

総合	165	東大・京大	96	難関国立	117
早慶上理	ー	GMARCH	ー	関関同立	104

大学別人気ランキング

ESポイント通過の

一次締切日までに提出した学生は、2〜3回のリクルーター面談から2回の個人面接というフローになります。一次締切日までに提出しなかった場合は、リクルーターが付かず3回の面接を経て最終面接というフローです。

面接

		詳細	質問内容
	リクルーター	所要時間：1時間（複数回） 学生人数：1人 社員人数：1人 結果通知時期：当日中に電話で	■ 学生時代に頑張ったこと、志望動機、自己PR、会社選びの軸など。
	一、二次面接	所要時間：30分 学生人数：1人 社員人数：(一次)2人/(二次)3人 結果通知時期：当日中に口頭で	■ 学生時代に頑張ったこと、入社してやりたいことなど。

面接通過のポイント

リクルーター面談は基本的には面接と捉えましょう。鉄道業界の総合職で必要とされる「協調的リーダーシップ」と「高い志望度」をアピールしましょう。

JR西日本の選考を通過したES例

JR九州(九州旅客鉄道)〈総合職〉

・非鉄道事業に強い鉄道会社

企業・社員の特徴

地元への強い愛

「JR九州ファーム」や「JR九州住宅」、「SJR千早」などのグループ企業によって、農業への参入や高齢者向け施設などの提供をするなど地元に対する貢献に力を注ぐ企業です。
企業理念の中に「地域の元気」を挙げており、地元への敬意と関係性を重く見ています。建設・不動産・流通外食・ホテルなどの非鉄道事業売上比率が約50%(※平成27年度決算)と高いのが特徴です。

内定の秘訣

出身でなくとも九州への思いが必要

これから上場を果たして完全民営化に突入するにあたり、卓越した経営方針や事業計画を発信していく必要があり、そのため出身に関わりなくまずは能力ベースで採用しようとする方針へ変えています。

インターン・セミナー・OB訪問

秋〜冬に2日間のインターンがある。内容は、各事業部(鉄道・事業開発・海外展開)についての講義、新規事業提案or既存事業改良提案のGD。

SPI・筆記試験など

- **形式** テストセンター
- **科目** 言語、非言語、性格
- **ポイント** 最終面接前に受験する

エントリーシート

Q1、これまであなたが最も力を入れて取り組んできたことについて、目標やその過程などを自由に記述してください(500字以内)
Q3、JR九州で具体的に携わっていたいと考えている仕事や分野について記述してください(500字以内)

総合	314	東大・京大	240	難関国立	225
早慶上理	401	GMARCH	509	関関同立	—

大学別人気ランキング

ES通過のポイント

「携わっていきたいと考えている仕事や分野について」は下調べが肝心です。インターンで得た経験やHPなどから得る情報をもとに記入しましょう。質問数は少ないですが、次の内容を盛り込むことを意識して書きましょう。(1)「人を巻き込むリーダーシップ」(2)「信頼される芯の強さ」(3)「人事に頭がいいと思われる賢さ」

面接

	詳細	質問内容
懇談会	所要時間：3時間 学生人数：50〜100人 社員人数：10人程度 結果通知時期：1週間以内に電話で	■ 座談会形式で行われ、挙手制で逆質問を行う。
一〜三次面接	所要時間：(一、二次)1時間/(三次)15分×2回 学生人数：1人 社員人数：1人 結果通知時期：(一、二次)1週間以内に電話で/(三次)翌日に電話で	■ 一、二次は世間話や志望動機など。三次は同日に2回面談が行われ、JR九州でしたいことなどが聞かれます。

面接通過のポイント

ES通過後、面接の前に懇談会があります。ここで社員に気に入られ、評価されないと次の選考であるリクルーター面談に呼ばれません。面接の一、二次はリクルーター面談、三次の倍率は6倍程度。

JR九州の選考を通過したES例

東京地下鉄（総合職）

・東京の地下の心臓

社員・企業の特徴

少人数精鋭カルチャー

全員をしっかりと育てて幹部にするというカルチャーが存在。「入社してから自分自身で仕事を積極的にこなせる人物が欲しかった」という社員の声もあり。

内定の秘訣

メトロへの深い愛があるか

ある社員は「本当に東京メトロが好きなのか」「なぜJRなどの他の路線ではなく東京メトロなのか」の2点について、心から語れる人物がほしいと語っていました。地下鉄のみの鉄道であることもあり、水害など様々な困難を解決していくことが求められます。「困難を乗り越えた経験」については、面接全体を通して聞かれる傾向にあります。

インターン・セミナー・OB訪問

18卒では秋に1日のインターンあり。初めに簡単な会社説明、業務説明を受けた後、一般には公開されていない研修センターの内部で、電力システムや制御システムを見学。最後に社員2人に対して学生10人程度で、30分の社員座談会を計2回行った。

SPI・筆記試験など

形式 企業オリジナル
科目 言語、非言語、性格
ポイント 玉手箱形式とほぼ同じオリジナルテスト。難易度は低め。

エントリーシート

Q1、誰にも負けない強みは何ですか。具体的なエピソードと共に教えてください（400字以内）
Q2、弱みは何ですか。その弱みをどのように改善しているかを具体的に教えてください（400字以内）
Q3、就職活動において会社を選ぶ際に重要視していることは何ですか。あなた自身の想いや考え方を踏まえてお書きください（400字以内）

総合	161	東大・京大	179	難関国立	186
早慶上理	121	GMARCH	145	関関同立	—

大学別人気ランキング

ESポイント通過の

Q3は、自分で駅に足を運び、「利用者目線」だけでなく、「作る側目線」の両方の目線を重視して書きましょう。内定者は普段自分の住んでいるメトロの最寄りの駅について記述し、選考を突破しています。

面接

	詳細	質問内容
一次面接	所要時間：60分 学生人数：3人 社員人数：2人 結果通知時期：翌日電話で	■ グループ面接。なぜメトロなのか、自分の強みは、など。
二、三次面接	所要時間：60分 学生人数：1人 社員人数：(二次)1人／(三次)3人 結果通知時期：当日中	■ 本当に東京メトロに興味があるのか、など。

面接通過のポイント

誠実なパーソナリティが求められています。そのため、面接では「わざと絶対に学生が知り得ないような質問をして分からなかった時の反応をうかがう」「逆質問の時間を多く取る」と人事の人が言っていたそう。鬼門は二次。7割が落ちるという話もあります。

東京地下鉄の選考を通過したES例

阪急電鉄（総合職）

・宝塚から住宅開発まで

企業・社員の特徴	### 徹底したブランドづくり
	売上の鉄道比率約40％程度と幅広い事業で成り立つ鉄道会社です。主に、都市交通、不動産、エンタテインメント・コミュニケーションの3分野を展開。積極的に住宅整備も行い、神戸線など、高級感ある沿線イメージを形成しています。また、鉄道車両でもブランド作りを意識し、車体の洗浄を5日に1回行うなどこまめな車両管理をしています。

内定の秘訣	### 誠実か、人あたりが良いか
	社員は、沿線利用者の暮らしに寄り添って豊かなライフスタイルを提案するため、社会からの信頼が不可欠です。採用HPの求める人物像でも、「周囲の人への感謝の気持ち」「自分自身にも真摯に向き合う」といったポイントが示されています。

インターン・セミナー・OB訪問	8・9・12・1月に5日間のインターンがある。オリエンテーションや講義のほか、課題解決型グループワークを行う。

SPI・筆記試験など	**形式** 企業オリジナル **科目** 計数、言語、図形、論理 **ポイント** SPIとほぼ同じ内容。

エントリーシート	（動画）　30秒の動画の中で自分のこだわりについてアピールする （筆記）　あなたの考える「安心」とは

総合	147	東大・京大	104	難関国立	79
早慶上理	—	GMARCH	—	関関同立	76

大学別人気ランキング

ESポイント通過の

内定者の動画作品を見ると、所属していたサークルや経験したアルバイトについての内容を話しているものが多数派。ほかに良い案が思いつかなければこれらを題材にすることをおすすめします。

面接

		詳細	質問内容
一次面接		所要時間：1時間半 学生人数：1グループ3〜4 社員人数：5人 結果通知時期：当日中に電話で	▪ 20〜30分程度のグループ面接が3回続く。「エリート」という言葉に対する印象を教えてほしい、などの変わった質問もある。
GD		所要時間：1時間 学生人数：5人 社員人数：2人 結果通知時期：当日中に電話で	▪ 17卒のテーマは「レゴブロックを用いて、新規導入の電車を完成せよ」。
二、三次面接		所要時間：20〜30分程度 学生人数：1人 社員人数：(二次)3人/(三次)5人 結果通知時期：(二次)当日中に電話で/(三次)2〜3日以内に電話で	▪ オーソドックスな質問のほか、誠実さを見る質問がでる。

面接通過のポイント

選考の山場は二次面接。失敗経験が多く聞かれ、内定者は10分弱にわたって「なぜ他社に落ちたのか」を問われた。「誠実さ」のうちの「自分自身にも真摯に向き合う」点が見られていると言えます。

阪急電鉄の選考を通過したES例

日本郵船（陸上職／事務系）

・陸海空をまたぐ総合物流企業

企業・社員の特徴	「日本のために」実直な想いで働く
	150年近くの歴史の中で、欧米列強の進出から日本の海運を担ってきた過去があり、現在は日本経済の貿易にとっての大動脈の役割を担っています。このため、「日本経済、そして世界経済のため」という意識の極めて強い会社です。

内定の秘訣	誰とでも上手くやれる高い対応力があるか
	対外国人との業務が大半であるため、人種間や価値観の違いを乗り越えられることが必要不可欠の素養です。選考において、異質な人と上手くコミュニケーションを取る能力が確認されます。

インターン・セミナー・OB訪問

夏以降、複数回インターンが行われる。3時間ほどの課題解決型グループワークの後、30分の懇談会がある。そのほかに「海運業疑似体験ワーク」や「航路戦略ゲーム形式」という課題解決型グループワークが行われることもある。

SPI・筆記試験など

- **形式** 企業オリジナル
- **科目** 言語、計数、英語
- **ポイント** 書類選考はテストとESが1:1の配点で採点される。テストの難易度がかなり高く差がつきにくいため、ESが重要になる。

エントリーシート

Q1、専攻を選んだ理由と特に力を入れたこと (7行※400字弱)
Q2、学業以外で特に力を入れたこと (7行※400字弱)
Q3、長所 (1行)
Q4、短所 (1行)
Q5、趣味 (1行)
Q6、特技 (1行)

総合	78	東大・京大	92	難関国立	50
早慶上理	55	GMARCH	128	関関同立	82

大学別人気ランキング

ES通過のポイント

手書きのESを郵送する形式。Q4は「本当に弱みなのか」と取れる回答をするよりも、正直に弱みを開示できる人間が評価されます。

面接

	詳細	質問内容
一、二次面接	所要時間：30分程度 学生人数：(一次)2人/(二次)2人 社員人数：2人 結果通知時期：当日中に電話で	■「就活の状況」「外国人もいるチームをうまくまとめるためには？」「働くとは？」など
三、四次面接	所要時間：(三次)30分／(四次)20分 学生人数：1人 社員人数：(三次)2人/(四次)1人 結果通知時期：当日中に電話で	■(三次)「志望動機」「併願企業」「海外経験」など／(四次)「学部を選んだ理由」「逆質問」など

面接通過のポイント

日本郵船は「日本のために」という想いを強く持ち、扱う商材および陸海空の運搬方法の面で事業領域を拡大してきました。さらに今後は、主体となって海洋事業を行おうとしている企業です。このため、組織や社会のために熱い想いを持って、努力をできる人間が好まれると考えられます。ある内定者は「やりたいことについて聞かれて、海洋事業に携わり社会の役に立ちたいと回答したところ、かなり受けが良かった」と振り返ります。

日本郵船の選考を通過したES例

東北電力(事務系)

・東北人が大好きな電力会社

企業・社員の特徴

自分よりも周囲を尊重できるか

東北地域の繁栄を真に願う人が多く、「自分よりも周囲を重視する人」が集まっています。「人を大切にするカルチャー」は、社内の人材部を人「財」部としているところからも伝わってきます。内定者が「同期の90％以上が東北出身」と語るように東北地方に所縁のある方が多いです。

内定の秘訣

グローバルな経験をアピールできると◎

国内の電力事業の競争が強まる中で、東北電力では海外にもビジネスを展開しています。選考では東北地域への貢献を目的としつつも、学生時代頑張ったこと等を通じて海外経験を語れるとベターです。多国籍の人々と働くことに抵抗がないことを経験をベースに示しましょう。

インターン・セミナー・OB訪問

冬に1日のインターンがある。取引先の会社にオール電化をすすめる法人営業のワークと新しい電力プランのキャンペーンを考えるワークの2種類。

SPI・筆記試験など

- 形式 ―
- 科目 ―
- ポイント ―

エントリーシート

Q1、熱心に取り組んだ学業
Q2、変革/困難に挑んだ経験
Q3、コーポレートスローガン「より、そう、ちから。」の実現方法

総合	ー	東大・京大	ー	難関国立	ー
早慶上理	ー	GMARCH	ー	関関同立	ー

大学別人気ランキング

ES通過のポイント

入社後、日本にどのようなインパクトを与えたいか意識して書きましょう。電力という公共性の高い分野を扱うため、「自分のため」よりも「社会や人のため」に働く人が求められます。経験をベースに社会・人のために働く姿勢を見せましょう。

面接

	詳細	質問内容
GD	所要時間：30分 学生人数：5人 社員人数：2人 結果通知時期：1週間以内に電話で	■ 資料(内容は社外秘)を読み込んで話し合う。
リクルーター、一、二次面接	所要時間：(リ)30分/(一次)1時間/(二次)1時間 学生人数：(リ)1人/(一次)1人/(二次)3人 社員人数：(リ)1人/(一次)3人/(二次)2人 結果通知時期：(リ)/(一次)/(二次)2〜7日以内に電話で	■ 東京で働かなくていいのか、など。

面接通過のポイント

GDでは冒頭で資料から読み解いたことを共有する時間を設けましょう。「自分よりも周囲のことを優先できる人物」が求められているため、理解を共有しながら議論を進める姿勢を示すのがポイント。一次はリクルーター面接がある。

東北電力の選考を通過したES例

関西電力（事務系）

・エネルギーから新規事業へ

企業・社員の特徴

逆境に挑戦していく社風

2011年3月に発生した東日本大震災の際の「福島第一原子力発電所事故」や2016年4月に発表された「電力の小売全面自由化」を受けてなお、逆境を克服するべく「挑戦と創造」を繰り返している。プラント建築のノウハウを活かした「不動産事業」や、ホームセキュリティやヘルスケアといった「生活関連サービス事業」まで幅広く事業を展開しているのも特徴。

内定の秘訣

求めるのは営業パーソンとしての素養

入社1～2年目は訪問営業を行うので、選考では「営業パーソンとしての素養があるか」を見られます。笑顔や敬語に細心の注意を払っていた内定者は、実際に社員から「営業の素質が高いね。高く評価できる」と言われたそうです。

インターン・セミナー・OB訪問

五日間のインターンシップあり。前半の3日間は営業に関する内容で、初日に事業内容を社員がプレゼン。その後、新規立案型のグループワークを2日間かけて行い、30分程度で発表を行った。後半の2日間は地域エネルギー部門の新規立案型のグループワークを行い、20分程度の発表を実施した。

SPI・筆記試験など

- 形式 ——
- 科目 ——
- ポイント ——

※SPI・筆記試験

エントリーシート

Q1、関西電力で実現したいこと（400字程度）
Q2、学生時代にチャレンジ、行動したことについて。チャレンジした理由や困難を乗り越えるために努力したことなども自由に紹介する（600字程度）

総合	166	東大・京大	71	難関国立	112
早慶上理	—	GMARCH	—	関関同立	67

大学別人気ランキング

ES通過のポイント

Q1は関西電力の現状を踏まえた上で実現したいキャリアまで踏み込みましょう。Q2は何故挑戦しようと思ったのか、そこから学んだことは何かまで言及するのがポイントです。

面接

	詳細	質問内容
リクルーター面接	所要時間：1時間×4回 学生人数：1人 社員人数：1人 結果通知時期：2～7日以内に電話で	■ 関西電力への志望動機、現在関電は逆境にあるがそれでも関電を志望しているのか、など。
一、二次面接	所要時間：(一次)1時間/(二次)30分 学生人数：1人 社員人数：(一次)3人/(二次)1人 結果通知時期：一次は2週間以内、二次は当日に電話で	■ 志望動機、自己紹介、今後の関西電力の進むべき方向など。

面接通過のポイント

1回目のリクルーター面接の後にESを提出し、その後3回リクルーター面接が続きます。一次面接が鬼門で、実質的な最終面接。現状打開策を問う質問では、企業への理解度と逆境へ取り組む姿勢が評価される。意思確認のための最終面接では第一志望であることを強くアピールしましょう。

関西電力の選考を通過したES例

東京ガス（文系職種）

・「安定」は、絶対王者東京ガスの努力の結晶

企業・社員の特徴

「折衝役」を求める少数精鋭の文系職種

「高く売りたいガスのサプライヤーと安く仕入れたい東京ガス」と「高く売りたい東京ガスと安く買いたい顧客（工場・デベロッパー）」の間には、常に利害関係の相反が存在しています。そこで折衝役として活躍するのが文系職種。少数精鋭のため、若い頃から大きな取引先との折衝役を任されることもあり、時に背伸びを求められつつも育成されています。

内定の秘訣

折衝役に必要な3要素を持っているか

「論理性」「端的に伝える力」「人あたりの良さ」を兼ね備えているかが重視されます。仕事を通じて人々の生活を良くしたい、というまっすぐな熱を示せるかも重要です。

インターン・セミナー・OB訪問

5日間のインターンあり。企画立案や、関連施設の見学をする。

SPI・筆記試験など

- **形式** 企業オリジナル（SPIに酷似）
- **科目** 言語、計数、性格
- **ポイント** 時間がとにかく厳しいが、「筆記で落ちた学生はいないのでボーダーは高くなさそう」という話もあり。

エントリーシート

Q1、どのように活躍し、何を実現したいか（タイトル20字以内、本文300字以内）
Q2、これまでに経験した困難だった出来事と、それを乗り越えるためにどのように考え行動したのか（タイトル20字以内、本文300字以内）
Q3、チームで成果を得るために、自分の意志で挑戦したエピソードと、そこから学んだこと（タイトル20字以内、本文300字以内）

総合	164	東大・京大	166	難関国立	134
早慶上理	110	GMARCH	225	関関同立	―

大学別人気ランキング

ES通過のポイント

Q1は、「○○（具体的な事業）を通じて社会貢献をしたい」といった内容がベター。Q2はマイナスをプラスに捉えた経験を示しましょう。Q3はチームでの役割・考え方が良くわかるように。

面接

	詳細	質問内容
一、二次面接	所要時間：20～30分 学生人数：1人 社員人数：2人 結果通知時期：翌日に電話で	■ 志望動機や併願先など。二次では「ガスが家庭で自由化されるが、それに伴う変化に重要なキーワードを3つ挙げるとすれば何か」など難解な内容もあり。
三次面接	所要時間：30分 学生人数：1人 社員人数：2人 結果通知時期：その場で	■「なぜ第1志望なのか」「キャリアプラン」「他社の選考状況」など。

面接通過のポイント

面接では「社会全体を良くしたい」方向性で、「業界が変革期にある中で何がしたいのか」を会社の推している事業に絡めて話すべき。二次では準備ができない難解な質問がされるので、選考フローの中で最も難しい。

企業別対策

インフラ

東京ガスの選考を通過したES例

大阪ガス（総合職〈事務系〉）

・営業力に絶対の自信

企業・社員の特徴

頭の切れるパッション系

大阪ガスで働く社員の特徴は「自己主張が強く、自分から行動を起こす。でもその行動の全てには論理的整合性がある」と表現できます。「自己主張がない＝能力がない」とみなされてしまうことも少なくありません。

内定の秘訣

大阪カルチャーに合いますか？

大阪ガスの選考では、日系大企業にもかかわらず志望動機が聞かれません。最後まで一貫して「人間性を見る選考」を行っており、自分が何者なのかが終始問われます。

インターン・セミナー・OB訪問

総合職の夏インターンは、参加者が数多くの部署に少しずつ配属され、業務体験をする。インターン参加者には、ES提出前にリクルーター面接があり、選考が有利に進んでいく。

SPI・筆記試験など

※SPI・筆記試験なし

エントリーシート

Q1、現在の自分を形成するうえで、大きな影響を受けた出来事は何ですか？
「小・中学校時代」「高校時代」「大学時代」にわけて、それぞれ200字以内で説明してください。

Q2、あなたのPR写真を貼り、写真について説明してください（100字以内）

Q3、あなたが学生時代にエネルギーを注いだことで、創意工夫したこと、挑戦したことなど、具体的にあなた自身が取った行動について説明してください（300字以上500字以内）

総合	168	東大・京大	77	難関国立	82
早慶上理	ー	GMARCH	ー	関関同立	79

大学別人気ランキング

ES通過のポイント

PR写真は「会話の引き出し」。一風変わった「PR写真」の提出が求められます。頑張ったことと過去の出来事については、それぞれ一次面接、二次面接で徹底的に深掘りされます。応募者が何者であるかを徹底的に見極めるため、よく見せようとして誇張して書くと必ず見抜かれます。

面接

	詳細	質問内容
一、二次面接	所要時間：1時間程度 学生人数：1人 社員人数：1人 結果通知時期：2～3日以内に電話で	■「困難を乗り越えた経験」、「就活の軸」など。
三次面接	所要時間：30分程度 学生人数：1人 社員人数：3人 結果通知時期：当日その場で	■ 自己紹介、志望動機、他社の内定を辞退できるか。

※人によって面接の回数・種類が異なる。16卒の情報。

面接通過のポイント

二次面接は幼少期から現在に至るまでの自分の生い立ちから、応募者の人物像を見極める面接です。面接官が最も聞きたいのは「応募者の今の人柄や考え方がどの時代に形成されたものなのか」ということです。

大阪ガスの選考を通過したES例

三菱地所（総合職）

・日本のビジネス街を創った総合デベロッパー

企業・社員の特徴

圧倒的な収入源で先んじる海外展開

「堅実な経営」というイメージが持たれがちですが、海外投資をはじめとする挑戦も他社に先んじて挑戦。具体的には子会社であるRockefeller Groupと連携した不動産賃貸・開発事業や、ASEANエリアでのオフィス・住宅・商業施設開発など、地域・事業領域共に幅広く進出しています。

内定の秘訣

確固たる個性を示す

少数精鋭採用を行う三菱地所では、自分の確固たる個性を示すことが不可欠です。内定者曰く、全体としてバランスをとっているものの、内定者は全員キャラクターが異なっていて、同じような性格の人はいなかったそう。

インターン・セミナー・OB訪問

通常選考のフローと、インターン参加者とOB訪問で評価をされた学生向けの短縮ルートの2タイプがあります。インターン、OB訪問は積極的に行いましょう。
（通常）ES→GD→面接×3（短縮）ES→面接×2 ※GDと1次面接免除

SPI・筆記試験など

- **形式** 玉手箱
- **科目** 言語、計数、性格
- **ポイント** テスト自体の難易度は低く、ボーダーが高め。

総合	18	東大・京大	17	難関国立	20
早慶上理	9	GMARCH	23	関関同立	72

大学別人気ランキング

エントリーシート

Q1、学生時代にした最大のチャレンジは何か（500字以内）
Q2、大切にしている信念は何か。それを培ってきた経験を踏まえて記述する（500字以内）
Q3、三菱地所でどのような仕事をし、何を成し遂げたいか。そのように考える理由も併せて記述する（500字以内）

ES通過のポイント

ESの段階から不動産業界に対する関心の高さをアピールしなくてはなりません。事前から、OB訪問での情報収集や街の実地見学などを行い、ESにもそれらの経験を入れましょう。

Q1では人々を巻き込んで挑戦した経験を書きましょう。この質問では、今後様々な事業を行っていく三菱地所でこそ求められるチャレンジ精神が直接的に問われています。

Q2では誠実な人柄のアピールをしましょう。Q1と同様、学生時代のエピソードに関連させて記入しましょう。この設問では、選考で見られるポイントの1つである誠実さをうまくアピールすることが重要です。

Q3では自らの経験にひもづいた志望動機を書くようにしましょう。この設問が実質の志望動機になります。街づくりに関わりたい、デベロッパーの仕事がしたい理由を自分自身の経験に当てはめて答える必要があります。

現在の三菱地所がどのような状態であり、今後どんな方針を描いているかは、事前に調査し、自分なりの意見を持っておくことが不可欠です。

三菱地所（総合職）

面接		詳細	質問内容
	GD	所要時間：50分程度 学生人数：7～8人 社員人数：2人 結果通知時期：当日中にメールで	■ 資料読み取り型のディスカッション。2017年卒のテーマは「建物の建て替えに際して、3つの選択肢のどれを選択するか」。
	一次面接	所要時間：15分程度 学生人数：1人 社員人数：1人 結果通知時期：当日中に電話で	■ 志望動機など。
	二次面接	所要時間：30分 学生人数：1人 社員人数：1人 結果通知時期：当日中に電話で	■ 志望動機などを深掘り。
	最終面接	所要時間：20～30分 学生人数：1人 社員人数：3人 結果通知時期：2～3日以内に電話で	■ 入社後にやりたいこと、他社の選考状況など。

面接通過のポイント

(GD)
GDのポイントは人の「意見をきちんと聞く」「議論に貢献する」「不快感のないコミュニケーションが取れる」の3点です。
デベロッパーという多くの関係者を取りまとめる立場だからこそ、多くの関係者から意見を吸い上げることが重要になります。

(一次)
内容として、「聞かれたことに分かりやすく的確に答えている、次に進めても大丈夫そう」と思ってもらえるように、結論ファーストで話すことは意識すべきです。

(二次)
二次面接では「好きな街は」「丸の内に足りないものは」などデベロッパーならではの質問をされます。ただし、空想で自分の意見を語るだけでは説得力がないため、実地見学などの事前準備を行い、情報を集めておきましょう。

(最終)
三菱地所の最終面接は、意思確認の形式的な面接ではありません。最終面接でも多くの学生が残念な結果に終わっており難関となっています。また、面接官は役員で面接の雰囲気は極めて厳かです。面接官は三菱地所が重要視する「誠実さ」について、学生の素の部分から感じようとしています。そのため、雑談のような質問もなされる場合がありますが、それは学生の素の部分を引き出そうと認識しましょう。

三菱地所の選考を通過したES例

三井不動産（総合職）

・デベロッパー界の「オールラウンダー」

企業・社員の特徴

挑戦を歓迎する、はつらつとした社風

賃貸、分譲、マネジメントなど、事業を多面的に行っています。売上高業界No.1をひた走ってきたのは、仕事を全力で楽しむ風土が醸成されているから。破格の高待遇とリスクの少ない海外駐在を高いレベルで両立し実現しています。

内定の秘訣

周りを巻き込みながら挑戦できるか

何事にも挑戦している会社ですから、学生にも気概を求めています。また、「様々な利害関係者を巻き込むデベロッパーの業務」に向いていて、「常に挑戦を続けてきた三井不動産」とフィットすることをアピールしましょう。

インターン・セミナー・OB訪問

18卒は海外投資編と街づくり編の2種類のインターンを実施。各班につくメンターが個々人のパフォーマンスを評価し、優秀と判断された学生は、本選考で最終面接から案内されるなどの優遇があったそう。インターンメンバーからは10人程度が内定しています。

SPI・筆記試験など

- **形式** SPI
- **科目** 言語、構造把握、英語、性格
- **ポイント** ボーダーは、総合商社などと並び日系トップクラスと言われています。

総合	21	東大・京大	22	難関国立	30
早慶上理	10	GMARCH	25	関関同立	87

大学別人気ランキング

エントリーシート

Q1、三井不動産の志望理由をお書きください（400字以内）

Q2、今のあなたを形成する上での重要な経験（競ったこと、失敗したこと、成功したこと等）についてお伺いします。以下の期間における経験内容の詳細・経緯、またその経験が、今のあなたの考え方や行動にどうつながっているのかをお書きください

【1】-a 大学入学までの経験にテーマをつけてください（50字以内）

【1】-b 大学入学までの経験の期間をお書きください（150字以内）

【1】-c 大学入学までの経験について取り組んだ理由・背景をお書きください（150字以内）

【1】-d 大学入学までの経験の詳細と、その経験が今のあなたにどうつながっているのかをお書きください（350字以内）

【2】-a 大学・大学院の学生生活での経験①にテーマをつけてください（50字以内）

【2】-b 大学・大学院の学生生活での経験①の時期（または期間）をお書きください（150字以内）

【2】-c 大学・大学院の学生生活での経験①について取り組んだ理由・背景をお書きください（150字以内）

【2】-d 経験①の詳細と、その経験が今のあなたにどうつながっているのかをお書きください（350字以内）

【3】-a 大学・大学院の学生生活での経験②にテーマをつけてください（50字以内）

【3】-b 大学・大学院の学生生活での経験②の時期（または期間）をお書きください（150字以内）

【3】-c 大学・大学院の学生生活での経験②について取り組んだ理由・背景をお書きください（150字以内）

【3】-d 経験②の詳細と、その経験が今のあなたにどうつながっているのかをお書きください（350字以内）

Q3、あなた自身が働く上で大事にしたい価値観についてご自由にお書きください（300文字以内）

ES通過のポイント

ESの内容については面接で繰り返し問われる上、ES提出から面接までの時間が長く、さらに項目数も多いので回答内容を忘れてしまいかねないので、きちんと記録しておきましょう。

三井不動産（総合職）

面接		詳細	質問内容
	一次面接	所要時間：15分 学生人数：1人 社員人数：2人 結果通知時期：当日中に電話で	・ESの内容について。
	二次面接	所要時間：20分 学生人数：1人 社員人数：1人 結果通知時期：当日中に電話で	・ESについて。
	最終面接	所要時間：20分 学生人数：1人 社員人数：4人 結果通知時期：当日中に電話で	・ESの深掘りが中心。

面接通過のポイント

（一次）
一次面接の時間はわずか15分程度となっています。学生時代の3つのエピソードに関する深掘りが中心です。ESに書いた内容に関してはそれぞれ30秒〜1分程度で、口頭で説明できるよう、準備しておきましょう。

（二次）
一次面接と同じく、ESに書いた3つのエピソードの深掘り。これに加え、最終面接で用いられるモチベーショングラフ（人生の浮き沈みを1枚の紙に曲線で示すもの）と挫折経験の記入を行う。単位取得状況と就活状況について聞かれます。

（最終）
面接官は役員クラスの社員4人で、緊張感のある面接となっています。質問自体はこれまでの面接と変わらず、ESの記入内容に関する深掘りが中心。最終面接が最大の山場だと言われており、その倍率は「10倍」という噂もあるほど。
面接では2次面接の際に書いたモチベーショングラフについての質問もされます。面接に望む前にモチベーショングラフでポイントとして記載したエピソードに関しては全てに関して深掘りされても大丈夫というレベルまで準備すると良いでしょう。

三井不動産の選考を通過したES例

第 3 章

《企業別》
関門突破の
秘訣

メーカー

自動車／消費財／素材
重工／食品／電機

一口にメーカーといっても、BtoCのよく商品名を知るメーカーからBtoBで社名は有名ではないが社会を支える優良企業も多く存在する。また近年では国内企業だけではなく外資系企業の人気も高くなっている。採用活動の時期が異なるため、早めの活動開始が必要だ。

トヨタ自動車（事務系）

・世界のTOYOTA、産業報国の志

企業・社員の特徴

隙のない世界王者

時価総額国内No.1企業。関連の会社を含めると日本のGDPの1割（約53兆円）を占めていると言われています。自動車を造る技術も知恵もなかった状況の中で初と言われる国産自動車「トヨペットクラウン」を誕生させた歴史を背景に、今も不可能と思われることに果敢にチャレンジを続けていく人材を求めています。

内定の秘訣

経験に裏打ちされた圧倒的な自信とチャレンジ精神

自分に自信がある学生を好む傾向があり、謙遜するような学生は求めていません。また、実現できそうな目標に向けてチャレンジするというよりは不可能と感じるような無謀なことにも臆せずトライしていく姿勢を見せましょう。

インターン・セミナー・OB訪問

大学別説明会が行われ、座談会での逆質問の様子やアンケートの回答内容をもとに選考され、リクルーター面接へと進みます。アンケートにはできるだけびっしりと書き込み、逆質問では、ひたすら質問を続けて、関心の高さを見せましょう。

SPI・筆記試験など

形式 SPI
科目 言語、非言語
ポイント 高スコアは求められません。

総合	47	東大・京大	50	難関国立	26
早慶上理	54	GMARCH	64	関関同立	40

大学別人気ランキング

エントリーシート

Q1、大学で専攻しているテーマおよびその内容（400字以内）
Q2、大学時代に最も力を入れて取り組んできたこと（400字以内）
Q3、大学時代にチームを巻き込んで成果を出したエピソード（400字以内）
Q4、トヨタの志望理由とやりたい仕事（400字以内）
Q5、身近な人から、どのような人だと言われるか。またそのように言われる理由。（どのような人だと言われるか30字以内／理由150字以内）

ES通過のポイント

ESの設問は5つのテーマに分類されており、それぞれのテーマごとに複数の設問が用意されています。リクルーター面談を突破している学生はリクルーターからESの添削を受けることができ、高い確率で通過できるでしょう。Q1研究テーマについては、200字という短い字数で書くことが求められます。研究概要、動機の2つの要素を含めるようにしましょう。研究概要に関しては専門性より、分かりやすさを重視して説明できるように研究室で添削してもらうとよいでしょう。

Q2、Q3では周囲を巻き込んだ課題解決経験を書くことをオススメします。選考では「課題を解決するために泥臭くメンバーを巻き込んでいけるか」ということが繰り返し聞かれます。「課題解決過程」「集団を巻き込んだ過程」の2つの視点を持って構成しましょう。

Q4トヨタ自動車は自社に誇りを持って働く社員が多いことから、志望度の高さを示すことが求められます。生涯を通じて成し遂げたいこと、理想の社会人像・働き方、動機、他社との比較、入社してから行いたい仕事の要素を整理しましょう。

トヨタ自動車（事務系）

面接		詳細	質問内容
	リクルーター面談	所要時間：各1時間30分 学生人数：(1回目)4人/(2回目)3人/(3回目)3人 社員人数：(1回目)2人/(2回目)2人/(3回目)3人 結果通知時期：(1回目)2週間以内/(2回目)2〜3日後／(3回目)当日中 ※いずれも電話で	・自己PR、学生時代に頑張ったこと。 ・志望理由。 ・最大の挫折経験と立ち直ったきっかけ。
	最終面接	所要時間：30分 学生人数：1人 社員人数：3人 結果通知時期：1週間以内に電話orメールで	・学生時代に頑張ったこと。 ・チームを巻き込んで成し遂げた経験。 ・志望動機。

面接通過のポイント

（リクルーター面談）
倍率は各回3〜4倍。自社に誇りを持つ社員が多いことから、選考全体を通じて圧倒的な志望度のアピールが重要になります。高い問題解決能力が求められており、最大の挫折経験と立ち直ったきっかけを聞かれます。「効果・再現性」を意識して、対症療法ではなく、原因療法を用いることと仕組み化により継続的な効果が得られるようにするというような話をすることが高評価のポイントです。

（最終）
トヨタでは、自社に誇りを持つ社員が多いことから圧倒的な志望度が求められます。
そのため、志望動機は深く聞かれます。掘り下げられる要素は「他社との比較（トヨタでなければならない理由）」と「入社後にやりたいことの理由」です。綿密な企業研究やリクルーター面談での逆質問を通じて、情報収集し、他社比較でトヨタでなければならない理由を準備しましょう。入社後にやりたいことの理由に関しては、将来成し遂げたいことと入社後にやりたいことの整合性に注意して準備するとよいでしょう。

企業別対策

メーカー

トヨタ自動車の選考を通過したES例

日産自動車（マーケティング&セールス）

・売上高12兆円を超える、グローバル自動車メーカー

企業・社員の特徴

「半外資系」の社風

ルノーとの業務提携に伴い、企業風土が外資風に変化しつつあります。ルノー出身の社員も多く、社内での会話も英語が増えているようです。Zero emission（電動化して排出ガスをなくす）、Zero fatality（自動運転化で交通事故をなくす）という、非常に困難な内容を戦略として掲げていることから、挑戦を大事にする文化がうかがえます。

内定の秘訣

希望職種への理解度の高さを論理的に説明できるか

部門別採用を行っているため、総合職採用を行っている他社よりも、明確にその業務を志望する理由が求められます。「似たような職種もあるけど、違いわかってる？」などの質問から深掘りがなされ、自動車業界や日産、さらには希望職種に対する興味や理解を詳しく問われるようです。

インターン・セミナー・OB訪問

夏季3日間、冬季2日間のインターンがあります。与えられた課題について議論→日産独自の手法で考えをまとめ発表→その後他チームからの質疑応答、を何度も繰り返します。

SPI・筆記試験など

- **形式** 企業オリジナル※玉手箱の場合もあり
- **科目** 非言語
- **ポイント** 足切りのような位置付けであり、重要度は低いようです

総合	114	東大・京大	113	難関国立	70
早慶上理	113	GMARCH	128	関関同立	126

大学別人気ランキング

エントリーシート

Q1、リーダーシップ体験とその成果、およびその体験からリーダーシップについてどのように考えるようになったか（600字以内）

Q2、これまでに参加した、コミュニティー、課外活動、グループ研究等において、どのような役割を果たしてそのチームの目標達成に貢献したか（600字以内）

Q3、第一志望の職種を選んだ理由とその中でやってみたいこと（600字以内）

Q4、自己PR（600字以内）

ES通過のポイント

このESで一番重要な設問はQ1です。日産はリーダーシップを重要視していることに加え、実際にその後の面接でもリーダーシップを発揮した経験を様々な角度から聞かれるためです。リーダーシップには様々な種類のものがありますが、どんなものであれ、日産の社員が発言しているように「年次や役職に関わらず、主体的にチームに貢献すること」を記載しましょう。

また、部門別採用を行っているため、企業に対する志望動機だけでなく、部門に対する志望動機も記載するべきです。その際、自身の価値観や興味が、自動車業界で、そしてその部門で働くこととどうつながるのかを明確に伝えることが求められます。

日産自動車（マーケティング＆セールス）

面接		詳細	質問内容
	一次面接	所要時間：40分 学生人数：1人 社員人数：1人 結果通知時期：2〜3日以内にメールで	■ 志望動機など。
	二次面接	所要時間：90分 学生人数：1人 社員人数：4人 結果通知時期：1週間以内にメールで	■ 志望動機や自己PR、日産について思うことなど。
	三次面接	所要時間：30分 学生人数：1人 社員人数：3人 結果通知時期：当日メールで	■ 志望動機のほか、半分以上の時間が逆質問。
	四次面接	所要時間：15分 学生人数：1人 社員人数：1人 結果通知時期：その場で	■ 志望動機、第一志望かどうか、内定をもらったら就活をやめるか、など。

面接通過のポイント

（一次）
自己PRや学生時代頑張ったことなどオーソドックスなことが質問をされます。日産は挑戦していく文化を持ち、それを非常に大切にしていると考えられます。そのため、自分がその文化にフィットしていることを、今までにない新しい取り組みをした具体的な経験などから伝えましょう。

（二次）
この面接から、希望する部門の社員が面接官になり、その部門への志望理由が深堀りされます。この背景には、この面接が部門別フローの最初の面接であるため、学生がしっかり部門の違いを把握して志望しているかを見極める意図があると考えられます。また、マーケティング＆セールス部門は一番人気であるため、よりその傾向は強いと言えるでしょう。日産という企業や、企業の製品である自動車についてどのようなイメージを持っているかを聞かれます。

（三次）
半分程度の時間が逆質問に費やされます。逆質問は自身の志望度の高さをアピールするチャンス。具体的には、希望する職種や日産について調べた上で疑問点を聞き、その際に自分の考えも添えることが有効です。例えば、「マーケットインテリジェンスとグローバルマーケティングも同様にマーケティングに関する業務を行いますが、どのようなすみ分けが行われているのでしょうか。自分としては、業務を分けないで一貫して同じ部署が担当したほうがコミュニケーションコストもかからず、効率的だと思います」といった質問が効果的でしょう。

（最終）
時間も短く、回答に対して特に深堀りもされないため、この面接は、入社への意思確認の場だと考えられます。

日産自動車の選考を通過したES例

サントリーホールディングス
(ビジネス部門)

・飲料業界1位の挑戦力

企業・社員の特徴	### 「やってみなはれ」が生み出す社風
	創業者の鳥井信治郎が掲げた「やってみなはれ」という言葉に表れる「挑戦心」を重んじた個人主義・能力重視の社風があります。健康飲料の先駆け「特茶」、若者のお酒離れにマッチした「ほろ酔い」「オールフリー」など、市場環境を変える新製品を開発してきました。

内定の秘訣	### 挑戦に必要な「積極性」と「知性」はあるか
	サントリーでは挑戦には積極性(=意思)と知性(=頭の良さ)が必要と考えており、ESから面接まで一貫してこの2点が重視されます。積極性は過去のエピソードで示し、知性は端的な受け答え、話し方でアピールしましょう。

インターン・セミナー・OB訪問	春に「イベント」として映像による企業説明と社員座談会(3人ほど)が行われる。

SPI・筆記試験など	**形式** TG-WEB **科目** 英語、言語、簡単な計算 **ポイント** 「展開図」「暗号」といったTG-WEB独自問題あり。早期から対策を始め、解き慣れておくべき。

総合	11	東大・京大	29	難関国立	13
早慶上理	20	GMARCH	9	関関同立	3

大学別人気ランキング

エントリーシート

「今までの人生における『挑戦』または『創造』の経験」をA4用紙1枚に手書きで記入する。

ES通過のポイント

内定者によると人事社員6人で2000枚以上のESのチェックをしているらしく「簡潔に分かりやすさを心がける」「自分の挑戦を表現する」の2点を意識した構成にすることが重要です。手書きのESですが、写真・色分けなどを行なって見やすさを重視しましょう。凝った内容にすることで、志望度のアピールにもつながります。

サントリーでは挑戦心と知性のある学生を求めており、「挑戦」のテーマに対して「問題提起」→「解決策」の順序で論理的に構成することが求められます。

下記1~3の手順を参考に自身の経験をまとめましょう。

(1) 所属していた組織が良い状況であった（定量的な情報を含めて）
(2) その後に組織の外的な要因によって困難にぶつかる可能性が浮上し、その組織のあり方に疑問を持った
(3) 組織が困難に直面して自分が考えた解決策

サントリーホールディングス（ビジネス部門）

		詳細	質問内容
面接	一次面接	所要時間：10分 学生人数：2人 社員人数：1人 結果通知時期：当日中にメールで	■ 自己紹介。 ■ エントリーシートに書いた内容について。 ■ 学生時代に力を入れたこと（特に自分がどういう考えを持ってそれに取り組み、その経験から何を得ることができたのか）。 ■ やりたい仕事とその理由。 ■ 最後に言いたいこと。
	二次面接	所要時間：20分 学生人数：1人 社員人数：1人 結果通知時期：2～3日以内に電話で	■ 自己紹介。 ■ 学生時代に力を入れたこと。 ■ 入社後に挑戦したい仕事。 ■ ゼミの研究内容と入社後にいかせること。 ■ グローバルに興味はあるか。 ■ 英語は堪能か。 ■ ・志望動機。
	最終面接	所要時間：30分 学生人数：1人 社員人数：3人 結果通知時期：当日中に電話で	■ 自己紹介。 ■ 学生時代に力を入れたこと。 ■ 入社後にやりたい仕事。 ■ サントリーの今後についてどう考えているか。 ■ 競合他社との面接の雰囲気の違い。 ■ 趣味、好きな居酒屋について。 ■ 他社の選考状況、志望順位に関して。

面接通過のポイント

サントリーの面接は最終面接まで最長20分しかない超短期決戦型の面接です。そのため、端的に物事を話せるかが非常に重要な要素となっています。

（一次）
一次面接では1人当たり5分しか持ち時間がありませんので「質問されたことにはまず一言で返し、深掘りされたら詳細を話す」などの意識を持って会話をしましょう。

（二次）
中堅の人事社員と20分の個人面接がなされます。内容はESに書いた「挑戦」のエピソードや志望理由などへの深掘りが8割で、残りの時間で「ビール業界は全体的に泥臭い仕事が多いが大丈夫か」といった適正チェックの質問の時間にあてられます。
逆に英語力が高いことを鼻にかけてもいけませんので注意してください。

（最終）
最終面接は役員と専務2人との面接です。質問内容はこれまでと変わらず「学生時代に頑張ったこと」や「志望理由」が大半を占めます。これまでにされた質問や回答のブラッシュアップをしておき、多面的に答えられるように準備しておくといいでしょう。

また、最終面接では志望度の高さも重要になります。競合ほどでないにせよ、サントリーも志望度を重要視する企業です。「どうしてキリン・アサヒではないのか？」と聞かれることが多いため自分なりの回答を持っておきましょう。

サントリーホールディングスの選考を通過したES例

キリンホールディングス（事務・営業系）

・「Quality with Surprise」を追求した業界2番手

企業・社員の特徴

「穏やか・真面目」から「オーナーシップを持った集団」へ

これまでサントリーと比較して「穏やかで真面目」と言われていましたが、サントリーの積極的な海外展開などにより業界首位を奪われ、積極的にオーナーシップを握る集団へ移行する変革期を迎えてます。2016-2018年度の中期経営計画は「構造改革による、キリングループの再生」。

内定の秘訣

転換期を担うオーナーシップを持っているか

サントリーとの競争が熾烈になる中、積極性があり、リーダーシップを取れる人材を求めているようです。選考では「学生時代に打ち込んだこと」からこれらの点を評価してくるので、自身が牽引した物事の話などをアピールしましょう。

インターン・セミナー・OB訪問

冬に3日間のインターンを実施。「キリンで新しい商品を提案」というテーマで、あらかじめ決められた4、5人のチームで課題に取り組みます。懇親会での評価が高ければ早期選考に呼ばれ、かなり早い段階で内々定の約束が出るという話もあり。

SPI・筆記試験など

- **形式** 玉手箱
- **科目** 言語、計数、性格
- **ポイント** 基本的に飲料メーカーは筆記試験の難易度は低く、高いボーダーが課されることもありません。

総合	20	東大・京大	49	難関国立	23
早慶上理	28	GMARCH	12	関関同立	12

大学別人気ランキング

エントリーシート

※手書きでA4用紙1枚分のESを提出
Q1、これまでの人生の中で、周りを巻き込み、リーダーシップを発揮した経験 ※必ずしも役職としての「リーダー」経験を問うものではありません（紙面1/3程度）
Q2、これまでの人生で最もチャレンジした経験（表現方法は自由。ただし別資料の同封・立体加工は不可）（紙面1/2程度）
Q3、Q1・Q2の質問を踏まえ、これまで培った経験や能力を活かしてキリングループで「何を」「どのように」達成したいか（紙面1/6程度）

ES通過のポイント

キリンをはじめ飲料メーカーのES通過率は低くなっています。学歴に関係無く、内容を練りこんだESでないと落とされてしまうでしょう。キリンでは「オーナーシップ」が評価され、面接で用いられるESでもそれを見越して自己アピールする必要があります。
特にキリンが求める「オーナーシップ」を持つ人材としてアピールするために、自身の強みを分解して「他者を巻き込む力」と「挑戦力」をアピールしましょう。

キリンホールディングス（事務・営業系）

面接		詳細	質問内容
	一次面接	所要時間：30分程度 学生人数：2人 社員人数：1人 結果通知時期：当日中にメールで	■ 自己紹介。 ■ 学生時代頑張ったこと。 ■ キリンでやりたいこと。
	二次面接	所要時間：1時間 学生人数：1人 社員人数：2人 結果通知時期：当日中にメールで	■ 学生時代に頑張ったこととその動機。 ■ 得たものは何か。 ■ 取り組みが終わって変化したことは何か。 ■ どういった人生を歩みたいか。 ■ 志望理由。 ■ 逆質問。
	最終面接	所要時間：30分 学生人数：1人 社員人数：1人 結果通知時期：当日中に電話で	■ ESの内容について。 ■ 他社の選考状況はどうか。 ■ キリンの志望順位は何位か。

面接通過のポイント

キリンの面接では最終面接まで一貫して「なぜ?」と回答内容の理由が何度も聞かれます。これはキリンの「考えてから動く」というこれまでの社風の価値観・評価が残っているためだと考えられます。特に「学生時代頑張ったこと」は面接でも「どうしてその行動を起こしたのか」など、行動の理由や当時の考えが聞かれます。ESでアピールしていた「学生時代に頑張ったこと」をはじめ、これまで行って来た行動それぞれに「なぜ?」と問いかけ、面接のデモンストレーションをしておきましょう。

また、選考では「オーナーシップを持つ人間なのか」が常に問われます。

ESに加えてこれ以降の面接でも問われる点ですので、既にESで書いた「リーダーシップ」や「積極性」の2点からアピールできるようにしておきましょう。

キリンは志望度の高さに敏感な企業です。理由は競合と事業内容が似ており、違いが企業規模と社風の差程度のためです。面接では常に「キリンが第一志望」と答えられるようにしておきましょう。もちろん言うだけでなく、志望理由も適切に言えるようにしておくことが重要です。

キリンホールディングスの選考を通過したES例

P&Gジャパン（Sales〈営業統括〉）

・消費財ジャパンの世界王者

企業・社員の特徴

「全員が船頭」リーダーシップの塊

論理の権化とも言うべきロジカルシンキングと、アツいパッションを兼ね備えた熱血系。大きな裁量権が与えられ、若い社員にとっては良くも悪くも大きな成長の機会が用意されています。多少のリスクを恐れず、刺激的で、成長速度を最大化できるファーストキャリアを追求する学生に向いている社風です。

内定の秘訣

「企業方針声明書(PVP)」を理解する

PVPに掲げる「誠実さ、リーダーシップ、オーナーシップ、勝利への情熱、信頼」の5項目にあてはまる人物が求められています。特に重視されるのがリーダーシップです。後述するリーダーシップの5Eも押さえておきましょう。

インターン・セミナー・OB訪問

秋に開催されるインターンで高い評価を得ると「選考を受けることをお願いする旨のメール」が届きます。本選考を有利に進めるためにも、高評価が得られるように対策して臨みましょう。

SPI・筆記試験など

- **形式** （WEB）企業オリジナル／（筆記）企業オリジナル
- **科目** （WEB）図形、性格診断／（筆記）言語、非言語、英語
- **ポイント** WEBテストはSPI対策の書籍で、英語はTOEIC対策書籍で問題に慣れておきましょう。

総合	7	東大・京大	9	難関国立	7
早慶上理	14	GMARCH	10	関関同立	6

大学別人気ランキング

エントリーシート

※Q1〜Q5までは各500〜700字で記入。

Q1. 解決したい課題や問題について、重要な関連性のある情報（データや事実など）を見出し、その課題や問題の根源をつきとめ、解決策を提案した結果、望ましい成果を挙げた経験について

Q2. グループの中でリーダーシップを取って、方向性を示し、グループメンバーから協力を得て優れた結果を出した経験について

Q3. これまでに著しい結果（学校、コミュニティー、仕事などを含む）を出した時のこと

Q4. 周りで起こった変化によって、いつもより柔軟になることが必要になった時のことについてその時の状況と、どのように対処したか

Q5. 異なる背景、経歴又は考えを持っている人々と、建設的な関係を築き上げ、よりよい結果を得た例

Q6. 第一志望職種への志望理由（200字以内）

Q7. 志望企業（任意回答）

ES通過のポイント

ESは5つの設問があり、それぞれ約700字。同じ経験を異なる見せ方で記述するのではなく、異なる経験で記述することをお勧めします。

事実、内定者も「選考に進んだ友人は皆異なるエピソード書いていたようだし」と述べています。高校の経験を記述している内定者もいました。

P&Gではリーダーとしての素質を備えている学生が評価されます。アルバイトやサークル、部活などの経験をもとに、チームを巻き込み、チームに貢献した話を記述しましょう。その際に重要となるのが「どのように行ったのか」を明確に記述するという点。自身の経験のHowの部分の詳細を記述する意識を持ちましょう。

P&Gジャパン（Sales〈営業統括〉）

面接		詳細	質問内容
	一次面接	所要時間：30分 学生人数：2人 社員人数：1人 結果通知時期：1週間以内に メールで	■ 自己紹介。 ■ 志望動機。 ■ エントリーシートの内容について。 ■ なぜ営業なのか。 ■ 大学の研究テーマどうやって決めたか。 ■ 直行直帰の働きかたについて。 ■ 全国転勤に抵抗はないか。 ■ 逆質問（1問程度）。
	最終面接	所要時間：30分 学生人数：1人 社員人数：1人 結果通知時期：2、3日以内に 電話で	■ 自己紹介。 ■ 志望理由。 ■ セールスの志望理由。 ■ キャリアプラン。 ■ 学生時代に頑張ったこと。 ■ 辛いときの対処法。 ■ 営業に必要な要素を三つあげて。 ■ 志望度の高さ。 ■ 直行直帰について。 ■ 勤務地の希望はあるか。 ■ 逆質問。

面接通過のポイント

（一次）
面接では「困難を乗り越えることができるか」「強い成長意欲があるか」といった、P&G社員に必要な基礎能力が見られています。自己分析を進め、自分のモチベーションの根源を語れるようにしておきましょう。困難を乗り越えた経験も事細かに話せるように準備が必要です。面接では、大半の時間がESとその周辺事項の深掘りにあてられます。

また困難に陥った際、どのように考え、どのように解決するのかについても聞かれるので、明確な答えを持っておきましょう。目標達成に対する責任感も見られています。面接官からは「この経験の目標値は定量的にどれくらいで達成できたの？」というような質問をしてきます。責任感を示すためにも目標への取り組みや目標を具体的に語れるようしましょう。

セールスは自社の人間に加えて、多くの社外の人間とビジネスをします。そこで必要になるのが、どのような相手に対しても不快感を与えることなく接し、自分の言い分ははっきりと伝えること。実際にP&Gの面接では、腰の低い人、学生に対して威圧的に接する人、冗談を頻繁に飛ばす人など多様な面接官が出てきており、どのような面接官に対しても持ち前のコミュニケーション能力で対応することが求められています

どのような面接官が出てきても惑わされることなく、事前にアピールすると決めた側面を面接官に伝えきりましょう。

（最終）
最終選考は志望度の高さが見られます。「なぜセールスなのか」「なぜP&Gなのか」については、一次面接よりも厳密な理由が求められるので、矛盾のない明確な回答を用意しておきましょう。

P&Gジャパンの選考を通過したES例

ジョンソン・エンド・ジョンソン（営業職）

・盤石な地位を築くグローバル企業

企業・社員の特徴

日系企業のような面倒見の良さ

分社分権化経営という経営スタイルを取り、各国の支社の独自性を高めており、日本では社員を大切にする文化が築かれています。業務評価は「売上だけでなく、自分が年初に立てた訪問件数などの目標を達成できたか」で評価されるなど、結果だけでなく過程も評価対象に加える日本風の方法を取っているようです。

内定の秘訣

経営理念「Our Credo」への理解を深める

経営の理念である「Our Credo」にもとづいて、採用や手厚い人材育成を行っていることで知られています。この理念は非常に徹底されており、社内にある「Credo部署」で定期的にOur Credoの研修が開かれるほど。そのため、選考においてもOur Credoを理解し、自分の経験との共通点を示すことが重要です。このOur Credoの3つの項目をそれぞれ一言で表すと、「顧客視点」「一人一人の尊重と配慮」「社会貢献」であると言えます。

インターン・セミナー・OB訪問

単日のインターンが行われます。企業についての知識を深めるためのワークに取り組みながら、企業への理解を深めていくプログラムとなっています。

SPI・筆記試験など

- **形式** テストセンター
- **科目** 言語、非言語、性格
- **ポイント** テストセンターですが、一般的な対策で対応可能。

総合	34	東大・京大	58	難関国立	44
早慶上理	44	GMARCH	29	関関同立	26

大学別人気ランキング

エントリーシート

Q1、「世界最大級のヘルスケアカンパニー」としてのジョンソン・エンド・ジョンソン 日本法人グループへの志望動機（400字以内）

Q2、これまでに主体的に「変化」を起こした経験について（400字以内）

Q3、ジョンソン・エンド・ジョンソンの「Our Credo／我が信条」を読んだ上で、自身の「信条」、「軸」、「こだわり」などを記述する（400字以内）

ES通過のポイント

Q1は、実際の仕事のイメージを持った上で志望動機を述べることが求められています。そのため、まずは具体的にどんな仕事がしたいのかを書き、その仕事をする場としてなぜJ&Jを選ぶのかという順序で構成するべき。

Q2は、主体性が問われています。「何を課題と捉えたか」「その課題の原因は何か」「どのように取り組んだか」「その結果どうなったか」を示すのがポイントです。

Q3も、Q2と同様に主体性が問われています。Q2が「過去の経験について」である一方で、Q3は「その経験をジョンソン・エンド・ジョンソンで将来的にどう活かすのか」という観点で記入する仕組みになっています。したがって、「Q2のエピソードに表れている自分の強みは何か」「その強みがジョンソン・エンド・ジョンソンの仕事にどう結びつくのか」を盛り込むとよいでしょう。

ジョンソン・エンド・ジョンソン（営業職）

面接		詳細	質問内容
	GD	所要時間：30分 学生人数：5〜6人 社員人数：1人 結果通知時期：1週間以内にメールで	・18卒では「東京オリンピックの開会式を盛り上げるには」「インクの切れたボールペンの有効活用」などが課題になった。
	一次面接	所要時間：1時間程度 学生人数：3人 社員人数：1〜2人 結果通知時期：1週間以内にメールで	・自己紹介、志望動機、企業選びの軸、信頼関係を築くときに大切にしている考え方、逆質問など。
	最終面接	所要時間：30分 学生人数：1人 社員人数：1人 結果通知時期：2〜3日以内に電話で	・志望動機、医療業界の印象、営業を選んだ理由、何をやりがいと感じて働くことができるか逆質問など。

> **面接通過のポイント**

選考フローの中でも特に倍率の高い選考となっています。人事曰く「初めに議論の枠組みを作れているか」「時間管理が出来ているか」の2点を特に見ているそう。また「Our credo」の一つである「一人一人の尊重と配慮」も評価されます。自分の意見に固執せず、自分と異なる意見のメンバーの発言にも配慮しましょう。

(一次)
「主体的に変化を起こした経験」と「顧客視点・一人一人の尊重と配慮・社会貢献などOur Credoとの共通点がある経験」を述べることが重要です。例えば、ある内定者は、「自ら立候補して主務を務め、退部者の多かった部活動を立て直した」として、主体性を示し、同じ経験の中で「お互いの稽古や運営に対する考えを部員一人一人と話し合い、意識統一をした」として、Our Credoの一人一人の尊重と配慮を示していました。このように、2つのポイントを押さえたエピソードを話すように心がけましょう。

(最終)
部門長が気になった点を矢継ぎ早に質問されます。回答を深掘りされるというよりは、1問1答のような形式で進んで行くようです。内定者も「準備して臨んだとしても必ず準備していない点にも触れられるので、素直に話すことが重要」と話しています。

また、最終ではJ&Jへの志望動機が主に問われます。
以下2つの観点で話を整理しておきましょう。
　　1. なぜ医療業界なのか
　　2. その中でもなぜJ&Jなのか
1については、医療系営業の特性に触れ、「社会貢献度の高さ」や「困難である分のやりがいの大きさ」を話すことがおすすめです。2については、J&J独自の「社員を大切にする社風」などを話すと良いでしょう。

ジョンソン・エンド・ジョンソンの選考を通過したES例

日本ロレアル（営業職）
※19卒からは「セールス職」に名称変更

・美のトップブランドを保有する優良企業

企業・社員の特徴

美容業界世界No.1の美の追求者

イヴ・サンローラン・ボーテやメイベリン ニューヨーク、シュウ ウエムラなど世界有数のトップブランドを商材としています。行動指針は「詩人のように感性豊かに、農民のように実直であれ」。美を追求する上で自由な発想が求められるからか、感性に関してこだわりが強いという特徴があります。

内定の秘訣

『感性』を一貫してアピール

選考中は一貫して、自分の感性を象徴する趣味や経験を中心にアピールしましょう。服や絵画、音楽、劇などの分野と紐づけると有効です。また、数字にシビアで時にはストレスがたまるセールス職をなぜ選ぶのか、しつこく聞かれても最後まで論理的に回答できるように準備しておきましょう。

インターン・セミナー・OB訪問

ES、WEBテスト、一次面接、GDを通過すると、「ワークショップ」という名目で説明会に呼ばれます。
※インターンのデータなし

SPI・筆記試験など

- **形式** 玉手箱
- **科目** 言語、非言語、英語、性格診断
- **ポイント** ESと同時に提出。ボーダーは高くないようです。

総合	31	東大・京大	47	難関国立	43
早慶上理	39	GMARCH	36	関関同立	29

大学別人気ランキング

エントリーシート

Q1、人生（大学入学以降）で一番のチャレンジを教えて下さい。また、そのチャレンジをどのように乗り越え、何を成し遂げましたか（700字以内）

Q2、ロレアルが展開するブランドの店頭に訪問した際に感じたことをご自由にお書きください（200字以内）

ES通過のポイント

Q1は、チームとして機能する資質が評価されます。そのため、自身のアルバイトやサークル経験等をもとに、チームを巻き込んだり、チームに貢献したりした話を記述しましょう。ここで重要となるのが、「どのように行ったのか」を明確にするという点です。

Q2で重要なのは、複数のブランドに言及するのではなく、1つのブランドに特化した文章を作成するという点。なお、対象ブランドの競合ブランドと値段や質、訴求メッセージなどの観点から比較し、記述することをお勧めします。

ESの評価対象かどうかは不明瞭ですが、趣味や資格欄で自身の感性をアピールできる点を記載することをおすすめします。というのも、1次面接、2次面接ではESに記載されている情報から質問がされるためです。

日本ロレアル（営業職）

面接		詳細	質問内容
	一次	所要時間：20分 学生人数：1人 社員人数：1人 結果通知時期：2週間以内にメールで	■「目の前に出された化粧品のどれか1つを選んで、新しい使い方を提案する」というテーマで1人1分ほどプレゼンを行ったのち、「工場の建設地の選択」というテーマで議論する。
	二次面接	所要時間：45分 学生人数：3人 社員人数：3人 結果通知時期：2〜3日以内に電話で	■ ロレアルの商品を使った感想、自分の強み、志望動機。
	最終面接	所要時間：45分 学生人数：1人 社員人数：2人 結果通知時期：4〜5日以内に電話で	■ 学生時代に頑張ったこと、強み、志望動機。

面接通過のポイント

(一次)
この面接では主にESの設問や趣味、参加インターン経歴等、記載した内容について満遍なく問われます。それらを踏まえると、「論理的に物事を語ることができているか」や「感性を有しているか」「協調性を有しているか」が見られていると考えられます。

(二次)
ロレアルの商品を使った感想を問われることがありますが、ここでは仮に使ったことがなかった場合「使ったことがありません」と伝えても問題ありません。実際に内定者も使ったことがなかったため、そのように回答したところ「素直だね」と笑ってくれて場がなごんだそうです。自信を持って回答できるのであれば、普通に回答してもよいですが、もしそうでない場合は敢えて「使用したことがない」と言うのも一つの手です。

(最終)
過去の経験や自分の強みが問われたら、『粘り強さ』『周囲と協力し成果をあげる力』『目標達成への責任感』をアピールして営業職への適性を示しましょう。

日本ロレアルの選考を通過したES例

ネスレ日本（事務系職）

・世界一の総合食品・飲料メーカー

企業・社員の特徴

日系メーカーに近い社風

Good Food, Good Lifeをスローガンに、キットカットやネスカフェなどのブランドを多く扱っています。外資系メーカーの中でもワーク・ライフ・バランスが取れていることでも有名で、社員の多くは19時ごろには退社するそう。「和を以って尊しとなす」日本企業の風土が根付いています。

内定の秘訣

物腰がやわらかく協調性があるか

GDや面接では、「難しい言葉を簡単に説明する」「相手へ賛同した上で改善案を出す」姿勢を見せるようにしましょう。

インターン・セミナー・OB訪問

選考の過程で、一次と最終面接の間に2日間のインターン（ジョブ）が行われます。形式は課題解決型グループワークで、ネスレの最近のニュースや資産についてピックアップした上でビジネスを考えていきます。通過率は半分以下とも。

SPI・筆記試験など

形式 ―
科目 ―
ポイント ※選考過程にSPI・筆記試験などを設けていません。

エントリーシート

なし

総合	19	東大・京大	29	難関国立	20
早慶上理	41	GMARCH	17	関関同立	7

大学別人気ランキング

ES通過のポイント

エントリーシート・WEBテストの代わりに、本選考の初めに企業独自の「ネスレ8daysミッション」という選考プロセスがあります。自宅で実施し、8日間毎日1問ずつ出題される問いに解答する形式です。設問は「あるレストランで、ある希少品を使ったメニューを出します。それは何ですか」「魚も顔を認識できることがわかりました。それを使って、新しいサービスを考えてください」などユニークな内容。自分なりに前提条件を足して、根拠のある答えができるかが見極められています。最近話題になったトピックと絡めて答えると良いでしょう。

面接

	詳細	質問内容
一次面接	所要時間：30分 学生人数：1人 社員人数：1人 結果通知時期：4〜5日以内にメールで	■ 学生時代に頑張ったこと、逆質問など。
二次面接	所要時間：30分 学生人数：1人 社員人数：3人 結果通知時期：2〜3日以内に電話で	■ 日本企業とドイツ企業の不祥事に違いはあるか、アベノミクスについてどう思うか、など。

面接通過のポイント

最終では希望部署も尋ねられます。ネスレでは、新卒でマーケに配属になることは稀なため、営業に対する意欲を面接で問われます。営業がマーケに移るための下積み経験と捉えられるような発言は禁物。「目の前の仕事をひたむきに取り組み、それでもまだ、マーケティングも経験したいという気持ちが残っていたらチャレンジしたい」など前向きな受け答えをしましょう。

ネスレ日本の選考を通過したES例

ユニリーバ・ジャパン（マーケティング）

・欧州系消費財メーカーの雄

企業・社員の特徴

「自分らしさ」を大事に

米系の王者がP&Gなら、欧州の王はユニリーバ。他社との違いで際立つのは「顧客の感性を理解する鋭さ」。通常の消費者リサーチだけでなく、心に響くパッケージデザインや世界初の度肝を抜くキャンペーンなど、消費者リサーチの外にある感性を大切にしています。鋭い感性を持つ社員が好まれる傾向にあります。

内定の秘訣

落ち着いて人を説得できるか

他者の意見を笑顔で聞いて、協調性を発揮しながら自分の意見を通すことが求められます。さらに右脳の力（世の中のニーズを捉える感性・センス）があるかも大きなポイント。また、近年選抜が大きく変わってきているので、常に最新の情報をチェックすることが重要です。

インターン・セミナー・OB訪問

本選考の過程のひとつに、インターンが含まれています。5日間で講義、グループワーク、プレゼンテーションが行われます。

SPI・筆記試験など

形式 企業オリジナル×2回
科目 (1回目) 計数 / (2回目) 非言語、表の読み取り
ポイント いずれも難易度はそこまで高くありません。

エントリーシート

Q1、志望理由（500字以内）
Q2、人を巻き込み、チームで目標を達成した経験（500字以内）
Q3、相手のニーズを理解し、それに応えるために起こした具体的な行動について、以下の3つの質問に答える
(1) なぜそのニーズを理解する必要があったのか（200字以内）
(2) 相手のニーズを理解するためにどのような行動をしたか（200字以内）
(3) ニーズに応えるためにどのような行動をしたか（200字以内）

総合	17	東大・京大	27	難関国立	16
早慶上理	25	GMARCH	14	関関同立	17

大学別人気ランキング

Q4、アイデアシート（A4）
　　※「ラックスの売上を上げるには」をテーマに自由に記述

ESの通過のポイント

右脳の力（世の中のニーズを捉える感性・センス）を重視しているため、Q4はガチガチのロジックよりもアイデアありきで書きましょう。内定者は実際に伝えたい部分に色をつけたり、写真を使用したりして読み手が読みやすいレイアウトを心がけたようです。

面接

	詳細	質問内容
GD	所要時間：30分 学生人数：6〜7人 社員人数：1人 結果通知時期：2週間以内にメールで	■ 17年卒のテーマに「ユニリーバの新卒採用において、環境負荷を減らすには」もあり。
一、最終面接	所要時間：30分 学生人数：1人 社員人数：(一次)1人/(二次)2人 結果通知時期：(一次)即日/(二次1週間以内)	■ 志望理由、周りで流行っているもの、なぜそれが流行っているのか。逆質問。

面接通過のポイント

一次と最終の間に、GDとジョブが実施されます。GDではBe yourselfを標榜する、個性を尊重する社風を意識して協調的リーダーシップを発揮しましょう。最終は30分間英語で行われます。

ユニリーバ・ジャパンの選考を通過したES例

JT（日本たばこ産業）（総合職）

・日本発の巨大グローバル企業

充実の福利厚生、働きやすい企業風土

企業・社員の特徴

現在の売上収益の中では、全体の21,433億円のうち約56％を海外たばこ事業、約32％を国内たばこ事業、約4％を医療事業、残りの約8％を加工食品とその他事業で賄っています。（2016年JT公式サイト「業績・財務ハイライト」より）世界のたばこ市場でもブリティッシュアメリカンたばこに次ぐ3位の地位を獲得しているグローバル大企業といえるでしょう。
また、充実した福利厚生制度は魅力のひとつ。代表的なものが「手厚い家賃補助制度」です。「基本的には家賃の7割が補助の対象となり（上限金額あり）、既婚者など同居人がいる場合は補助の対象額の上限が上がる」という社員情報があります。また、産休育休制度も完備されているようです。

選考フローが人により全く異なる

内定の秘訣

かなり特殊で、一貫したフローは存在しません。本選考の面接フローは基本的に全員同じですが、そこに至るまでに、ESの評価が高ければリクルーターと面接を数回行う場合や、クローズドの説明会に招待され、その後社員と食事をしてから本選考に入るパターンなど、人によって異なります。

インターン・セミナー・OB訪問

夏や冬に5日間のインターンがある。新規事業を立案するというテーマのワークのほか、企業紹介の講義や社長の話を聞く。企業HPではインターンは選考とは関係ないとされている。

SPI・筆記試験など

- **形式** TG-WEB
- **科目** 言語、非言語、性格
- **ポイント** 内定者によると、同レベルでWEBテストが得意な学生が解いても、リクルーターがつく学生とつかない学生がいたようです。WEBテストの重要度はあまり高くない可能性もありそうです。

総合	53	東大・京大	44	難関国立	23
早慶上理	80	GMARCH	63	関関同立	61

大学別人気ランキング

エントリーシート

Q1、入社して挑戦したいことは何か。理由とともに答える。（200字以内）
Q2、学業への取り組み内容とその成果について（200字以内）
Q3、学業以外に、最も力を入れたことは何か。取り組み内容とその成果について（200字以内）
Q4、人はなぜ「たばこ」を吸うと思うか（200字以内）

ES通過のポイント

Q1は、JTへの理解度や志望度を見る質問だと考えられます。回答には、内定者の7割が入社後最初に担当する、たばこの営業に関して記載するとよいでしょう。

Q2、3では、他者に対して積極的に貢献する姿勢が評価されると考えられます。自身のために行動した経験ではなく、チームや他人のために自発的に行動した経験を語るとよいでしょう。

Q4については、たばこは賛否両論ある特殊な商材のため、たばこに対する考えを見るためにこの設問を課していると考えられます。JTはたばこメーカーなので、ここではたばこのメリットを述べた方が無難。ESの内容が、リクルーターがつくかどうかの分かれ道になります。各200字と短いですが、時間をしっかりとかけ、推敲してから提出しましょう。

JT（総合職）

面接		詳細	質問内容
	一次面接	所要時間：1時間程度 学生人数：1人 社員人数：1人 結果通知時期：当日中に電話で	・自己紹介と志望理由、企業を知ったきっかけ、もし自分の子供が禁煙教育を受けて親の会社について質問ないし批判をしてきたらどう説明するか、人生をやり直せるカードがもらえたら使いたいか、など。
	二次面接	所要時間：1時間程度 学生人数：1人 社員人数：2人 結果通知時期：面接後その場で、または当日中に電話で	・志望動機の深掘り、たばこの**本質的価値**とは、たばこの価値とはどのようなものか。

面接通過のポイント

(一次)
非喫煙者は「なぜ、たばこ事業なのか」、喫煙者は「たばこ事業に関わる事による周囲からの反応に対応出来るか」をおさえておきましょう。喫煙者の場合は「子供が禁煙教育を受けてきたら、自分の会社についてどう説明するのか」など、本人以外の関係者からのリアクションにどう対応するかが問われる質問が多く、非喫煙者の場合は「なぜたばこを吸わないのにうちなのか」というオーソドックスに本人がたばこという商材のハードルを越えられるかを問われる質問が多いそうです。

(最終)
一時間という長い時間をかけて、志望動機など一般的なことはしっかりと聞かれます。

JTの選考を通過したES例

旭硝子（AGC）〈事務系〉

・世界No.1のガラスメーカー

企業・社員の特徴

「易きになじまず難きにつく」

板ガラス、自動車用ガラスに加え、意外と知られていませんが、フッ素樹脂、石英素材という分野でも世界1位。トップの地位に甘えることなく、常に業界の先手を取り続け、2025年までにはガラスの売り上げを落とすことなく、化学とガラスの売り上げ割合を同じにすることを目標にしています。

内定の秘訣

性格診断は3回実施

人となりを性格テストで精査し、面接での受け答えと性格診断の結果と照合するようです。素直な受け答えを心がけましょう。物事を飾らない、素直に言う社員が多く、学生にも取り繕わない、素直な言動を求めています。

インターン・セミナー・OB訪問

夏に1週間のインターンあり。工場見学や研修、職種理解説明会 座談会、議題解決型グループワーク（4、5人で一つのグループ）、ボードゲーム式グループワーク（3人程度で一つのグループ）が行われる。

SPI・筆記試験など

- **形式** SPI
- **科目** 言語、非言語、性格診断
- **ポイント** 難易度は高くありませんが、足切り点はある程度高いため、素早く正確に解いていく必要があります。

総合	125	東大・京大	142	難関国立	90
早慶上理	126	GMARCH	165	関関同立	157

大学別人気ランキング

エントリーシート

Q1、これまでに最も力を入れて取り組んだこと（取り組んだ項目30字以内、その取り組みの中で目標としていたこと200字以内、具体的な内容300字以内、結果50字以内に分けて記述）
Q2、今後チャレンジしようと思っている内容（2字以上30文字以内）
Q3、旭硝子で興味のある仕事（30字以内）
Q4、企業を選ぶ際に最も重視していること（20字以内）
Q5、企業を選ぶ際に2番目に重視していること（20字以内）
Q6、企業を選ぶ際に3番目に重視していること（20字以内）
Q7、企業を選ぶ際に4番目に重視していること（20字以内）
Q8、企業を選ぶ際に5番目に重視していること（20字以内）
Q9、（留学経験があれば）留学した理由（300字以内）

ES通過のポイント

選考を通過するかどうかに関わる比重は、ESよりもWEBテストの方が高いと言われています。とはいえ、ESは質問会や面接で社員の手元に常に置かれています。常に深掘りされる可能性があるので、念入りに記入しましょう。
Q1、Q9は、「挑戦心」、「タフさ」の2つをアピールするように心がけましょう。
Q4～Q8は、旭硝子のESにおける最大のポイントともいえる「就活の軸」についての質問となります。ESだけで落とされることは少ないとはいえ、ここで旭硝子の社風と合わない内容を書いてしまうと、次の選考に進めない可能性が高くなります。

企業別対策

メーカー

旭硝子（AGC）〈事務系〉

面接		詳細	質問内容
	一次面接	所要時間：45分程度 学生人数：1人 社員人数：1人 結果通知時期：1週間後に電話で	■ ほかにどのような業界を見ているか、就活の軸は何か、朝食は何を食べたかなど。
	二次面接	所要時間：1時間 学生人数：1人 社員人数：1人 結果通知時期：当日中に電話で	■ 就活の軸は何か、志望企業を志望順に5社、その順位の理由など。
	最終面接	所要時間：40分 学生人数：1人 社員人数：5人 結果通知時期：当日中に電話で	■ 学生時代の経験、志望度の確認。

面接通過のポイント

（一次）
旭硝子では、面接の半分以上の時間で、就活の軸が聞かれます。かなり深掘りされるので、心して挑みましょう。軸に矛盾している点や、旭硝子の社風と合わない点があった場合は、突破がかなり難しくなります。

（二次）
一次面接通過の連絡と同時に、面接のフィードバックが担当人事からもらえます。このフィードバックでは学生の良かった点、改善してほしい点が伝えられるので、2次面接には、改善してほしい点は絶対に直してから挑むようにしましょう。素早く修正できる力は、社会人として絶対に求められるスキルでもあります。

（最終）
最終面接では、半分以上の学生が落とされます。いわゆる意思確認としての最終面接とは異なるので、心して臨みましょう。一次面接と同様、二次面接通過の連絡と同時に面接のフィードバックが担当人事からもらえます。二次面接を担当した現場社員がその学生に期待すること、その学生の印象などを担当人事に伝えるため、かなり細かいフィードバックとなることが多いそうです。良い点、改善点の両方が伝えられますが、この内容を踏まえ、最終面接に挑みましょう。
ここでも、「就活の軸」は繰り返し聞かれます。ただし、二次面接ほどの深掘りではなく、それまでに聞かれたことを繰り返し聞かれることがほとんどです。

旭硝子の選考を通過したES例

武田薬品工業（医療用医薬品MR職）

・国内シェアNo.1

企業・社員の特徴

文系にも門戸が開かれている

MRの資格は入社後数ヶ月の研修をこなせば取得できるため、文系の学生も多く採用されています（※17年卒の40%強は文系の学部生）。圧倒的な研究開発費を投じ、多くの良い製品を生み出しているのも特徴。商材に強みを持つため他社のMRに比べてノルマ達成に苦労することが少ないようです。

内定の秘訣

ドクターに最も信頼される誠実さがあるか

MRには量的なノルマを課さず、「ベストインクラス」となること、つまり質的なパフォーマンスを求めています。多忙で時間のないドクターに要点だけを伝えて商品を売り込んだり、ドクターから信頼を得られる人柄であるか否かを測られます。

インターン・セミナー・OB訪問

18卒では、冬に5日間のインターンが複数回行われた。内容は、グループワークや職場見学がメイン。
なお、17卒のインターン参加者は、本選考で大きく優遇されています。具体的には後にインターン参加者向けの座談会が開催されたり、面接の回数が少なくなったりしたようです。

SPI・筆記試験など

- **形式** SPI
- **科目** 性格、言語、非言語
- **ポイント** 正答率を上げることを心がけ、わからない問題はとばして次に進みましょう。

総合	182	東大・京大	—	難関国立	—
早慶上理	194	GMARCH	278	関関同立	198

大学別人気ランキング

エントリーシート

Q1、タケダのMRを志望する理由をご記入ください。次にタケダのMRとして挑戦したいことや夢、目標をご記入ください（400字以内）

Q2、大学時代に自らが積極的に取り組み、得られた成果についてご記入ください（30字以内）

Q3、上記の成果を出すために、自らが主体的に取り組んだ内容（特に、困難に直面した経験と、それを乗り越えるために取り組んだこと）についてお書きください（600字以内）

Q4、長所（200字以内）

Q5、短所（200字以内）

Q6、自己PR（300字以内）

ES通過のポイント

Q1は、「ベストインクラス」など、社員のやりがいに沿って書くべきです。タケダの最大の特徴は「質」にこだわり「ベストインクラスとして誠実」に働いていること。ある内定者は「武田のMRのベストインクラスとしての、どこよりも誠実な働き方」への共感を中心に志望動機を記述しています。

Q2、Q3、Q6は、効率化を進めて結果を出したエピソードよりも、あるべき像を目指して誠実に取り組み、結果を出した話の方が受けがいいと考えられます。実際に、ある内定者は頑張ったことについて「誠実さを示すために、理想と現状とのギャップを序盤で強調してから本論に入ることを意識して書いた」と言います。また、18年卒の選考では17年卒時に比べてQ2、3の字数が増えており、この設問を丁寧に書くことが選考突破の鍵を握っていると考えられます。

Q4、Q5は18卒選考から新たに加わっています。長所は、「誠実」「質」を間接的に示せるとよいでしょう。短所の記述に関しては少し注意が必要です。改善可能な点を書くことがポイント。ある内定者は、「長所とも取れるようなものを書くようにした」ようです。

武田薬品工業（医療用医薬品MR職）

面接		詳細	質問内容
	GD	所要時間：1時間 学生人数：3人 社員人数：3人 結果通知時期：当日中にメールで通知	■「より優秀なMRになるために何が必要か」について話し合う（15〜20分）。 ■ 代表者による発表（1〜2分）。 ■「地域医療に貢献するためにMRは何に貢献するべきか」について話し合う（15〜20分）。 ■ 代表者による発表（1〜2分）。 ■ 社員によるフィードバック（1〜2分）。
	一次面接	所要時間：30分 学生人数：1人 社員人数：1人 結果通知時期：当日中にメールで	■ 学生時代について（1人1分で回答）。
	最終面接	所要時間：30分 学生人数：1人 社員人数：2人 結果通知時期：当日に電話で	■ ESの深掘り、逆質問。

面接通過のポイント

（GD）
MRは配属先の地域などで、チームで働く機会が多く、チーム内の迅速な情報共有をはじめとするチームワークが業務遂行において重要です。GDでは、その適性をチェックされると考えられます。ある内定者によれば、「論点がずれた他者の発言も汲み取り、議論の流れを修正していた人は選考を通過していた」ようです。

（一次）
18年卒の選考では、グループ面接だった17年卒の選考とは異なり個人面接となっています。そのため、前年比6倍の時間をこの面接に費やされています。また、内定者によれば最終面接とこの面接の選考官が同じだったようです。2回の面接でじっくりと選考されていることがわかります。

（最終）
ある内定者によると二次面接と最終面接の選考官は同じであり、じっくりと吟味されていることがわかります。プレッシャーがかかる場面でも、質問の意図を読み、端的に答えるようにしましょう。MRとドクターが会話をするのは、ドクターが昼食を取っている時や診察をしていない時などが多く、ドクターは片手間に聞いていることが多いようです。よってドクターの信頼を得て「ベストインクラス」となるためには、長々と説明するのではなく、ドクターが聞きたいことのみを説明しなければなりません。そのため、面接では聞かれた事だけに答えて面接官と会話のキャッチボールをするような意識を持つことを意識するべきです。

武田薬品工業の選考を通過したES例

花王（事務系 総合職）

・国内消費財メーカーの雄

企業・社員の特徴

ブランドの幅が広く、穏やかで真面目な人が多い

「よきモノづくり」を最も大切にしている消費財業界のリーディングカンパニー。質の良い製品を追い求める真面目な社風です。企業理念に「現場主義」を挙げており、実際に足と頭の両方を使って情報を集め、分析し、マーケターとしてのノウハウを貯めていくことに重きをおいています。

内定の秘訣

企業への理解を深めることが他社よりも重要

面接では企業についての知識を試される質問をされ、ESでも花王をどれだけ理解しているかを確認するような設問が目立ちます。また、入社後は様々な部署、価値観の人とのコミュニケーションが必要なため、他人を巻き込んで仕事をする信頼関係を構築する力があるかが重視されます。

インターン・セミナー・OB訪問

※データなし

SPI・筆記試験など

- **形式** 企業オリジナル
- **科目** 数学、国語
- **ポイント** SPIやTG－WEBのような数学や国語の問題に加え、「空き缶の使い方を思い付くだけ書け」といった頭の柔らかさを問う問題が多く出題される。対策が困難だが、「楽天」や「富士フイルム」と似ているという情報もあるので、これらの企業の試験を受けて練習をする方法もある。

総合	33	東大・京大	65	難関国立	26
早慶上理	49	GMARCH	31	関関同立	22

大学別人気ランキング

エントリーシート

全て300字以内で記述
Q1、応募したきっかけ
Q2、企業理念『花王ウェイ』の中で一番共感した点や心に残った言葉は何か。その理由を、自分の経験や考え方を含めて記入する
Q3、入社後に取り組んでみたいこと
Q4、学生生活の中で一番面白いと感じた授業や研究について
Q5、人生のターニングポイントは?
Q6、「こだわりのあるモノ」・「こだわっているコト」と、それにまつわるエピソード
Q7、人生最大のピンチはどんな状況だったか。そのピンチをどのように捉え、考え、行動し、その経験が現在どのように活かされているか
Q8、その他、伝えきれなかった想いや、PRしたいことなど

ES通過のポイント

Q2は花王ウェイの中でも「チームワーク」「現場主義」「消費者をよく知る企業」などを選択し仕事への適正をアピールしましょう。Q4〜Q6は人柄を問う質問です。なるべく別のエピソードを用いて、自分の人間としての「深み」を示しましょう。Q8では海外経験をアピールできると良し。現在、海外で活躍できる人材を求めている傾向が強く、海外経験は有効になります。

花王（事務系 総合職）

面接		詳細	質問内容
	一次面接	所要時間：20分 学生人数：1人 社員人数：1人 結果通知時期：2〜3日以内メールで	・ESの深掘りがメイン
	二次面接	所要時間：30分 学生人数：1人 社員人数：2人 結果通知時期：当日〜翌日に電話で	・ESの内容の深掘り、既存の製品の改善点、好きな製品。※特に志望動機については念入りにチェックされる
	最終面接	所要時間：1時間 学生人数：1人 社員人数：4人 結果通知時期：2〜3日以内に電話で	・ESの深掘り、自社製品の中で好きな製品、激務の時もあるが耐えられるか。

面接通過のポイント

(一次)
ESに沿って質問をされる形式です。そこまで深掘りされないことを考えると、基本的なコミュニケーション能力が見られているようです。

(二次)
花王のどの製品が好きかという質問やヘルシアについてどう思うかなど、関心度と思考力を問う質問がされることもあります。このような場合、個人的な感想を語りながら消費者目線で花王への関心を示し、同時に、マーケティング的な視点から実際の業務に関わる強みをアピールしましょう。「バブが好きです。物心ついてから我が家では毎日バブを使っているため、自分の生活に根差した商品であるといえるからです。(消費者目線)また、調べるとバブは80年代から続いているブランドで、近年は入浴時間の短縮に応じてシャワー用のバブを出したりしています。(マーケ的目線)
以上の理由からバブが好きであると言えます」のような答え方を参考にしてください。

(最終)
二次面接までと比べて内容にそこまで違いがありませんが、ところどころに働く覚悟を問う質問が入ってくるという特徴があります。ここで面接官を納得させなければなりません。

企業別対策

メーカー

花王の選考を通過したES例

資生堂（事務系・マーケティング）

・動き出す美容業界の覇者

企業・社員の特徴

組織改革の真っ只中

「動け、資生堂。」というスローガンのもと、多くの新プロジェクトが発足し、多くの若手社員がプロジェクトリーダーとしてアサインされるようになってきました。資生堂の元未来創造局局長の小林貞代氏はインタビューで「過去の成功体験から脱却するには、若手社員が新しいものにチャレンジしようという意識や風土が必要になる」と若手起用への意気込みを語っています。

内定の秘訣

「変革者」としての素質を見せられるか

重視されるのは組織変革の一環である「海外展開」「新プロジェクトの発足」にトライできる冒険心と「調和の上での熱い議論」ができる協調性。グループワークではチームの意見を軋轢なくまとめようとする行動が高い評価を得るようです。

インターン・セミナー・OB訪問

冬に5日間のインターンあり。課題解決型のグループワークが行われる。18卒のテーマは「2020年に資生堂がサンケア市場で50％以上とるための施策の提案」。資料の読み込みと分析に加え、他社がどのようなターゲットを相手にしているのかまでを考察して、発表を行った。

SPI・筆記試験など

- **形式** TG-WEB
- **科目** 言語、計数、性格診断
- **ポイント** ※テスト内容は17卒のデータを掲載しています。

総合	24	東大・京大	58	難関国立	19
早慶上理	33	GMARCH	16	関関同立	13

大学別人気ランキング

エントリーシート

Q1、資生堂の名前を変えるとしたらどう変更するか（社名50字以内、理由500字）

Q2、今までに自分がした中で一番大きな挑戦は何であったか、そしてその挑戦から得たものは何か（500字以内）

ES通過のポイント

Q1は学生のセンスを見ていると思われがちですが、実際は「自分の行動に合理的な説明を行えるか」という資質を図っています。センスのある名前ではなく「なぜその社名に変えたのか」と「その社名でなくてはいけない理由」をいかに説得力をもって語れるかが、合否をわけるポイントになります。

Q2は、過去にあった逆境をどのように乗り越えてきたかを示し、現在の資生堂に求められている人材である「逆境に強い人材」であることをアピールするべき。特にその逆境が自分にとってどれだけ大きな壁であったのかを表すために、当時の自分の状況と立ち向かった困難を数値的にあらわし、その挑戦の困難さの度合いを示すようにしましょう。

資生堂（事務系・マーケティング）

面接		詳細	質問内容
	GD	所要時間：1時間30分 学生人数：6人 社員人数：1人 結果通知時期：3日以内にメールで	■ テーマは「美しさを通じてお客様を幸せにする新規ビジネスプランの提案」。
	一次面接	所要時間：30分 学生人数：1人 社員人数：1人 結果通知時期：2～3日以内にメールで	■ 志望動機、自己PR、学生時代に頑張ったこと、なぜマーケティングなのか、など。
	最終面接	所要時間：90分 学生人数：1人 社員人数：2人 結果通知時期：当日中に電話で	■ 45分間の面接が2回行われ、面接官も交代する。 ■ 志望動機、キャリアビジョン、逆質問など。

※面接は16卒のデータを掲載しています。

面接通過のポイント

(GD)
テーマが「美しさを通じてお客様を幸せにする新規ビジネスプラン」と非常に曖昧なものになっており、何を論ずればよいか迷うかもしれません。このような抽象的なテーマの場合は、議論も抽象化してしまい、結局結論が出ないというGDになってしまう恐れがあります。必ず、冒頭で定義付けするようにしましょう。大事なのが、個人ワークの5分間です。この間に、議論の方向性を決めるための定義付けを考えます。

(一次)
この面接では奇抜な質問がされることはなく、「学生時代に頑張ったこと」や「志望動機」の深掘りという、一般的な質問内容が聞かれるケースがほとんどです。しかし、面接官が資生堂で働くマーケターであることからか、論理が飛躍している部分や、ロジックが見えない答えには「それについてもっと聞かせてくれない?」「なんでそうなるの?」というような質問を通じてしつこく問われます。自分が言っていることの論理構造が、誰が聞いても疑問を抱かないものになるよう、準備しておきましょう。

(最終)
ポイントは「ひるまず、対抗できるか」「相手を一瞬でも納得させられるか」の2点です。この面接で、面接官に言い返すことができなかった学生は内定していません。かなり詰められるのでつらい気持ちになるかもしれませんが、怒りをぐっと抑えて自己主張するようにしましょう。また、面接官の態度は厳しいものの、学生が論理的で整合性のあることを言った場合に、頭ごなしに否定するようなことはありません。少しでも面接官が納得できる内容が含まれていれば、内定に大きく近づきます。

企業別対策

メーカー

資生堂の選考を通過したES例

味の素
(事務系Lコース〈全国型／総合コース〉)

・世界に知られる「UMAMI」の会社

企業・社員の特徴

圧倒的な働きやすさ

甘味、塩味、酸味、苦味に加えて新たに「うま味」を世界で認知させた日本を代表する食品メーカー。ワークライフバランスが徹底され、産休・育休に加えて、つわり休暇や育児のために就業時間を最大で2時間30分短縮する制度を導入。リフレッシュ休暇や在宅勤務制度、退職後の再雇用制度など従業員にとって働きやすい環境が整っています。

内定の秘訣

味の素グループWayを体現できるか

「味の素グループWay」として掲げているのは、新しい価値の創造、開拓者精神、人を大切にする、社会への貢献の4つ。強い意志を持って周りを巻き込み、新たな道を切り開く人材を求めています。

インターン・セミナー・OB訪問

春に味の素社員交流セミナーが開かれ、企業理念や味の素グループWayに関する説明や自己分析に関するワークを行います。

SPI・筆記試験など

- **形式** 玉手箱 ※TG-WEBの場合もあり
- **科目** 計数、言語、性格
- **ポイント** 特別難易度が高いわけではありませんが、最低限の対策はしておいた方が良いでしょう。

エントリーシート

Q1、学生時代に取り組んだテーマを3つ(各100字以内)
Q2、Q1についての詳細(各350字以内)
Q3、志望理由
Q4、あなたの「忘れられない味」は何か(15文字以内)
Q5、「忘れられない味」を選んだ理由(35字以内)

総合	29	東大・京大	51	難関国立	30
早慶上理	35	GMARCH	19	関関同立	21

大学別人気ランキング

ES通過のポイント

ESの通過率が非常に低いのが特徴です。ESは各面接で深掘りされますが、Q3、Q4については一度も触れられないこともあるそう。人事社員曰く、設問の意図は人柄を見るため。自分の性格や経験で本当に感じたことを書き、誠実さを伝えましょう。

面接

	詳細	質問内容
一次面接	所要時間：15分 学生人数：1人 社員人数：1人 結果通知時期：当日中にメールで	■ 自己紹介、ESの深掘り
二、三次面接	所要時間：1時間（30分×2回） 学生人数：1人 社員人数：1人×2回 結果通知時期：当日中に電話で	■（二次）〈1人目〉自己紹介、自分の強み、弱みなど〈2人目〉逆質問のみ／（三次）〈1人目〉小学生から今までの人生について〈2人目〉学生時代に頑張ったこと、就活の軸など。
四次面接	所要時間：1時間（30分×2回） 学生人数：1人 社員人数：1人×2回 結果通知時期：その場か当日中に電話で	■ 自己PR、志望理由など。

面接通過のポイント

選考は人柄重視で、面接回数は7回。小学生の頃からの経験まで深掘りされます。過去から現在へのつながりが問われ、一貫性を持ったエピソードを伝えることが大切になります。

味の素の選考を通過したES例

三菱重工業（事務系）

・日本を土台から支える重工メーカー

企業・社員の特徴

謙虚かつ真面目な社風

「内定者、面接官ともに穏やかな人が多く、体育会系のようなガツガツした人は少ない」と内定者は語っており、スマート・謙虚かつ学生に親身になってくれる人の良さが決め手となって入社を決める人も多いようです。

内定の秘訣

グローバル志向を持っているか

化学プラント事業において発展途上国中心に製造を行い、また機械・設備システムドメイン方面では欧米や中韓での製造数を伸ばしている中で、グローバル化を標榜し、世界で戦える人材を必要としています。最終面接でも「三菱重工のグローバル化についてどう思うか」と問われます。

インターン・セミナー・OB訪問

OB・OG訪問会というものがサイト上にあり、登録後に連絡がくるシステムになっている。主に逆質問に終始する。ある内定者は、3回目の訪問の際は、志望動機や学生時代のことをいろいろと深掘りされ、ESを提出したかどうかも聞かれたそう。

筆記試験など SPI・

形式 SPI
科目 言語、非言語、構造把握、性格診断
ポイント 構造把握対策必須のテストセンター。ボーダーは非常に高いと言われています。

エントリーシート

Q1、企業を選ぶ際に最も大切にしている基準は何か。その上で、三菱重工を志望する理由を、携わってみたい事業や職種を盛り込んで記述する（タイトル15字以内、詳細500字以内）

Q2、これまでの人生において直面した、最も困難だった経験は何か。また、その困難を乗り越えるためにとった行動と、その経験から学んだことも併せて、記述する（概要30字以内、詳細500字以内）

Q3、自分をより深く伝える内容を自由に記述する（タイトル15字以内、詳細200字以内）

総合	124	東大・京大	96	難関国立	70
早慶上理	136	GMARCH	209	関関同立	132

大学別人気ランキング

ES通過のポイント

通過率が非常に低く、推定20%とも言われています。Q2では、事務職の仕事は本社と現場の技術者との調整をすることが多いため、「異なる立場の人たちをうまくまとめ、課題を解決した経験」を評価します。アルバイトなどチームの中での対立をうまくとりまとめ乗り越えた話を書くと評価が高くなりそうです。

面接

	詳細	質問内容
一、二次面接	所要時間：(一次)40分/(二次)30分 学生人数：(一次)2人/(二次)1人 社員人数：(一次)2人/(二次)2人 結果通知時期：(一次)当日中にメールで/(二次)当日中に電話で	■ 自己紹介、志望理由、学生時代に頑張ったことなど。
最終面接	所要時間：1時間 学生人数：4人 社員人数：2人 結果通知時期：当日中に電話で	■ あなたの考える正しい「グローバル化」とは何か、三菱重工の社長であったならばどのようなグローバル化の施策を行うか、など。

面接通過のポイント

二次は人物像の深掘りに時間をかけるようです。謙虚で真面目な風土を持つ三菱重工のカルチャーにフィットすることを示す際、学業にも一生懸命に取り組んできたことは一つのアピールポイントになりえます。最終もしっかりとした選考で、通過率は25%とも言われています。

三菱重工業の選考を通過したES例

川崎重工業（事務系総合職）

・プラントからバイクまで、生活を支える重工メーカー

企業・社員の特徴

休暇をとりやすい職場

「社員の活力は『ゆとりある生活』から生まれる」という価値観が重視されています。社員によると、「休みは取りやすく、夏休みは9連休の社員も珍しくない」そう。有給休暇消化率は約44％、月間平均残業時間は約36時間、厚生労働省より子育てサポート企業として認定を受けている点も魅力です。

内定の秘訣

商材への思い入れを語れるか

選考においては、希望カンパニーを明確にして臨むべきです。基本的には入社時のカンパニーや職種でキャリアが固定されます。入社前から企業の仕組みを理解し、明確なキャリアビジョンを描いていることをアピールして志望度の高さを伝えましょう。

インターン・セミナー・OB訪問

冬に5日間の演習形式のインターンが行われます。どのような考えのもとに生産、受注や先行投資を行っていくか、どうすれば利益を最大化できるのかを考えさせるゲームを実施し、終わった後で社員からのフィードバックがあります。

SPI・筆記試験など

- **形式** 玉手箱
- **科目** 言語・計数、英語、性格
- **ポイント** 一般的なWEBテスト、ボーダーは高くはありません。

エントリーシート

Q1、川崎重工業を志望する理由（400字以内）
Q2、大学時代に最も力を入れて取り組んできたこと（400字以内）
Q3、身近な人からあなたはどのような人だと言われますか（30字以内）
Q4、あなた自身はそのことについてどのように捉えていますか（150字以内）
Q5、志望事業分野（各カンパニー、本社管理部門から第3志望までを記入）

総合	174	東大・京大	146	難関国立	―
早慶上理	206	GMARCH	312	関関同立	121

大学別人気ランキング

ES通過のポイント

Q1では商材への熱意を示しましょう。ある内定者は、「社会課題の解決」について、説明会で社員に「製品が世界の役に立っていると思うことはどんなことですか?」と聞いてまわり、ESに書く内容の材料集めをしたようです。

面接

	詳細	質問内容
一・二次面接	所要時間:(一・二次)40分 学生人数:(一・二次)1人 社員人数:(一次)1人/(二次)2人 結果通知時期:(一・二次)当日中に電話で	■ チームで活動した経験、就職活動の状況、逆質問など。
最終面接	所要時間:40分 学生人数:4人 社員人数:2人 結果通知時期:2〜3日以内に電話で	■ 学生時代に力を入れたこと、志望動機、海外と日本の違いなど。

面接通過のポイント

川崎重工の採用は、募集時期が2回あります。1次募集(面接解禁時期と同時期の6月初旬から面接開始)は、ES通過者に対して2回のリクルーター面談が行われるようです。本ページで紹介する選考フローは、2次募集で内定を取得した学生の一例であるため、リクルーター面談は記載しておりません。

企業別対策

メーカー

川崎重工業の選考を通過したES例

キーエンス（事務系）

- 『1円でも高く売る』営業のトップ集団

企業・社員の特徴

"個人で、チームで"高い収益を生み出す組織体制

企業のニーズに合わせて様々な製品の提案を行えるように、部門を超えて情報が共有され、チームで販売活動を行うことが多々あります。ある社員は「個人だけでなくチームでの販売活動が評価の対象となるため、社員間で協力し合う文化は根強い」と話しています。個人プレーとチームプレーのバランスにより、高い収益性を実現しているのが特徴です。

内定の秘訣

念入りに行われる性格診断

「営業としての資質」と「社員としての適性」の2つの視点を持って選考に臨みましょう。営業面では「物事を論理的に話す力はあるか」「相手の潜在的なニーズを引き出せる力はあるか」という視点から判断。社員としての適性は、3度の性格診断で慎重に測られます。検査診断が一貫して同じになるように気をつけましょう。

インターン・セミナー・OB訪問

選考の初めに企業説明会が行われ、会社に関する説明、エントリーシートの代わりとなる20秒自己PR、20分の性格診断テストを実施する。20秒自己PRは事前準備が鍵。「端的にわかりやすく物事を伝えるスキル」を測られます。

SPI・筆記試験など

- **形式** テストセンター
- **科目** 能力検査（計数、言語、性格診断）
- **ポイント** 一般的な参考書で対策可能です。

エントリーシート

なし　※企業説明会でESの代わりに20秒の自己PRを行います。

総合	64	東大・京大	73	難関国立	63
早慶上理	77	GMARCH	72	関関同立	28

大学別人気ランキング

面接

一次面接

詳細
- 所要時間：1時間
- 学生人数：4人
- 社員人数：1人
- 結果通知時期：2、3日以内にメールで

質問内容
- 履歴書記入後、指定された4つの営業タイプを自分の営業スタイルに近い順に並び替えて、その理由について説明する。

二次面接

詳細
- 所要時間：3時間程度（適性診断を含む）
- 学生人数：1人
- 社員人数：2人
- 結果通知時期：2、3日以内でメールか電話で

質問内容
- プラス思考の人が職場にいるメリットについて、企業に必要な三要素とは、顧客満足を得るために必要な三要素は何か、など。

最終面接

詳細
- 所要時間：1時間
- 学生人数：1人
- 社員人数：1人
- 結果通知時期：その場、もしくは後日に電話で

質問内容
- 企業選びの決めて、キャリパー（適性検査）についてどう思うか、逆質問など。

面接通過のポイント

二次では面接と適性検査（キャリパー）を同時に行います。通過倍率は高く、多くの学生がここで連絡が途絶えます。また、「信頼を勝ち取るために必要なことを3つ挙げてください」など、明確な回答のない質問が何題も出題されます。ここでは「頭の回転の速さ」を見られていると考えられるため、じっくりと考えるのではなく、素早く思いついた事柄を言えるようにしましょう。

キーエンスの選考を通過したES例

富士フイルム（事務系）

・日本有数のコングロマリットメーカー

企業・社員の特徴

「やれそう」マインドを重んじる企業へ

「やれそう」という観点を大切にしている企業です。この「やれそう」マインドの重視には、絶対にできる事業だけでなく失敗するリスクのある事業にも挑戦しようという富士フイルムの会社としての覚悟が表れています。かつては上下関係への耐性が必要な企業でしたが、現在は失敗に寛容な企業になってきているようです。

内定の秘訣

根幹にある人間性を重視

人間性を測るために、特に次の3つを見ているようです。(1)つらい時にも「粘り強さ」を示せるか　(2)コンプレックスや弱みに向き合う「謙虚さ」を見せられるか　(3)潜在的な課題や要求を感じ取る「先読み力」を示せるか。

インターン・セミナー・OB訪問

インターン参加には「1、評価次第で、本選考の時の5月中に面接に呼ばれ、内々定が出る可能性もある」「2、門外不出のコア技術を見ることができる」。会社の強みの源であり絶対に流出してはならないコア技術を知ることで、面接で話す志望動機に信憑性を持たせることができます。

SPI・筆記試験など

形式　eF-1G/テストセンター
科目　(eF-1G)言語、非言語、クリエイティブ系/(テストセンター)言語、非言語、構造把握、性格
ポイント　eF-1Gという珍しいウェブテスト。学生のクリエイティブさを測る内容の問題が出るのが特徴ですが、質にこだわりすぎずに、量をこなすのが無難と考えられます。言語・非言語が苦手な人はSPIの参考書で対策しましょう。

エントリーシート

Q1、長所（100字以内）
Q2、短所（100字以内）
Q3、最も力を入れた取り組みについて、どのような「想い」を持って取り組んだか、その想いの実現に向けてどのように行動したかや、取り組みの結果を踏まえて記入する（400字以内）

総合	70	東大・京大	100	難関国立	73
早慶上理	82	GMARCH	67	関関同立	65

大学別人気ランキング

Q4、今までに直面した一番大きな困難は何か。その困難をどのように乗り越え、その経験を通じて何を学んだか（400字以内）
Q5、自分にとって仕事とは何か（400字以内）

ES通過のポイント

短所は改善策と併せて語れるものにしましょう。富士フイルムは、過去に団結して危機を乗り越えた歴史があり、自信満々で個人プレーをする人間より、チームプレーができる人間を好みます。

面接

	詳細	質問内容
一、二次面接	所要時間：（一次）30分程度／（二次）90分程度 学生人数：1人 社員人数：（一次）1人／（二次）2人 結果通知時期：翌日に電話で	■ 学生時代に頑張ったこと、逆質問など
最終面接	所要時間：30分 学生人数：1人 社員人数：2人 結果通知時期：1週間以内に電話で	■ 自己紹介。 ■ ゼミの内容について詳しく教えて。 ■ 社会に出て、学んだことは役に立ちそうか。 ■ アンケートについて。 ■ 将来どんな社会人になりたいか。

面接通過のポイント

二次はアンケート（20分程度）、個人面接（30分程度）、人事面談（15分程度）の流れで行われます。また、近年、社内では上司へ意見を言える若手が求められる風潮があり、二次はあえて緊張感のある雰囲気をつくり、その中で生産性のある議論ができるかを見るようです。

富士フイルムの選考を通過したES例

明治ホールディングス（明治・総合職）

・多くの日本人の「おいしい」を支える

企業・社員の特徴

海外市場の獲得にも積極的

少子高齢化に伴う国内食品市場の縮小を見越し、他の食品メーカーに先立って海外進出に着手しました。中国やタイ等のアジア、米国等に進出しています。海外事業には若手も積極的に登用しており、入社3年目から上海に渡って新工場の設立に携わった社員もいます。

内定の秘訣

仕事に対して「一歩踏み込んだ」ビジョンがあるか

海外事業や商品開発等、多様な業務があるため、「事務としてどんな仕事がしたいか」という一歩踏み込んだ志望動機が求められます。OB訪問や説明会等で希望職種に関する情報収集を行い、説得力のある志望動機を練りましょう。

インターン・セミナー・OB訪問

※データなし

SPI・筆記試験など

形式 SPI
科目 言語、非言語、性格
ポイント ボーダーは7割程度と言われており、他社と同程度の標準的なボーダー設定であると言えます。

エントリーシート

Q1、志望理由（400字以内）
Q2、学生時代に取り組んだこと（400字以内）
Q3、自己PR（400字以内）
Q4、事務でやりたいこと（200字以内）
Q5、営業でやりたいこと（200字以内）

総合	66	東大・京大	91	難関国立	72
早慶上理	94	GMARCH	47	関関同立	41

大学別人気ランキング

ES通過のポイント

倍率は10倍以上と言われる年もありますが、変動したり、学生によって体感が異なったりするようです。志望動機には「売上1兆円を超える企業ならではの豊富な商品ラインナップ」「乳業と製菓が統合したことによるシナジー効果」などの特徴を盛り込むといいでしょう。

面接

	詳細	質問内容
一次面接	所要時間：1時間 学生人数：2人 社員人数：1人 結果通知時期：2〜3日以内にメールで	■チャレンジ精神を持って取り組んだ経験、人を巻き込んで成果を上げた経験など。
二次、最終面接	所要時間：(二次)1時間/(最終)30分 学生人数：(二次)1人/(最終)1人 社員人数：(二次)1人/(最終)2人 結果通知時期：(二次)当日中に電話で/(最終)2〜3日以内に電話で	■希望の部署でなかったらどうするか、地方転勤になっても大丈夫かなど。

面接通過のポイント

一次では「チャレンジ精神は強いか」「人を巻き込んで成果を上げることができるか」が見られます。選考の山場は二次。小中高時代のことを聞かれるなど、突拍子もないことを聞き、営業として活躍する臨機応変さを備えているかを測られることもあるようです。

企業別対策

メーカー

明治ホールディングスの選考を通過したES例

富士通（営業）

- 大企業を支える日系電機メーカー

企業・社員の特徴

長い時間軸での関係構築力が求められる

ソリューションサービスを企業に販売するのが主な仕事である営業は、知名度の高い大企業や団体、時には政府から契約を獲得するという営業方式です。短いスパンでPDCAサイクルを回すというよりは、長い時間をかけて信頼関係を構築し、案件を獲得する、という働き方をするのが特徴です。

内定の秘訣

明確な志望動機とキャリアビジョンがあるか

終身雇用の文化が根付いた、長期で働くことを前提とする社風です。ESや面接では、長期的なビジョンを語り、志望度の高さを見せましょう。ある内定者は志望動機を「社会システムの変革や情報を全ての人に可視化することによって、潜在的弱者を救うことができるような社会を構築すること」としたそうです。

インターン・セミナー・OB訪問

春に「富士通キャリアライブ」という名称のイベントが開催されます。本社だけではなく子会社も合同でブースを開いているため、富士通グループ全体として説明会が聞けるため、グループの全体像をつかむことができます。

SPI・筆記試験など

- **形式** 玉手箱
- **科目** 言語、計数、英語
- **ポイント** ボーダーもそれほど高くなく、問題集で練習すれば問題ないでしょう。

エントリーシート

Q1、学生時代に力を入れたこと（30字以内で3つ）
Q2、Q1の具体的なエピソード（400字以上600字以内）
Q3、（富士通はICTの力でもっと快適・便利で、安心・安全な世の中を創ることを目指しているのを前提に）学生生活で学んだこと（研究やゼミを含む）を踏まえて、どのような世の中を創っていきたいか（400字以上600字以内）

総合	109	東大・京大	205	難関国立	134
早慶上理	120	GMARCH	77	関関同立	76

大学別人気ランキング

> **ES通過のポイント**
>
> Q3はキャリアビジョンが評価される項目です。面接ではこの項目をもとにキャリアビジョンが深掘りされるため、「職種」や「やりたいこと」、また、「なぜやりたいと思うのか」を自身の経験と紐づけて具体的に記述しましょう。

面接

一、二次面接

詳細
- 所要時間:(一次)1時間/(二次)20分
- 学生人数:(一次)1人/(二次)1人
- 社員人数:(一次)1人/(二次)1人
- 結果通知時期:(一次)2～3日以内にメールで/(二次)2～3日以内に電話で

質問内容
- 志望理由、学生時代に力を入れたこと、逆質問など

最終面接

詳細
- 所要時間:1時間
- 学生人数:1人
- 社員人数:1人
- 結果通知時期:2～3日以内に電話で

質問内容
- 志望理由、他社の選考状況、逆質問など

> **面接通過のポイント**
>
> 一貫して志望度と学生時代に頑張ったことが深掘りされます。二次では特に深い部分まで聞かれます。キャリアビジョンについては、長期雇用を前提として「やりたいこと」、「なぜやりたいと思うのか」を自身の経験と紐づけて語ることを心がけましょう。

富士通の選考を通過したES例

第 3 章

《企業別》
関門突破の
秘訣

IT・通信

エンジニアを中心に、難関大学のエリート学生の志望度が高い。特にグーグルなどの米系企業の人気は高く、狭き門になっている。企業によって、働き方やキャリアパスが大きく異なるため、事前に受ける会社の主要事業や、入社後の勤務環境などを調べるのがベター。

グーグル（Google）〈ビジネス職〉

・英語が飛び交うグローバルな職場環境

企業・社員の特徴

好奇心や情熱を重んじ、自由な社風

日本法人とはいえ、グローバルなつながりを持って働けるのが魅力です。アメリカ本社と日本法人の連携強化に携わっている社員は、「これからさらにグローバルな関わりを強化するよう取り組んでいる」と話しています。キャリアの築き方も多様で、働きながら様々なキャリアを形成するチャンスがあります。

内定の秘訣

「グーグリネス」を備えているか

「グーグリネス」（＝あいまいな状況を楽しみながら、解決に向けて思考する自発性や、人と協力することを楽しむ性格、上下関係を意識しない態度、親しみやすさなど）が重視されます。

インターン・セミナー・OB訪問

自宅で視聴できるYouTubeセミナーを実施。生配信だが、数日後にアーカイブとして見られるようになる。職種について詳しく知る、数少ない機会となる。視聴の有無は選考では問われない。

SPI・筆記試験など

※SPI、筆記試験などなし

総合	40	東大・京大	31	難関国立	38
早慶上理	35	GMARCH	37	関関同立	54

大学別人気ランキング

エントリーシート

英語のレジュメとカバーレターを提出。
〈カバーレター〉
次の質問に対する回答を日本語または英語で入力。字数は不問。
Q1、Googleの求人に応募した理由。
Q2、あなたのことが「一番」よく伝わるエピソード。

ES通過のポイント

グーグルは、リーダーシップ力を持った学生を求めています。レジュメやカバーレターを通して、リーダーシップをとった経験をアピールしましょう。Q1は、会社自体の魅力と共に、業務内容にも興味があることに触れて書くようにしましょう。ある社員は「グーグルというイメージに惹かれて応募する学生が多いが、やることは広告営業で泥臭い部分もあり、理想を描き過ぎているとギャップを感じると思う」と話しています。Q2は、「内定の秘訣」でも述べている求められる能力を意識した上で、その能力を示せる自分の経験を書くといいでしょう。+αとして、可能であれば、Google社員から推薦をもらうべきです。内定者は、「グーグルの社員に推薦をもらうと、ESの提出期日前にレジュメの提出のみで連絡がきたと聞いたので、ツテを作っておくと有利だと思う」と話しています。学内説明会やOBOG訪問を通して、社員とコネクションを作り、推薦をもらえるように動くとよいでしょう。

グーグル（Google）

面接		詳細	質問内容
	GD	所要時間：1時間程度 学生人数：5人 社員人数：2〜3人 結果通知時期：2週間以内に メールで	■〈自己紹介〉 「Googleの10の事実」を紹介され、これを参考に、自分に関する事実を3つ紙に執筆し、1人ずつ発表する。 〈GD〉 ディスカッションのテーマは「あなたはGoogle新卒担当者です。Googleのグループディスカッションのテーマを考えてください」というもの。 〈その他のテーマ例〉 「Google本社を移転するとしたらどこに移転するべきか」「Googleが開発すべきロボットはどのようなものか」「ある中小企業の売り上げを10倍にしてください」
	一次面接	所要時間：90分程度（45分×2回） 学生人数：1人 社員人数：1人 結果通知時期：1週間以内に 電話で	■〈前半〉 英語で面接が行われ「あなたが今までにしたクリエイティブな解決策を教えてください」「今まで関係がよくなかった人と関係を築いた経験について教えてください」などの質問が出る。逆質問もあり。 〈後半〉 日本語で面接が行われ「学生時代一番頑張ったことは何か」などの質問が出る。逆質問もあり。
	最終面接	所要時間：45分程度 学生人数：1人 社員人数：1人 結果通知時期：1週間以内に 電話で	■あるシナリオにおいてどのように行動するかという、人柄と頭の回転を見るような質問と、過去にクリエイティビティを使って複雑な課題を解決した経験について問われる。質問例は「いままで、アルバイトをしてきた中で、複雑な問題をクリエイティビティを使って解決した経験を教えてください」など。

面接通過のポイント

(GD)
テーマは「新卒のGDテーマを決める」「本社の移転先を決める」など、前提が不明瞭なことが特徴です。前提を固め、議論のプロセスを明確にし、議論を進めやすく持っていきましょう。

(一次)
ある人事担当者は「選考は一次面接で一番落ちる」と話していることから、一番の関門であるといえます。ポイントは、「クリエイティビティを発揮した経験を話せるよう準備しておく」「Google AdWordsを含めたWebマーケティングについて、どのような仕組みなのかを理解しておく」「チームメンバーのパフォーマンスを最大化させることができる力(=リーダーシップ力)があることを示す」「Googleの価値観にマッチしていることを示す」「クライアントを安心させられる人当たりの良さを示す」「英語で志望動機、学生時代力を入れたことを話せる準備をする」の6つです。

(二次)
自分が出したアイディアに対して、「他に案はないか」と繰り返し聞かれます。何度でも考え続ける姿勢を示すことで、何通りもの考え方を体現している人物であることを示しましょう。
内定者によっては、最終面接でも英語で答えるケースがあるそうです。志望動機や学生時代力を入れたことなどのスタンダードな質問は、英語で問題なく伝えられるように準備しておきましょう。

グーグルの選考を通過したES例

ディー・エヌ・エー（DeNA）
〈エンジニア／ビジネスコース〉

・インターネットノウハウの宝庫

企業・社員の特徴

結果主義と風通しの良さ

企業の最大の強みは、世界トップクラスのモバイルインターネットサービスのノウハウです。入社すれば、どの業界からも必要とされる万能な人材になれるでしょう。また、「評価や、自分の実力や成長、ポジショニングや地位などではなくひたむきにチームが向かう目標に向き合う」という、「ことに向かう姿勢」を大切にしています。

内定の秘訣

物事をやり遂げるコミットメント能力

「新しいことに挑戦し続けること」が要求され、仕事の様々な場面においての逆境はつきものだそうです。そのため、どんな環境に置かれても物事をやり遂げることのできるコミットメント能力が重要視されています。

インターン・セミナー・OB訪問

インターンの参加者の中には、早期選考ルートに乗った学生や、意思確認の最終面接のみで事実上の内定をもらった学生もいるそうです。また、インターン選考に落ちても内定を獲得した事例があるそうなので、インターンは受けておくと良いでしょう。

SPI・筆記試験など

※データなし

エントリーシート

Q1、学生時代の特出した成果（50字以内）
Q2、その詳細（400～600字）
Q3、その他アピールしたいこと（150～400字）
Q4、DeNAの展開する事業領域から一つ選び現状の課題と打ち手の方向性（150～400字）（ゲーム・オートモーティブ・IPプラットフォーム・キュレーション・モバイルサービス開発・ヘルスケア）

総合	93	東大・京大	62	難関国立	75
早慶上理	107	GMARCH	82	関関同立	97

大学別人気ランキング

ES通過のポイント
面接官はESの内容をよく読み込んでいるので、どの部分に突っ込まれても話すことのできるエピソードを選択し、書くように心がけましょう。自分という人間において何をメインに伝えたいか整理しておくべき。

面接

	詳細	質問内容
一次面接	所要時間:(一、二次) 30分 学生人数:(一、二次) 1人 社員人数:(一次) 2人/(二次) 1人 結果通知時期:(一次) 2〜3日以内/(二次) 1週間以内にメールで	・学生時代にしていたこと、困難だったこと、逆質問など。
二次面接	所要時間:1時間程度 学生人数:1人 社員人数:1人 結果通知時期:―	・最終面接の前に主に志望度の確認。
三次面接	所要時間:45分 学生人数:1人 社員人数:1人 結果通知時期:当日中	・志望動機、志望度合い、学生時代に頑張ったこと、内定が出たら就職活動を終えるか。

面接通過のポイント
選考が始まる前に座談会が開かれます。基本的に逆質問で、のちに内定した学生の中には、この座談会での様子が評価され、「選考プロセスに参加しないか」と打診を受けた人もいたようです。単なる情報収集の場と考えるのではなく、常に評価されていることを意識しましょう。また、二次と三次の間にはジョブを挟みます。

ディー・エヌ・エーの選考を通過したES例

サイバーエージェント（ビジネスコース）

・「面白いこと」を実現するメガベンチャー

企業・社員の特徴

「面白い」に敏感な人が集まる会社

最も名の知られたIT広告会社です。AmebaやCygamesなど、広告以外の事業を幅広く行っています。その事業領域の広さゆえ、時代に合わせて注力事業を変化させ、対応できる点が強みであると言えます。ベンチャー気質で、営業成績により飛び級で昇進などは日常茶飯事なのだそうです。

内定の秘訣

「現状に満足しない向上心」や「目標」をアピール

「チームへの忠誠心を発揮した経験があるか」「自らの不足を自覚して、実際に向上できる人間か」「将来の目標を持っているか」の3つがポイントです。CAは個々の成長を大切に後押ししてビジネスの幅を広げている企業です。公私の両面において、現状に満足せず新しいことに取り組み続けることを示し、応援しがいのある人間だという印象を与える必要があります。

インターン・セミナー・OB訪問

インターンが選考フローとしても位置づけられています。18卒の代では、サマーインターンに参加した全ての学生が後の選考に呼ばれました。グループワーク選考に近く、18卒の代ではabemaTVの現状の講義の後、「abemaTVで女性をターゲットとした番組を作る」というワークが行われました。早ければ1月に内定をもらう学生もいます。

SPI・筆記試験など

テクノロジーコース（エンジニア採用）の本選考・一部インターンではWEBテストが実施されますが、ビジネスコースは基本的に筆記試験やWEBテストは、ここ数年は実施していないようです。

エントリーシート

なし

総合	80	東大・京大	82	難関国立	88
早慶上理	106	GMARCH	46	関関同立	38

大学別人気ランキング

ES通過のポイント

ESの代わりに、紙に書いて解答を書いて社員に見せる形式のワークがあります。18卒のテーマは「教育系の新規事業を提案しなさい」というもの。時間内であれば会場にいる社員から何度でもフィードバックをもらえますので、できる限りたくさん見てもらい、ブラッシュアップしてから提出しましょう。

面接

一次面接

詳細
- 所要時間：20分
- 学生人数：1人
- 社員人数：1人
- 結果通知時期：2〜3日以内に電話で

質問内容
- マネージャークラスとの面接。
- 志望動機、学生時代に頑張ったことなど。

最終面接

詳細
- 所要時間：30分
- 学生人数：1人
- 社員人数：1人
- 結果通知時期：翌日に電話で

質問内容
- 自己紹介、入社して何をしたいか。

面接通過のポイント

応援しがいのある人を後押しして、「面白いこと」をやる会社です。面接では、この会社の社員に最低限必要な素養である「忠誠心」「向上心」「将来の目標」に紐づけてエピソードを語りましょう。

サイバーエージェントの選考を通過したES例

NTTドコモ（事務系総合職）

・NTTの成長株

企業・社員の特徴

社風は穏やかでまったり

元国営企業であり、3大キャリアの中でトップの契約数を保持してきた経緯もあり、社風は穏やかでまったりしており、社員は趣味や家庭を大事にするなどワークライフバランスを重視しています。

内定の秘訣

明確な意志・情熱があるか

前述の企業風土に新しい風を吹かす人材も求められており、説明会では「上の世代の腰の重さは否めない。そういった現状を変えるため、『これをやりたい』といった意志がある学生を求める」との話があったと言います。

インターン・セミナー・OB訪問

インターンを経験した学生は、3〜4月に面接が行われる選考フローに乗ることが可能です。17年卒では夏〜秋に3日間実施され、「ドコモの新規ビジネスを考えよう」というテーマでワークを行いました。

SPI・筆記試験など

- **形式** WEBテスティングサービス
- **科目** 言語、計数、性格
- **ポイント** 制限時間が短いため、問題の形式に慣れておくことが重要。

エントリーシート

Q1、「ドコモはまだまだつまらない」―あなたならどうオモシロくしますか。またあなたはどう貢献しますか（300字以内）

Q2、好きなテーマを以下から選び、あなたの個性を自由に表現してください（400字以内）
- 私／俺の「トリセツ」はこれだ！
- これまでの人生で最大のチャレンジを教えてください
- これまでにはない炊飯器を生み出してください
- 桃太郎の家来に4匹目がいるとしたら
- 読み手を笑わせてください
- 自由（テーマフリー）

総合	110	東大・京大	138	難関国立	121
早慶上理	102	GMARCH	102	関関同立	119

大学別人気ランキング

> **ES通過のポイント**
> NTTドコモの選考では個性を求められます。Q1、Q2ともに、文章の初めに読んだ人の目を引くような事柄を書き、具体的な説明で補足すると良いでしょう。

面接

	詳細	質問内容
一次面接	所要時間：30〜40分 学生人数：1人 社員人数：1人 結果通知時期：2週間以内に電話で	■ 入社後にやりたいこと、ドコモで貢献できること、ドコモに興味を持った理由。
二次面接	所要時間：30分 学生人数：1人 社員人数：1人 結果通知時期：1週間以内に電話で	■ 志望理由、他社の選考状況、興味のある分野など。
最終面接	所要時間：30分 学生人数：1人 社員人数：1人 結果通知時期：1週間以内に電話で	■ 志望理由、学生時代に頑張ったこと、入社後にやりたいこと、今興味があること。

> **面接通過のポイント**
> GD、一次面接を経た二次面接では入社後やりたいこと、やりたいことに関する過去の経験について問われます。さらにドコモに興味を持った理由については、一次よりも深掘りし、なぜドコモでなくてはならないのかというところまで聞かれます。

NTTドコモの選考を通過したES例

NTTデータ（SE・営業職）

・日本最大のシステムインテグレーター

企業・社員の特徴

温和で、協調性を重視

もともと国営企業であったこともあり、企業風土は温和で、協調性を重視しています。部門ごとに雰囲気が大きく異なりますが、概して旧国営企業ならではの「ずっしりと構える」雰囲気が残っています。社員に対して手厚い研修制度、福利厚生を提供していることも特徴の一つです。

内定の秘訣

文系出身の内定者も毎年30％以上

システムに関する知識は選考には一切関係なく、文系出身者でも内定の可能性はあります。選考で重視される要素は次の通り。「高いコミュニケーション能力」「真面目さ」「企業文化への対応」「熱意」「学習意欲」。

インターン・セミナー・OB訪問

冬に1日のインターンが行われます。形式は課題解決型グループワーク。2018年卒のテーマは「IoT化が進み、AIが進化していくなかで、どのような技術革新や世の中の変化が未来に起こるだろうか」というもの。
※本項のSPI・筆記試験、ES・面接については16卒のデータを掲載

SPI・筆記試験など

形式 SPI、TAL
科目 TALは「NTTデータで活躍する自分」というテーマで記号を使って作図。
ポイント 難易度は普通と言われています。

エントリーシート

Q1、NTTデータを志望する理由を記入してください。（200文字以内）
Q2、あなたの人生において、絶対に譲れない大事なことを、理由とともに記入してください。（200文字以内）
Q3、NTTデータというフィールドで成し遂げたいこと（300文字以内）
Q4、今までの人生の中で一番苦労したこと、それをどのように乗り越えたかを記入してください。（300文字以内）

総合	72	東大・京大	85	難関国立	65
早慶上理	57	GMARCH	77	関関同立	—

大学別人気ランキング

ES通過のポイント

Q1は「文系でもSE、営業とキャリアに広がりがある」のように具体的なビジョンを書き、「チャレンジ精神が強い」「好奇心旺盛」などパーソナリティに踏み込みます。Q3は、広域な事業領域を持ち、国内外で仕事をするチャンスがあるという企業の特色に触れます。

面接

	詳細	質問内容
GD	所要時間：2時間 学生人数：8人 社員人数：2人 結果通知時期：当日中にメールで	・16卒のテーマは「納期に間に合わないプロジェクトについて、一部の機能を削減して間に合わせるべきかどうか」。
一、二次面接	所要時間：(一次)2時間/(二次)40分 学生人数：(一次)8人/(二次)1人 社員人数：(一次)2人/(二次)3人 結果通知時期：当日中にメールで	・志望動機、GDの感想、自分の強みなど。
三次面接	所要時間：30分 学生人数：1人 社員人数：1人 結果通知時期：当日中に電話で	・意思確認、他社の選考状況、志望動機など。

面接通過のポイント

GDは実際に働く際に想定されるケースを課題に設定しています。お客様との合意形成と社内での合意形成、の2点から考えて発言するようにしましょう。二次は多くの人が落とされる鬼門です。面接の雰囲気は面接官によって圧迫的であったり和やかだったり、大きく異なるそう。面接官に惑わされずに、自分の伝えるべき内容を伝えましょう。

NTTデータの選考を通過したES例

ソフトバンク（営業・企画職）

・ICT界の総合商社

企業・社員の特徴

創業以来のDNA、真の強みは圧倒的な営業力

創業者・孫正義が、小さなワンフロアのオフィスで起業して事業を拡大してきた不屈の精神がそのまま社風となり、業績が低迷した会社（ボーダフォン日本、日本テレコムなど）を買収してはいくつも立ち直らせて、きました。ある役員は企業の強みを「創業以来磨き上げてきた圧倒的な営業力」と断言しています。

内定の秘訣

「ソフトバンクバリュー」を示せるか

「No.1、挑戦、逆算、スピード、執念」という5つの重視する価値観（ソフトバンクバリュー）に適した人材を求めています。ES、面接ではバリューの根拠となるエピソードを複数個用意することを心がけましょう。選考フローが多様なため、一部免除になったり、GDが追加されたりすることがあります。

インターン・セミナー・OB訪問

サマーインターンに参加すると、秋の早期選考に全員呼んでもらえます。インターン中、学生はS, A, B, Cの4段階での評価がされているようですが、インターン参加者曰く、この評価でSもしくはAを取ることができればほとんど内々定に近いと言えるそうです。

SPI・筆記試験など

- **形式** テストセンター
- **科目** 性格、言語、非言語
- **ポイント** SPI対策書籍などを使い対策しておきましょう。

エントリーシート

Q1、ソフトバンクバリューの「No.1」「挑戦」「逆算」「スピード」「執念」のうち、自分と一致するものはどれか

Q2、30年後、世界の人々に最も必要とされるテクノロジーやサービスは何だと考えるか。その実現のためにソフトバンクでどのような挑戦をしたいか（200字以上）

総合	46	東大・京大	69	難関国立	57
早慶上理	43	GMARCH	25	関関同立	49

大学別人気ランキング

ES通過のポイント

ESの倍率はあまり高くありませんが、面接はESの深掘りを中心に行うため、入念に構成を練って記入しましょう。Q1は、全てのバリューに触れることは根拠が薄くなるため、いずれかのバリューに注力して、フィットを示すことを強く意識すると良いでしょう。

面接

	詳細	質問内容
一次面接	所要時間：30分 学生人数：1人 社員人数：1人 結果通知時期：1週間以内にメールで通知	■ 志望動機、学生時代に頑張ったこと、逆質問など。
二次面接	所要時間：45分 学生人数：1人 社員人数：1人 結果通知時期：2週間以内	■ 自己紹介、就活の軸、今勉強していることなど。 ■ 選考フローが多様なため、人によってはリクルーター面接もあり。

面接通過のポイント

18年卒の代では、インターン後に詳細なフィードバックが各々送られたようです。そのため、一次ではインターンの感想を聞かれることも。参加したことによりどのように成長できたか、長所・短所はどのように強化したかを話すようにしましょう。

ソフトバンクの選考を通過したES例

リクルートホールディングス
（Web総合コース）

・ベンチャーマインドが根付く大企業

企業・社員の特徴

「完全実力主義」の環境

応募必須条件に「自ら高い課題を設定し、努力を重ね、高い結果を出してきた方」と明記されているように、実際の社員も成果を出した経験を持ち、かつ入社後も努力し何かを成し遂げたい情熱を持った人が集っています。社内の雰囲気は和気あいあいとしているそうです。

内定の秘訣

企業が求める「4つのスタンス」をアピール

RHDでは「圧倒的な当事者意識」「考え抜く・やり抜く」「広く・深く学び続ける」「チームとしての協業を推進」を社員に求める「4つのスタンス」として掲げています。このうち複数の観点を持つことをアピールしましょう。

インターン・セミナー・OB訪問

インターン優秀者はメンターが付くなど本選考への優遇ルートが用意されます。ある参加学生は人事部のメンターと本選考開始の6月時点で既に5回程度面談していたそうです。このように成果を残していれば多くの社員と会う機会が与えられ、最終的に本選考で有利に働くでしょう。

SPI・筆記試験など

- **形式** テストセンターのSPIか自宅のWEBテスティングサービスのどちらかを選択
- **科目** 言語、非言語、性格診断
- **ポイント** 学力の高さより当事者意識など、その人の人柄を重視していることもあり、WEBテストのボーダーはそこまで高くなさそうです。

エントリーシート

Q1、これまでの人生で成果を出した経験を2つ、以下の項目ごとに記入（字数不問）
テーマの詳細／成果／時期／自身の役割／背景／こだわり

総合	48	東大・京大	66	難関国立	47
早慶上理	59	GMARCH	51	関関同立	38

大学別人気ランキング

ES通過のポイント

就労経験の有無を問わず、30歳までを新卒として選考するRHDは、グループ内でも屈指の高倍率。ポイントは4つのスタンス（※前述）にフィットしているかどうか。

面接

	詳細	質問内容
一、二次面接	所要時間：1時間 学生人数：1人 社員人数：1人 結果通知時期：(一次)翌日/(二次)当日中 ※電話で	■ (一次)ケース問題が出される。(例)何かのアプリがあって（高齢者向けのWEBサービス）、5年間で売上を500億円にするには、どのような施策を打てば良いのか、など/(二次)幼少期からの体験の深掘りなど。
三次、最終面接	所要時間：(三次)1時間/(最終)45分 学生人数：(三次)1人/(最終)1人 社員人数：(三次)1人/(最終)2人 結果通知時期：(三次)翌日/(最終)当日 ※電話で	■ (三次)幼少期からの体験の深掘り、逆質問/(最終)意思確認

面接通過のポイント

ケース面接のポイントは柔軟な施策を打ち出せるか。また、全体を通じて「一緒に働きたい」と思わせる素直さを示すことが重要です。

企業別対策

IT・通信

リクルートホールディングスの選考を通過したES例

リクルート住まいカンパニー（総合職）

・「住まい」から「暮らし」へ

企業・社員の特徴

リクルート随一の仲の良さ

アットホーム感が強いのが特徴です。SUUMOという単一メディアを主体として各事業を展開し、社員全員が一つの事業でつながっているという仲間意識が強いためだと考えられます。ある内定者によると、社員同士の仲が非常に良く、SNSにも月に数回は同期の飲み会や旅行の写真・動画がアップされていると言います。

内定の秘訣

複数の選考ルートを知る

パターン①：インターンで高評価→キャリア面談複数回→最終面接→内定
パターン②：インターン参加→集団面接→最終面接→内定
パターン③：相談会で高評価→キャリア面談複数回→最終面接→内定
パターン④：グループディスカッション→集団面接→最終面接→内定
※ほかにも選考フローがある可能性も大

インターン・セミナー・OB訪問

いくつかあるうちの選考ルートの一つが、「インターンで評価され、本選考までに複数回キャリア面談を行う」パターンです。インターンに参加することで人事社員ともつながりが密になった状態で選考に臨むため、性格面で低評価を受けるリスクを避けられます。

SPI・筆記試験など

形式 SPI
科目 言語、非言語、構造把握、性格
ポイント インターンや相談会からのルートではなく、通常選考の場合はWEBテストがあります。

エントリーシート

※実施せず

総合	122	東大・京大	86	難関国立	107
早慶上理	146	GMARCH	154	関関同立	97

大学別人気ランキング

ESポイント通過の

※実施せず

面接

		詳細	質問内容
GD		所要時間：20分程度 学生人数：7人 社員人数：1人 結果通知時期：当日中に電話で	■ 18年卒のテーマは「大学生にルームシェアを広めるには」など。
一次、最終面接		所要時間：(一次・最終)1時間 学生人数：(一次)2人/(最終)1人 社員人数：(一次・最終)1人 結果通知時期：(一次)当日中に電話で/(最終)当日中に人事社員から口頭で	■ 企業選びの軸、友人の中でどういうポジションを取ることが多いかなど。

面接通過のポイント

仲間一体となってSUUMOという単一媒体で事業に取り組むため、仲間とともに働くことが大切です。短い時間のGDであっても、周囲への指摘や言い方には気をつけましょう。おすすめの方法は、一度相手の発言を受け止めて肯定し、その後、謙虚な言い方で自分の意見を論理付けて説明する方法です。

リクルート住まいカンパニーの選考を通過したES例

ワークスアプリケーションズ（総合職）

・内部・外部からも認められるgood company

企業・社員の特徴

初任給は世界一律年収600万円

他社にはないような好待遇が用意されています。大卒（新卒）の平均年収は、200万〜230万円という中で、ワークスアプリケーションズの給料は入社1年目から600万円。勤務時間が自由なフレックスタイム制やワークスを退職した社員の復職を認めるカムバック・パス制度など、従業員の働きやすさを重視した環境になっています。

内定の秘訣

プログラミングの経験者でなくてもOK

内定者の中にはプログラム未経験者もたくさんいます。プログラミングはツールにすぎないので、将来性を考慮すれば、優秀な人を採用すべきという考えのようです。ただ、どちらかと言われれば経験者の方が有利ではあるので、時間に余裕があるなら勉強をしておきましょう。（17年卒情報）

インターン・セミナー・OB訪問

2016年においては、インターン参加の権利は1年で2000人以上、内定は300人を超えると考えられます。参加して、優秀だと評価されれば、その場で内定パス（卒業後3年以内ならいつでも入社可能なパス）と報酬として50万円を受け取ることができます。

SPI・筆記試験など

- **形式** 企業オリジナル
- **科目** （一次）ロジカルシンキングテスト／（二次）論理力を測る選択肢のテストと創造力を測る小論文のテスト。
- **ポイント** 論理性を測るテストはJavaプログラミングを経験しておくことで対応できます。小論文はターゲットのニーズを踏まえて書きましょう。

エントリーシート

Q1、あなたがこれまでに最も頑張ったと自慢できる経験の詳細をお聞かせください（取り組もうと思ったきっかけや動機、成果や規模、難易度、失敗とそれを乗り越えるプロセスなど）（1000字以内）

Q2、あなたがこれまでに経験してきたことの中で、この職種において活かせると思う経験の詳細と、なぜ活かせると思うのかをご記入ください（1000字以内）

総合	41	東大・京大	48	難関国立	17
早慶上理	74	GMARCH	37	関関同立	19

大学別人気ランキング

ES通過のポイント

選考基準である「論理的思考力」と「発想力」という要素をできる限り入れるようにしましょう。

面接

	詳細	質問内容
一次面接	所要時間：3時間半 学生人数：1人 社員人数：1人 結果通知時期：2週間以内にメールで	■ 今までにない筆記用具を考える、などの課題が出されます。
最終面接	所要時間：30分程度 学生人数：1人 社員人数：1人 結果通知時期：1週間以内にメールで	■ 志望動機、就活状況など。

面接通過のポイント

一次は［個人ワーク（60分）、面接（30分）、個人ワーク（60分）、面接（30分）、個人ワーク（30分）］という構成。最終はほぼ意思確認の場です。

ワークスアプリケーションズの選考を通過したES例

第 3 章

《企業別》
関門突破の
秘訣

旅行・エンターテインメント

趣味と仕事を兼ねられる業界として、女性を中心に人気が高い。インターンシップも積極的に行なっており、志望度が高い場合には参加することが望ましい。インバウンド需要の影響もあり外国語が求められる場面も増えており、希望する場合には強みになる。

JTB（グループ総合型）

・安定と将来性を備えた最大手旅行代理店

企業・社員の特徴

ノルマは厳しいが、業界自体の成長が見込める職場

世界36ヵ国、100都市、516拠点もの規模を持ち、旅行売上ランキングでは国内で1位、世界で6位を誇ります。旅行市場規模自体も過去5年で12％の上昇（※2017年時点）、さらに今後も国策として訪日外国人は2020年を目処に2015年度の約2倍の4000万人を目標にするなど、観光業自体も高い成長率が見込める業界と言えます。

内定の秘訣

新人は激務の営業を乗り越えられるか

新人の7割以上は飛び込み営業や窓口販売などの厳しい営業を経験します。そのため、選考では(1)キャリアビジョンを明確に持つ志望度の高さ (2)明るくハキハキとコミュニケーションが取れるか (3)辛い営業に耐えられるタフさがあるか、の3つが重視されます。

インターン・セミナー・OB訪問

夏に5日間のインターンが行われる。形式は課題解決型のグループワークで、17卒では「ある飲料をプロモーションせよ」というテーマで、アイデア出しをしたそう。参加者は本選考で一次面接免除など優遇されるようです。

SPI・筆記試験など

- **形式** 企業オリジナル
- **科目** 言語、非言語、英語、一般常識、地理
- **ポイント** 難易度が高く、対策のしづらい地理問題と時事問題が出ます。SPI対策書籍などで練習可能な言語・非言語・英語などをメインに準備しておきましょう。

エントリーシート

Q1、学生時代に参加したゼミ・ボランティア・課外活動などで一番力を注いだことと成果は何か（150字以内）
Q2、JTBグループで挑戦したいことは何か（200字以内）
Q3、グループのファーストキャリアで携わりたい事業と具体的に取り組みたいこと（200字以内）

総合	100	東大・京大	185	難関国立	—
早慶上理	116	GMARCH	48	関関同立	33

大学別人気ランキング

ES通過のポイント

各設問のポイントは次の通り。Q1、「一番力を注いだこと」は精神的な強さをアピール。Q2、「JTBグループで挑戦したいこと」ではJTBでしかできないことを書く。Q3、「興味があるJTBの事業」では徹底的に情報収集をしてから書く。

面接

	詳細	質問内容
GD	所要時間：45分 学生人数：4人 社員人数：6人 結果通知時期：2〜3日以内にマイページ上で	・17年卒のテーマは「海外の人に日本の文化を伝える旅行企画」。
一次、最終面接	所要時間：(一次、最終)30分 学生人数：(一次、最終)1人 社員人数：(一次、最終)2人 結果通知時期：(一次)当日中/(最終)3日以内 ※いずれもマイページで	・志望動機、やりたい業務など。

面接通過のポイント

GDは時間が短く、発表できるまでのレベルにまとめる必要があります。議論を推し進める積極性と、円滑に議論を進行させる協調性の2点が重要です。他の企業と違い、JTBの最終面接の通過率は高くありません。

JTBの選考を通過したES例

オリエンタルランド（総合職）

・ディズニーの世界観を守る会社

企業・社員の特徴

熱狂的なファンに支えられる「夢の国」

ディズニーランド以外にも総合デベロッパーとしての一面も備えており、ディズニーリゾートライン、イクスピアリ等の商業施設事の開発、ホテル事業を行っています。注目すべきは、利益率が高いホテル事業。客室単価が高価格にもかかわらず稼働率が90％を超えていることからも盛況ぶりがうかがえます。（※国内リゾートホテル平均稼働率:57.3％　宿泊旅行統計調査より）

内定の秘訣

ディズニーをビジネスとして捉えることができるか

総合職は数字を追ったり企画を立てたりする必要があります。ある社員は内定者懇親会で「ディズニー好きだけでは受からない。ビジネスとして考えられる人材を求めている」と語っていました。

インターン・セミナー・OB訪問

冬に3日間のインターンがあります。1日目は簡単なワーク、2日目の前半にパーク見学として、班ごとに回る時間があります。2日目後半から3日目の途中までが本ワークの時間。最後にそれぞれが発表を行い、優勝チームを決めます。

SPI・筆記試験など

- **形式**　SPI
- **科目**　言語、非言語、性格
- **ポイント**　エントリーシートと比較するとボーダーが高くないと想定されます。

エントリーシート

Q1、志望理由（500字以内）
Q2、他者と協働して課題に挑戦したエピソードを記載してください。（30字以内）
Q3、Q2の詳細な内容（500字以内）
Q4、国内外問わず、現在発生している社会課題の中で優先的に解決すべきことは何か？　そう考える理由（300字以内）

総合	94	東大・京大	154	難関国立	ー
早慶上理	110	GMARCH	52	関関同立	63

大学別人気ランキング

ES通過のポイント

高い倍率が想定される、選考の鬼門ESです。自己分析をして準備しましょう。Q4はオリエンタルランドが解決に貢献できる問題を選ぶとベター。

面接

	詳細	質問内容
GD	所要時間：1時間30分 学生人数：7人 社員人数：1人 結果通知時期：当日中にメールで	・18年卒のテーマは(1)日本が解決しなければいけない課題と(2)オリエンタルランドが手がけるべき課題
一次面接	所要時間：1時間 学生人数：1人 社員人数：2人 結果通知時期：当日にメールで	・生い立ち、中高時代の嬉しかった思い出、高校時代に迎えた変化。
最終面接	所要時間：45分 学生人数：1人 社員人数：2人 結果通知時期：当日中に電話で	・入社後に何をしたいか、どのような業務に関心があるか．学生時代に頑張ったことは何か、など。

面接通過のポイント

内定者曰くGDは倍率3倍。発言量よりも議論への貢献度で勝負すると良さそうです。一次と最終の間にジョブがあります。テーマは「オリエンタルランドの採用戦略を立案せよ」。一次は個人面接と座談会の2部構成。最終面接は圧迫面接ですが、めげずに落ち着いてハキハキと答える姿勢が求められています。

オリエンタルランドの選考を通過したES例

第 3 章

《企業別》
関門突破の
秘訣

政府系・
公務員

国公立大学の学生を中心に人気の高い国家公務員、地方公務員。国際舞台で活躍したい人が目指す国際協力団体・機構も近年は上位校の学生を中心に競争が激しくなっている。対策予備校などで情報を入手するだけでなく、内定者の声に耳を傾けたい。

外務省（総合職）

・世界での日本の地位を向上させる官庁

企業・社員の特徴

国家間対話で養われる究極の人間力

尊敬できる人が多いのが大きな魅力です。国家間関係を規定していく外交という営みは、究極的には外交官の個の人間関係によって成り立つものです。文化、価値観が異なる相手と信頼関係を築く中で、それぞれの職員が自らの人間力を磨いているようです。

内定の秘訣

国家のために働く覚悟を見せる

「普段は3時間しか寝ていない」というほど、官庁で働く人にはタフさが求められるため、精神的タフさや思考力のタフさがあるかを見られます。国家間関係を作る中で究極の人間力が求められる職場なので、「謙虚さ」と「頭の良さ」を見せることも重要です。
※国家試験ではなく、専門職員試験

インターン・セミナー・OB訪問

夏に2～3週間の実務体験形式のインターンが行われます。参加人数は約25部署に各1人です。関係省庁が参加する会議の案内役や資料整理をはじめ、業務内容は多岐にわたります。

SPI・筆記試験など

- **形式** ①オリジナル／②オリジナル
- **科目** ①専門試験、基礎能力試験／②専門試験、政策論述試験
- **ポイント** まずは過去問を問いてみて苦手なトピックを洗い出し、教科書などで理解を深めると効率よく対策ができるでしょう。

エントリーシート

なし

総合	188	東大・京大	—	難関国立	186
早慶上理	173	GMARCH	—	関関同立	257

大学別人気ランキング

ES通過のポイント	なし

面接		詳細	質問内容
	一次面接	所要時間：終日 学生人数：約80人 結果通知時期：当日その場で	・官庁を訪問し、「入り口」「原課」「ブース」「人事」「出口」の5ヵ所で志望動機などが聞かれます。
	二〜五次（最終）面接	所要時間：終日 学生人数：約70人 結果通知時期：当日その場で	・官庁を訪問し、各セクションでGDや個人面接を終日行います。四次は官房長による面接。

面接通過のポイント	面接の最大の関門は、4次の官房長による面接です。各セクションで指摘されてきた志望動機の弱い部分を強化し、今までの訪問を通して学んだことなどを整理して話せるようにして臨みましょう。五次（最終）は事実上の内々定で、入り口で8ヵ国語の中から第一希望と第二希望を選択します。

外務省の選考を通過したES例

東京都庁（事務）

・地方公務員で人気No.1

企業・社員の特徴

入庁後すぐに東京オリンピックに携われる

世界の都市総合力ランキング（※）にてロンドン・ニューヨークについで第3位に位置するのが東京都（日本の都市の中で次点の大阪は26位）。職員は、このような世界的にプレゼンスの高い都市を支えています。2016年卒の内定者によれば新卒ですぐに東京都オリンピック・パラリンピック準備局に配属された人が5、6人いたようです。
※2017年森記念財団都市戦略研究所

内定の秘訣

1にも2にも筆記対策を

筆記試験の出来により合否が決まるといっても過言ではありません。倍率6倍と言われています。最終的な合否は筆記試験と面接の合計点により決まるため、筆記試験で高得点を取ると面接にも余裕を持って望めます。

インターン・セミナー・OB訪問

※データなし

SPI・筆記試験など

- 形式　筆記試験
- 科目　マーク形式の一般教養問題、論述問題
- ポイント　論述は10個あるうちから3つのテーマを選び解答する。（テーマ）憲法・行政法・民法・経済学・財政学・政治学・行政学・社会学・会計学・経営学

エントリーシート

なし

総合	318	東大・京大	264	難関国立	ー
早慶上理	ー	GMARCH	ー	関関同立	ー

大学別人気ランキング

ESポイント通過の

なし

面接

最終面接

詳細
- 所要時間：30分程度
- 学生人数：1人
- 職員人数：3人
- 結果通知時期：1ヵ月以内にネット上で

質問内容
- 志望動機の深掘りなど

面接通過のポイント

面接は1回のみ。面接当日にネットからフォーマットをダウンロードして記入し、面接の際に提出する。テーマは次の3つ（文字数制限なし）。(1) 志望動機　(2) 東京都庁に入ってやりたいこと　(3) 今の私をつくった経験

東京都庁の選考を通過したES例

JICA（独立行政法人 国際協力機構）

・「0から1にする」発展途上国のスペシャリスト

企業・社員の特徴

発展途上国開発の最初期のフェーズに注力

生粋のODA（政府開発援助）の実施機関です。0から1にするイメージの活動をしています。まだ未開発の発展途上国を日本企業の取引先として魅力的な存在にする段階で活躍。

内定の秘訣

発展途上国に関わる他団体との違いを明確にする

JBIC（国際協力銀行）は1から100にするイメージ。海外に出たい日本企業へ融資することに特化した金融機関JETRO（日本貿易振興機構）は100以降のイメージで、JETROは主に海外に進出したいものの機会に恵まれない日本の中小企業の支援や、日本に進出したい海外企業の誘致を行っています。

インターン・セミナー・OB訪問

冬に2ヵ月半の実務体験形式のインターンが行われます。自主研究課題を決め、それに関して調査をして発表を行うことがメイン。本選考への優遇はないとされています。冬にアフリカに行く、1カ月のインターンもあり。

SPI・筆記試験など

形式 玉手箱
科目 言語、計数、英語、性格
ポイント 時間が短いため、事前確認は必須です。英語は終わらないのが普通、ミスをせずに効率的に点を取りましょう。非言語の暗号はパターンを把握して臨むべき。

エントリーシート

Q1、ゼミ・卒論・修論のテーマ、学校で勉強した内容（250字以内）
Q2、JICA以外の就職希望先（100字以内）
Q3、志望動機（400字以内）
Q4、これまでに一番力を入れて取り組んだこと（400字以内）
Q5、自己PR（400字以内）

総合	120	東大・京大	—	難関国立	128
早慶上理	144	GMARCH	128	関関同立	92

大学別人気ランキング

ES通過のポイント

志望動機は「純粋に途上国のために…する」という方向性で、JICAでなければだめだと納得してもらえるレベルまで具体的に書きましょう。内定者の多くが海外留学の経験者ですが、経験がなくても、一つ一つは小さな内容でも数多くの経験を語ってバイタリティを示し、内定を得た学生もいます。

面接

	詳細	質問内容
一次面接	所要時間：30-45分 学生人数：1人 職員人数：1人 結果通知時期：1週間以内にメールで	■ 自己紹介、学生時代に頑張ったこと、逆質問など。
二次面接	所要時間：(二次)1時間/(最終)30分 学生人数：(二次)1人/(最終)1人 職員人数：(二次)2人/(最終)4〜6人 結果通知時期：(二次)当日、2〜3日以内/(最終)1週間以内（メール）or当日中（電話）	■ 志望動機の深掘り、学生時代に学んだことはJICAでどのように役立つか。 ■ 二字ではスワイプ直接もあり

面接通過のポイント

一次と二次の間に小論文が課されます。「国際協力についてどういう方法が良いと思うか」「現在の日本の状況」など複数のテーマの中から一つ選び、制限時間30分以内でA4 1枚に記入します。この小論文は、のちの面接の材料として使われます。最終面接まで徹底的に選考が行われ、特に志望動機は入念に深掘りされます。

JICAの選考を通過したES例

第 3 章

《企業別》
関門突破の
秘訣を読む

〈人気企業〉
通過エントリー
シート全公開

― 《人気企業》通過エントリーシート全公開 ―
マッキンゼー・アンド・カンパニー

Q1 職歴の中で、特にリーダーシップを発揮した経験と、その際のあなたの役割をご記入ください（100字以下）
A1 インターン先で自ら名乗りをあげ、公開記事の質を担保するプロジェクトのリーダーとなった。フォーマットや内容の方向性を統一的に示すことで、公開に際しては必ず私の許可が必要となり、組織に不可欠な存在となっている。

Q2 活動の中で、特にリーダーシップを発揮した経験と、その際のあなたの役割をご記入ください（100字以下）
A2 所属するNPO法人の〇〇渡航をマネージする役割を担った。現地日本人学校の人々と連携をとり、現地での〇〇人、〇〇人、日本人の交流を円滑に進めることに尽力した。

Q3 マッキンゼーのコンサルタントを志望する理由について記入してください（200字以下）
A3 圧倒的なプレゼンスを誇る御社であれば、世界を変えることができ、自己成長を通して自分の夢も実現できると思うからである。
私の夢は、後述の通り発展途上国支援に大きな影響をもたらすことだが、これも含め、他を圧倒するプロフェッショナルチームで、実際に世界を変える圧倒的なやりがいを味わいたい。
また、夢実現に向けて、御社の惜しみない人材教育への注力が自分にとって他社では得られない財産になると思っている。

Q4 長期キャリア目標（10年程度先の将来でやりたい事）について記入してください（200字以下）
A4 私は、日本企業のCSR活動としての発展途上国支援をサポートする仕事をしたい。
大学在学中に発展途上国の最貧困エリアに渡航し、あまりに大きな衝撃を受け、この目標を持った。
企業のCSR活動は将来的にも続く活動であり、意図としても途上国支援はマッチする活動だと考えている。
コンサルタントとして、多くの企業に途上国支援を促すことで、目に見えるほどの支援の力を生む活動をしたい。

Q5 これまでの経験の中で、達成した事・ユニークなエピソード・リーダーシップを発揮した経験（アルバイト・クラブ活動等）があれば記入してください。（例：組織での貢献、学術分野での成果、特定分野での実績、異文化での経験）（200

字以下）

A5 大学で注力したのは〇〇サークル運営の経験である。
私が所属するサークルは、大規模な割に活動を楽しむメンバーが少ないことが課題であった。
特に、運営で苦労をするメンバーのモチベーション維持は大きな課題だったため、主体的な意思決定を伴う仕事を任せることで、活動自体ではなく、組織運営に対してのやりがいを付与した。
結果、毎年退会者が続出する運営代の一年間で誰一人欠くことなく1年間の運営をやり遂げることができた。

先輩プロフィール
東京大学出身・男性・留学経験なし

ES通過企業
野村総合研究所、博報堂DYグループ、ベイン・アンド・カンパニー、マッキンゼー・アンド・カンパニー、ローランド・ベルガー（順不同）

コメント
特に意識していたのは「PREP法」。（※PREP法とはPOINT＝ポイント・結論、REASON＝理由、EXAMPLE＝事例・具体例、POINT＝ポイント、結論を繰り返す、の略）大学3年生夏の時点では商社志望だったが、サマーインターンに参加して業界への理解が進むうちに物足りなさを感じ、外資系コンサルタントも目指すようになった。早期から対策を始めたおかげで自分に合う業界を見つけられ、さらに志望業界が変わっても選考のタイミングを逃さずに就職活動を進めることができた。

三菱商事

Q1 これまでの学生生活の中で挙げた実績や経験を教えてください（部活、サークル、趣味、ボランティア、インターンなど）

A1 ①同期との半年の遅れを克服し、100チーム対抗の即興英語ディベート全国大会で○位
②アメリカへ9ヶ月間交換留学し、○○の人種差別に関する授業に参加
③大学の留学アドバイザーの活動で、リーダーとして同期をまとめ上げ60人規模のイベントを成功させる
④高校時代にダンス部に所属し、神奈川県大会で65校の頂点に導く

Q2 あなたがリーダーシップを発揮した経験の中で、最もインパクトの大きなものについて、関係者とどのように信頼関係を築いたのかという点を含めて、具体的に記してください（400字以下）

A2 該当する実績・経験の番号を選択してください：②
アメリカ留学中に、2週間○○に滞在し、現地に残る人種差別について学習するプログラムに参加。帰国後に参加学生8人と校内発表を行い優秀賞を受賞した。自分の立場を理解した上で価値を発揮することで、信頼を築き、チームを受賞に導いた。発表で班に貢献するため、私は以下の3点を実行した。
(1)独自の視点の提供、(2)説得材料の収集 (3)「信頼の貯金」の積立
(1)では、議論が行き詰まった際、唯一の日本人としての視点で考え、人種隔離政策下の○○に注目した発表テーマを提案した。
(2)では、英語力不足で発言量が少ない分、班員が納得するだけの材料を用意。日本語の資料は英訳し、アジア系アメリカ人の友人の話を聞き、それらの内容を班の人々に共有した。
(3)では、議事録の作成、メッセージへの素早い返信などを行い、信頼を貯金した。その結果、私の提案テーマに賛同を得て、議論を進め、校内発表での優秀賞受賞に貢献した。

Q3 あなたが自分の殻を破って成長したと思う経験のうち、最も困難を伴ったものについて、途中でチャレンジを諦めなかった理由も含めて、具体的に記してください（400字以下）

A3 該当する実績・経験の番号：①
英語ディベート部で、同期と比較し半年遅れの入部から、実力差を覆して全国大会○位入賞を達成した。「周囲より努力できる」というプライドが、チャレンジし続ける原動力であった。ディベートは3人1組で大会に出場し、実力がない人はチームを組んでもらうことができない。実力差を縮め全国大会出場を果たすべく、以下の3点を実行した。
(1)スピーチの構成力の向上、(2)ディベートに必要な思考力の鍛錬、(3)「信頼の貯金」の積立

(1)では、論題に対して20分間で7分のスピーチを作るため、スピーチの構成・定型表現を上手な人から学び、計100個以上暗記した。
(2)では、論題の証明責任は何か、どの枠組みで考えるかの思考力を磨くため、スピーチの添削を先輩に依頼し、海外のセミナーに参加した。
(3)では、部員と信頼を築きメンバーに選ばれるため、できる範囲で部に貢献し、小さな信頼を積み重ねた。こうして上記の結果を得た。

Q4 三菱商事の「中期経営戦略2018」を踏まえ、三菱商事だからこそ実現できると考える、あなたの夢や目標について記してください（250字以下）

A4 ビジネスを通じて日本の存在感を高めていきたい。大学での留学生との交流や海外経験を通じて、日本の素晴らしさを知るとともに、世界における存在感の低下を味わってきた。周りを巻き込み物事を達成する自らの強みを活かし、世界を舞台に多くの関係者と協力しながら、「さすが日本」と言われるような仕事を成し遂げたい。特にこれから経済がますます拡大していく東南アジアやインドの地域での食料等のビジネスに関心がある。成長を牽引すると見込まれる食品原料の分野において、現地企業と組み共に成長していきたい。

Q5 あなたらしさが最も表れている写真（できるだけあなた自身が写っているもの）を2枚添付し、それぞれのエピソードを説明してください（各100字以下）

A5 （写真①の説明、100字以下）
留学中に〇〇に2週間滞在、共にプログラムに参加したアメリカ人学生と撮影した写真である。英語力不足で関係構築に困難もあったが、徐々に信頼関係を築く事ができた。

（写真②の説明、100字以下）
英語ディベートの全国大会で〇位になった際に、チームメイトと撮影した記念写真である。途中入部で当初いい関係ではなかったが、信頼関係を築き、喜びを分かち合う一生ものの仲間ができた。

先輩プロフィール
早稲田大学出身・女性・留学経験あり

ES通過企業
グーグル、ヤフー、コーセー、ソニー、東レ、富士フイルム、三菱商事、楽天（順不同）

コメント
ESはOBやサークルの先輩に添削してもらった。大学3年生時に大手広告代理店のOGから「自己分析は自分のマイナス要素を洗い出し、そのマイナス要素を長所に変換する訓練をする」とアドバイスを受け、A4の紙10枚ほどにびっしりと書き出した。そこから、自分はプライドが高く、友人たちをやや下に見てしまう傾向があることに気づく。ESや面接ではそれを「負けず嫌いで、どんなことにも真剣に取り組んで成果を出してきた」とプラスのアピールに変えて、複数の内定を勝ち取った。

― 《人気企業》通過エントリーシート全公開 ―

JT（日本たばこ産業）

Q1 JTに入社して、あなたが挑戦したいことはなんですか？ 理由とともにお答えください（200文字以内）

A1 「人や社会に必要とされ続ける新しいモノやサービスを創りたい」。なぜなら、自分の常に原動力となることが「人から必要とされたり頼られること」であり、社会に出てからはさらにその規模を拡大したいからだ。そして、事業を作ることでそれを実現したい理由は、学生時代に○○の会員制販売サービス事業を作り、大きなやりがいを感じたからだ。社会に出ても常に泥臭く現場に赴き、粘り強く挑戦し続けたい。

Q2 あなたの学業への取り組み内容とその成果について教えてください（200文字以内）

A2 ゼミ長として○○論のゼミ運営。ゼミ生のモチベーション向上や企業への訪問アポ取りなど主体的に取り組み、私の班はマーケティング分野にて、「○○企業の新製品の○○における一考察 ○○での○○の○○買収事例から」をテーマとした。
実際に日本の○○本社、○○の工場、○○社を訪問し、ヒアリングと研究を重ねた。結果、
1. ○○学部ゼミプレゼンテーション大会○位
2. ○○論文大会入賞
を達成した。

Q3 あなたが学業以外に、最も力を入れたことはなんですか？ 取り組み内容とその成果について教えてください。（200文字以内）

A3 ○○の会員制販売事業を作った。「"間食"による健康を」をテーマに、営業マーケティング部部長という立場で、事業の企画立案・実行を行った。主に私はユーザー数向上に尽力した。具体的には、実際に各地のマルシェに自ら出店し、現場のニーズを肌で感じ、オフィス設置の企業営業に至るまで全てを担当した。当初、50人程度だった総ユーザー数は850人を超え、それがVCを説得する材料となり、500万円の資金調達を実現した。

Q4 人はなぜ「たばこ」を吸うと思いますか？（200文字以内）

A4 タバコには「付加価値」があるから。例えば、タバコを吸う時間は人とのコミュニケーションの道具にもなり、ふと自分を見つめて考え事をする時間にもなる。一般にタバコはニコチンの中毒性でやめにくいと言われる。しかし、私はそれよりもタバコがきっかけの「ひととき」が生活の一部に組み込まれているからだと思う。だから、現在のタバコ離れは健康問題以上に、「ひととき」がスマホの普及によってなくなりつつあるからだと考える。

先輩プロフィール

明治大学出身・男性・留学経験あり

ES通過企業

JT（日本たばこ産業）、リクルートホールディングス、味の素、三井物産、三菱商事、博報堂DYグループ（順不同）

コメント

ESは冒頭の10～20文字に一番伝えたいことを全て収めることを心がけた。その姿勢は面接でも貫き、「1分で自己紹介してください」と言われても15秒で済むようにするなど、一瞬で自分の印象を残すように訓練を積んだ。また、OB訪問は延べ150回ほど行い、面接で聞かれそうな質問を想定し、面接で自分が話すシミュレーションも行った。企業の社員と話すことに慣れ、厳しい質問をされることに免疫ができたおかげで、実際の面接ではまったく緊張しなかった。

おわりに

「就職活動より、働いてからの方が40倍も長い」

就職活動をしていると、「諦めたくなるとき」も訪れるでしょう。特に志望度の高い企業に連続で落ちるとその気持ちもよくわかります。就職活動中は、モチベーションを維持するのが難しくなる場面が何度かあるはずです。

もしも志望企業の選考で落ちてしまったら、もう一度、何のために働くのかということを考え直してみてください。視点を変えると、第一志望よりももっと長く、楽しく働ける企業が見えてくるかもしれません。なにしろ、就職活動は約1年ですが、その後の仕事人の人生は40年以上もありますから。

先日、とある学生が大手企業の社員を訪問したとき「心から仕事を楽しんでいる人なんていない」と言われたそうです。昨今、仕事観が崩壊しているとも語られますが、それは、社会的ステータスや給与などに気を取られて闇雲に就職し、仕事や学びの本質を見失ってしまった大人が増えてきた結果なのではないでしょうか。まるでドーナツのように、知識だけを学び、学ぶことのど真ん中にあたる「学ぶ意義」を彼らは忘れてしまっているのです。でも、それは嘘です。仕事を心から楽しんでいる人は、確かに存在します。仕事を心から楽しんでいる人々の特徴は、「仕事の本質」にフォーカスしていることです。

では、仕事の本質とはどこにあるのか？　それは「つくること」です。すべての仕事は「つくること」から始まっています。車をつくる、インフラをつくる、コンテンツをつくる。分業制の発達によって、経理財務や、広報など、コーポレートの仕事は増えました。しかし、それらはすべて「つ

くること」をサポートすることでしかありません。

　ドーナツの真ん中にあるのは、間違いなく「つくること」なのです。

　スタートアップやベンチャーに就職することに否定的な社会人（特に今の親世代）もいます。しかし、これまで私が出会ってきたスタートアップで働く人々には、仕事を「心から楽しんでいる人」が多く存在していました。それは、彼らは新しいものをつくっているからであり、その「つくる」ということに対して楽しむ気持ちを忘れていないからです。だから、仕事が忙しくても楽しいと語るのです。

　就職活動は約1年。仕事人として生きていく時間は40年。40倍です。生活の大半を仕事に捧げることになります。心の底から仕事を「楽しい」と思えるかどうかで、あなたの人生の幸福度は大きく変わっていきます。

　OB・OG訪問やインターン、面接など、多くの場面で企業の社員に会う機会を得ていくでしょう。その際、社員が「つくること」を楽しいと思っているかどうかを探ってみてください。そして、あなたがその社員たちと一緒に「つくっていきたい」と思えるかどうか、自問してみましょう。

　今後40年間の仕事人としての生き方を考えてみて、後悔のないように就職活動を終えてください。

　　　　　　　　　　　株式会社ワンキャリア執行役員　兼　メディア責任者
　　　　　　　　　　　　　　　　　　　　　　　　　　　北野唯我

本書収録データについて

掲載企業の選考情報およびエントリーシート文例は、2016〜2018年に就職活動を行った学生の投稿およびヒアリングによる情報に基づいて作成しております。
実際の選考内容と異なる場合がありますのでご留意ください。

ワンキャリア利用規約 https://www.onecareer.jp/infos/terms

ワンキャリアについて

ワンランク上を目指す就活サイト。
会員限定のイベント / 最新のインターン・本選考情報 / 16,000件のES実例 / 人気企業3,900社の選考体験談を約45,000件以上掲載しています。

エントリーシート・体験談を募集しています

ONE CAREERでは、みなさんが実際に参加されたインターンシップや本選考の体験談やエントリーシートを募集しています。みなさんの貴重な経験を後輩就活生のために伝えていきませんか？ 投稿いただいた体験談が掲載された方には謝礼として最大で5,000円分のギフト券を贈呈いたします。ONE CAREER会員なら誰でも投稿が可能ですので、是非ご投稿ください!

ワンキャリア（ONE CAREER）は、月間60万人が利用する就活対策アプリです。
内定者や就活生が実際に体験した選考やインターンシップの対策情報や、ワンキャリア編集部の徹底した取材に基づくリサーチ情報を通して、就活生が「本当に知りたい」情報だけを、すべて無料で発信しています。
就職活動における情報のブラックボックスを解消し、あなたが本当に知りたかった情報をお届けします!

ワンキャリア編集総括
北野唯我
塩沢篤

Special Thanks
長谷川嵩明
中山明子
長澤尚輝
横沢俊英
黒田尚子

イラスト　　　　紅木 春
ブックデザイン　小口翔平＋三森健太 (tobufune)
編集協力　　　　吉田彩乃

就職一流内定 完全版

2017年12月24日　第1刷発行

著者	ワンキャリア編集部
発行者	長坂嘉昭
発行所	株式会社プレジデント社
	〒102-8641東京都千代田区平河町2-16-1平河町森タワー13F
	http://www.president.co.jp/
電話	編集(03)3237 3737
	販売(03)3237 3731
編集	プレジデント編集部
制作	小池 哉　田原英明
販売	桂木栄一　高橋 徹　川井田美景　森田 巌　遠藤真知子　末吉秀樹
印刷・製本	株式会社ダイヤモンド・グラフィック社

©2017 ONE CAREER
ISBN978-4-8334-5128-4

落丁・乱丁本はお取替えいたします。
無断転載・複製を禁じます